# EXPLORANDO EZEQUIEL

# EXPLORANDO EZEQUIEL

AMIR TSARFATI
CON EL DR. RICK YOHN

ORIGEN

Las citas bíblicas utilizadas, a menos que se indique otra cosa, fueron tomadas de la Reina-Valera 1960 ® © Sociedades Bíblicas en América Latina, 1960. Renovado © Sociedades Bíblicas Unidas, 1988. Otras versiones utilizadas son: Nueva Versión Internacional (NVI), Dios Habla Hoy (DHH), Reina-Valera Contemporánea (RVC)

Penguin Random House Grupo Editorial

Título original: *Exploring Ezekiel*
Primera edición: noviembre de 2025

Published by Harvest House Publishers
Eugene, Oregon 97408
www.harvesthousepublishers.com

8950 SW 74th Court, Suite 2010
Miami, FL 33156
Publicado por ORIGEN®, marca registrada de
Penguin Random House Grupo Editorial USA, LLC

Imágenes cubierta: © FrankRamspott / Getty Images; railway fx, DanaNguyen / Shutterstock
A menos que se indique lo contrario, las citas de las Escrituras están tomadas de la Santa Biblia, Nueva Versión Internacional®, NIV®. Copyright ©1973, 1978, 1984, 2011 por Biblica, Inc.TM Usado con permiso de Zondervan. Todos los derechos



Impreso en Colombia / *Printed in Colombia*

Información de catalogación de publicaciones disponible en la Biblioteca del Congreso de los Estados Unidos

ISBN: 979-8-89098-431-9

*Dedico este libro a mi nación, la eterna,*
*que está sujeta a un odio sin precedentes, pero que aún se mantiene*
*como prueba viviente de la fidelidad de Dios a sus promesas,*
*incluso las dadas a través de Ezequiel.*

*Dedico este libro a mi familia, amigos y compañeros*
*de ministerio. El Señor nos ha conducido mientras*
*atravesamos una época difícil, pero una vez más*
*nos abre las puertas de la oportunidad para comunicar*
*su Palabra de Verdad a las naciones.*

# CONTENIDOS

# ¿QUIÉN ES ESTE DIOS?

¿Quién soy yo?

La búsqueda de la identidad, el propósito y el significado se ha convertido en una obsesión para muchas personas. Parece que, en el mundo actual, existe la necesidad de ser notado, de «ser alguien». El auge de las redes sociales ha creado una nueva posición de poder llamada *influencer* y todos los jóvenes adultos —y un gran número de personas no tan jóvenes— sueñan con poder influir en las acciones de los demás o, al menos que se les escuche. Tal vez, simplemente, que importen.

Las empresas de genealogía como Ancestry y MyHeritage han experimentado un auge porque todo el mundo quiere tener raíces. Si no podemos encontrar sentido a nuestra vida cotidiana, tal vez podamos encontrarlo en nuestro pasado. Quizás descubrir que somos descendientes directos de alguien importante pueda conferirnos de forma indirecta algún tipo de importancia. «Soy la undécima bisnieta del rey Enrique VIII, así que… ¡guau!». Pero eso también se convierte en un callejón sin salida, como demostró la quiebra de 23andMe en marzo de 2025. Puede que sintamos que es estupendo tener antepasados importantes, pero cuando volvemos a la vida real, nos enfrentamos a la realidad de que seguimos siendo Ima Jean, que vive en un dúplex en Pocatello, Idaho.

¿Quién eres? Y permíteme agregar una pregunta más: ¿Por qué tiene importancia? Hay un grupo de personas para quienes la respuesta a la primera pregunta lo cambia todo. De hecho, todo el libro de Ezequiel responde a esa pregunta. El pueblo de Dios había olvidado quiénes eran, o, mejor dicho, había olvidado lo que significaba ser el pueblo de Dios. El Señor estaba a punto de cambiar todo eso. Ezequiel estaba allí para decirles: «Esto es lo que está a punto de suceder y esta es la razón por la que está a punto de suceder». Jerusalén y el país de Israel estaban a punto de ser arrasados, la razón era su pecado. Dios había elegido a Israel entre todas las demás naciones para ser su pueblo especial. Necesitaban un curso de actualización serio sobre el privilegio que conllevaba ese estatus y la importante responsabilidad que lo acompañaba.

Pero el libro de Ezequiel no solo trata de recordarles al pueblo quiénes eran. Además de eso, Israel y el mundo habían olvidado a su Creador. Lo habían dejado de lado como a un Dios anticuado y pasado de moda. Eso estaba a punto de cambiar. Cuando el Señor hubiera cumplido todo lo que prometió en este libro, todos sabrían «que Él es el Señor».

## Así que eres israelita

Si le preguntaras a un habitante común de Jerusalén durante la época de Ezequiel sobre su identidad, probablemente te recitaría las historias bíblicas que había escuchado desde su nacimiento. Al igual que las fantásticas epopeyas que se escuchan hoy en día en muchas tribus indígenas, la historia del origen de Israel era un vínculo que unía al pueblo. Solo que no era algo en lo que la mayoría creyera profundamente o, al menos, les importara. Eran solo cuentos de tiempos antiguos, cuando el gran Dios Creador, que vivía en la montaña ardiente, proclamó una serie de reglas y llevó a su pueblo a la tierra prometida.

Es probable que las historias engalanadas de Noé y el diluvio y las plagas de Egipto se transmitieran de generación en generación alrededor de las fogatas después de la cena. Pero, ¿qué hay de la historia de la creación, Caín matando a Abel, los hijos de Dios y las hijas de los hombres, la fidelidad de Abraham y el engaño de Rebeca? ¿La gente todavía hablaba de esas cosas? ¿Y cuántos tendrían idea de la larga noche en la que un hombre luchó con Dios? Ese combate se prolongó hasta que la teofanía, Dios en forma humana, finalmente derrotó al hombre, Jacob, al descolocarle la cadera. Sin embargo, cuando Dios se dispuso a marcharse, descubrió que Jacob seguía aferrándose a su lucha con todas sus fuerzas.

> Y dijo: Déjame, porque raya el alba.
> Y Jacob le respondió: No te dejaré, si no me bendices.
> Y el varón le dijo: ¿Cuál es tu nombre?
> Y él respondió: Jacob.
> Y el varón le dijo: No se dirá más tu nombre Jacob, sino Israel; porque has luchado con Dios y con los hombres, y has vencido (Génesis 32:26-28).

Esa es la historia del bautismo de la nación de Israel. Sin embargo, la mayoría de los israelitas de la época de Ezequiel probablemente solo la habían escuchado ocasionalmente, entre los cánticos vespertinos de los dioses babilónicos Marduk, Bel y Tamuz. Incluso si se la supieran de memoria, probablemente solo les serviría como ilusión, en el mejor de los casos; o como una ironía mordaz, en el peor de ellos. Israel, el pueblo que ha luchado con Dios y los hombres, y ¿había qué? ¿Había prevalecido? Al observar la tierra prometida en la época del Imperio babilónico, la última descripción que alguien habría dado a los israelitas era que eran un pueblo que prevalecía.

Pero por muy cínico que sonara el nombre de Israel en esas circunstancias, era un nombre que les había sido dado por Dios. Por lo tanto, era preciso. Lo que el pueblo no entendía era que sus acciones pecaminosas y las de generaciones de sus antepasados los habían llevado de una era de victoria a una época de lucha. En su libro profético, Ezequiel dejó claro que esa batalla rebelde entre los descendientes de Jacob y su Creador (que además los había elegido) estaba de nuevo en pleno apogeo. Sí, los israelitas podían mirar hacia su templo y comprender que tenían una vasta historia con Dios. No obstante, en sus acciones, el pueblo estaba decidido a demostrar que quería rechazar las reglas del Dios de Jacob, pero al mismo tiempo mantener su protección integral. El típico caso de «salirse con la suya». El Señor, por su parte, le recordaba con regularidad al pueblo que, sin importar sus acciones, Él no se iría a ninguna parte. De hecho, como un Padre que disciplina a su hijo descarriado, estaba decidido a permanecer con él hasta que la obstinada voluntad de su descendencia fuera finalmente quebrantada. Y lo sigue haciendo hoy. Llegará un momento en un futuro no lejano en que el pueblo escogido de Dios reconocerá de una vez por todas que Él es verdaderamente el Señor, una meta que se encuentra a lo largo de todo el libro de Ezequiel.

## Uno no elige a su padre

De todas las personas del mundo, ¿por qué Dios eligió a los judíos? Había tantas otras òpciones, tantos grupos de personas que eran ciegamente leales a un dios, a una nación o a una ideología. Podría haber ido al este de Asia, con su hinduismo. El objetivo del hinduismo, el *moksha*, en el que el alma se funde inconscientemente con Brahman, el dios universal, le resta importancia al individuo aquí en la Tierra. Según su forma de pensar, todos descendemos del alma universal y todos volveremos algún día al alma universal, así que ¿por qué es necesario el individualismo o la voluntad personal durante esta vida? Alguien sin voluntad individual es bien fácil de controlar. ¿O qué hay de las milicias islámicas y los yihadistas que se suicidan basándose en falsas promesas y mentiras descaradas? No se puede encontrar un discípulo más dedicado que aquel que está dispuesto a inmolarse por lo que cree que es verdad. En realidad, si Dios estuviera buscando un pueblo dispuesto de siervos obedientes, podría haber encontrado algo mucho mejor que el pueblo de Israel. Sin embargo, Dios, en su infinita sabiduría, no buscaba personas sencillas, irracionales o ciegamente obedientes a la hora de elegir a su pueblo. Quería personas que le plantearan un reto. Necesitaba una nación que le permitiera mostrar al mundo quién era Él a través de la manifestación de sus atributos misericordiosos de gracia, longanimidad y perdón. Israel tenía la opción de vivir de la manera fácil o de la manera difícil, pero Dios siempre supo que su pueblo elegiría la manera difícil. Por eso le dijo las siguientes palabras a Moisés, dándole al profeta una última canción para enseñarle al pueblo:

> Ahora pues, escribíos este cántico, y enséñalo a los hijos de Israel; ponlo en boca de ellos, para que este cántico me sea por testigo contra los hijos de Israel. Porque yo les introduciré en la tierra que juré a sus padres, la cual fluye leche y miel; y comerán y se saciarán, y engordarán; y se volverán a dioses ajenos y les servirán, y me enojarán, e invalidarán mi pacto. Y cuando les vinieren muchos males y angustias, entonces este cántico responderá en su cara como testigo, pues será recordado por la boca de sus descendientes; porque yo conozco lo que se proponen de antemano, antes que los introduzca en la tierra que juré darles (Deuteronomio 31:19-21).

Desde el principio, el pueblo luchó contra Dios. Abraham mintió dos veces sobre su relación con su esposa. Su hijo Isaac siguió sus pasos. El nieto de Abraham, Jacob, era un embustero de primer nivel. Después de que el pueblo salió de Egipto, pasó poco tiempo antes de que adoraran a un becerro de oro. Luego hubo murmuraciones, rebeliones y robo de cosas consagradas, y después más idolatría. La Biblia está repleta de historias sobre los fracasos de Israel. Sin embargo, Dios nunca permitió que el pecado del pueblo cambiara su decisión.

Claro que, en algún que otro arrebato de ira, Dios estuvo dispuesto a exterminar a todo el pueblo. Durante el incidente del becerro de oro, le dijo a Moisés: «Yo he visto a este pueblo, que por cierto es pueblo de dura cerviz. Ahora, pues, déjame que se encienda mi ira en ellos, y los consuma; y de ti yo haré una nación grande» (Éxodo 32:9-10). Pero incluso cuando amenazó con destruir la nación, ya estaba planeando reconstruirla con un miembro de esa misma nación. Los judíos habían sido elegidos por Dios y Él siempre mantendría un remanente. ¿Por qué? Una vez más, porque quiere que la gente lo conozca.

Y no es solo en el pasado que se reveló a través de la nación de Israel. En los capítulos 36–39, veremos que Ezequiel prometió un tiempo en el que Israel se reuniría una vez más como una nación restablecida y prosperaría enormemente en lo económico, aunque espiritualmente seguiría estando distante de su Creador. Una vez que el país se hubiera establecido y estuviera en paz, sería atacado por un ejército abrumador. Dios intervendría de manera sobrenatural, protegiendo a su pueblo aún rebelde. El mundo reconocería esta intervención divina, lo que llevaría a Dios a declarar una vez más: «...y sabrán que yo soy Jehová» (Ezequiel 38:23).

¿Podría Dios haber hecho una mejor elección que Israel? Usando nuestro limitado cerebro humano, podríamos encontrar razones para decir que sí. Sin embargo, debido a la sabiduría perfecta que posee el Omnisciente, podemos estar seguros de que la verdadera respuesta es, sin duda, no. El pueblo judío no es perfecto, pero es el pueblo perfecto para el plan de Dios.

## Una base histórica

«¡Amir, estás hablando de Ezequiel! ¿Cuándo vamos a llegar a la guerra? ¡Quiero leer sobre Gog y Magog, las alianzas militares y todo ese tipo de cosas!». Lo sé y lo comprendo. Los capítulos 36 y siguientes de Ezequiel también me emocionan. Sin embargo, necesitamos sentar las bases. Después de todo, eso fue lo que hizo Dios. Si hubiera pensado que lo mejor era pasar directamente a una horda enorme que marchaba desde el lejano norte, no habría incluido primero más de treinta capítulos de material profético sumamente importante.

Pero son estas primeras profecías las que establecen las bases de lo que está por venir, porque a medida que avancemos veremos muchas similitudes entre lo que Jerusalén enfrentaba en los días de Ezequiel y lo que Israel y el resto del mundo tendrán que soportar en los últimos tiempos. Así que, sigue conmigo. Esta parte inicial es más importante y mucho más interesante de lo que puedes pensar.

Como ya he mencionado, en la época de Ezequiel, los días placenteros de Israel habían pasado. Después de convertirse en un reino bajo Saúl, la nación había florecido con el liderazgo de los reyes David y Salomón. De hecho, cuando Salomón gobernaba, enviados de países de todo el mundo viajaban para ver la riqueza de Jerusalén y escuchar las incomparables palabras de sabiduría de su gobernante. Sin embargo, al final de la vida de ese gran rey, ya se veían grietas en el compromiso de Israel con Dios y venían de arriba hacia abajo. Aunque conocía a fondo la Ley de Dios, Salomón la ignoraba o sentía que algunas partes no se aplicaban a él. O al menos una parte no se aplicaba a él. A través de Moisés, Dios le dijo esto al pueblo cuando entró en la tierra prometida:

> ...no harás con ellas [las naciones paganas] alianza, ni tendrás de ellas misericordia. Y no emparentarás con ellas; no darás tu hija a su hijo, ni tomarás a su hija para tu hijo. Porque desviará a tu hijo de en pos de mí, y servirán a

> dioses ajenos; y el furor de Jehová se encenderá sobre vosotros, y te destruirá pronto (Deuteronomio 7:2-4).

¡No se casen con esas mujeres extranjeras! ¡Los convertirán a sus dioses! Salomón leyó esas palabras y pensó: «Sí, eso es cierto para todos esos tontos, pero yo tengo la sabiduría de Dios, así que nunca caeré en esa trampa». Vamos, ¿dónde están esas bellezas de Amón?». El rey se lanzó de cabeza a lo que solo los reyes pueden hacer y 700 esposas y 300 concubinas más tarde, sucedió exactamente como Dios había dicho.

> Y cuando Salomón era ya viejo, sus mujeres inclinaron su corazón tras dioses ajenos y su corazón no era perfecto con Jehová su Dios, como el corazón de su padre David. Porque Salomón siguió a Astoret, diosa de los sidonios, y a Milcom, ídolo abominable de los amonitas. E hizo Salomón lo malo ante los ojos de Jehová, y no siguió cumplidamente a Jehová como David su padre. Entonces edificó Salomón un lugar alto a Quemos, ídolo abominable de Moab, en el monte que está enfrente de Jerusalén, y a Moloc, ídolo abominable de los hijos de Amón. Así hizo para todas sus mujeres extranjeras, las cuales quemaban incienso y ofrecían sacrificios a sus dioses (1 Reyes 11:4-8).

Así comenzó el ciclo descendente de Israel. Con Roboam, hijo de Salomón, el reino se dividió en dos: el del sur se llamó Judá y el del norte conservó el nombre de Israel. A partir de ese momento, el reino del norte se encontró continuamente en el lado opuesto a Dios. Ningún rey siguió a Dios, ni siquiera durante su destrucción y deportación por Asiria en el 722 a. C.

En el sur, los reyes fueron un poco irregulares, con más aciertos que errores. Cuando comienza la cronología de este libro, nos encontramos a principios del siglo VI a. C. Ezequiel es un sacerdote que fue arrancado de su zona de confort en el 597 a. C., cuando el rey Nabucodonosor de Babilonia invadió Jerusalén por segunda vez. Esta vez, al marcharse, se llevó consigo a 10.000 ciudadanos a Babilonia. Ezequiel fue uno de esos exiliados.

Para quienes estén tratando de situar en el tiempo la deportación de Ezequiel con la de Daniel, les daré una mano. Daniel fue llevado a Babilonia cuando era adolescente, en el primer exilio, en el 605 a. C. Era de linaje real y fue educado para servir en el palacio. Ocho años más tarde, Nabucodonosor regresó e inició una deportación mucho mayor. Ezequiel, que entonces tenía veintitantos años, era solo uno más entre la multitud de personas que emprendieron el largo viaje para comenzar una nueva vida en una tierra extranjera. Se estableció en los alrededores de Tel-abib, a orillas del río Quebar, a unas 100 millas al sur de la capital, Babilonia. Pasaron cuatro años y estaba empezando su vida como sacerdote exiliado, cuando Dios se le apareció. El Señor lo llamó para ser profeta y, cuando lo hizo fue con una grandiosidad asombrosa, como veremos en el próximo capítulo.

Con el llamamiento de Ezequiel, ahora tenemos tres profetas en acción. Jeremías continúa en Jerusalén tratando de convencer a los obstinados israelitas de que se arrepientan y se salven. Es una labor inútil. Daniel, probablemente de unos veinte años, ya ha destacado ante el rey Nabucodonosor y va camino de convertirse en uno de los líderes de Babilonia. Luego está Ezequiel, el profeta del hombre común. Su público principal eran los exiliados, pero su ministerio se extendía hasta Jerusalén y otras naciones extranjeras.

Tanto Ezequiel como Daniel habrían conocido al gran profeta Jeremías y Daniel, al menos, probablemente lo había conocido por sus vínculos con la realeza. No hay razón para pensar que un levita común —demasiado joven para ser sacerdote, como era Ezequiel— hubiera tenido alguna interacción con el viejo profeta. En cuanto a Ezequiel y Daniel, sin duda Ezequiel sabía de Daniel, quien probablemente se había convertido en un héroe para todos los exiliados de Israel en Babilonia. ¿Se encontraron alguna vez? Es probable, sobre todo una vez que Ezequiel comenzó a forjar su propia reputación profética. La posición de Daniel le habría proporcionado una gran independencia y libertad de movimiento y es difícil imaginar que no viajara a Tel-abib o invitara a Ezequiel a la capital. Me pregunto cómo habría sido ese encuentro, con estos dos profetas sentados tomando una taza de té y unos baklavas.

CAPÍTULO 1

# EXPERIMENTAR LA OTREDAD DE DIOS

## EZEQUIEL 1-3

Era el año 1955 y mi coautor, Rick Yohn, estaba intentando decidir qué hacer con su vida. Nunca había sido muy buen estudiante, pero de alguna manera se había dejado convencer para dar clases en una reunión de un grupo universitario. Una noche, mientras estaba acostado en la cama, comenzó a hojear el material de la clase. De la nada, le vino una idea: «Me encantaría enseñar la Biblia el resto de mi vida». Se incorporó de un salto. Nunca antes se le había pasado por la cabeza. Ahora que lo había hecho, le parecía lo más acertado. No sabía mucho sobre el «llamado al ministerio», pero por lo poco que entendía, pensó que quizá acababa de recibirlo. Rick bajó corriendo las escaleras y encontró a su madre en la cocina. Le soltó la noticia, lo que provocó una sonrisa bien relajada en el rostro de ella. «Tienes que ir a ver a la Abuela Brown», le dijo. Era un trayecto corto y, tras ser recibido con un abrazo, se sentó frente a la mecedora de su bisabuela. Su emoción alargó un poco la historia y la piadosa mujer escuchó en silencio. Cuando terminó el relato, la mujer le dijo: «Ricky, cuando nació mi hijo, le pedí a Dios un hijo que se dedicara al ministerio. Dios dijo: "No". Años más tarde, cuando nació mi primer nieto, le pedí a Dios que se dedicara al ministerio. Una vez más, Dios dijo: "No". Todavía más tarde, cuando nació mi primer bisnieto, le pedí a Dios una vez más un bisnieto que se dedicara al ministerio. Hoy, Dios ha dicho: "Sí"». Sin duda, las décadas de oración de esa querida mujer, sus abuelos maternos y paternos, junto con su madre y su padre, tuvieron una gran influencia en la vocación del Dr. Rick y esa vocación ha dado lugar a más de 70 años de ministerio.

El llamado es una experiencia poderosa. Reducido a su esencia, es una invitación natural a participar en el Reino de lo sobrenatural. Es Dios diciendo: «Hijo mío, te voy a permitir cruzar la línea temporal y realizar una labor eterna». Entiendo que esto pueda sonar un poco exagerado. «Amir, solo voy a dar clase en la escuela dominical de segundo grado porque me encantan los niños. No es que sea Billy Graham». Sin embargo, mi respuesta es que no, no estoy exagerando y sí, tú eres como Billy Graham, al menos para esos niños pequeños de dedos pegoteados, ya que los amas y los bendices utilizando los dones con los que Dios te ha bendecido.

No estoy denigrando al gran Billy Graham de ninguna manera. En cambio, busco ensalzar las virtudes de tu servicio al Rey. El reverendo Graham sería el primero en decirte que no había nada especial en él. Era solo un hombre decidido a seguir incansablemente el llamado que se le había dado. Gracias a ello, pudo vivir, servir y tener un impacto poderoso en los dos mundos: el natural y el sobrenatural.

Cuando el Dr. Rick aceptó su vocación, también vivió esa doble residencia. Yo también tuve una experiencia similar cuando tuve claro que lo que quería hacer en la vida era servir al Señor. Como leerán más adelante en el libro, mi infancia fue difícil y probablemente era el último niño que la mayoría de la gente esperaría ver delante de un gran grupo de personas hablando de Dios. Esto solo demuestra lo increíble que es el Señor. Él me sacó de un lugar de desesperación y me dio esperanza. Me sacó de sentir que no tenía sentido y me dio un propósito maravilloso.

Cuando le dices sí a la guía del Espíritu Santo, encontrarás tu llamado. Porque... ¡tienes un llamado! El apóstol Pablo dejó claro que todo creyente ha sido dotado y encomendado por el Espíritu Santo «para el bien de los demás» (1 Corintios 12:7 NVI). Él le enfatizó aún más este punto a la iglesia en Éfeso, cuando escribió que todos hemos sido creados para servir a Dios, llevando a cabo «las buenas obras que Dios preparó de antemano para que anduviésemos en ellas» (Efesios 2:10). Cada uno de nosotros puede y debe, llevar a cabo la doble ciudadanía terrenal y celestial cada día, poniendo «la mira [la mente] en las cosas de arriba, no en las de la tierra» (Colosenses 3:2). Dicho de otra manera, vivimos nuestra vida con una mentalidad ministerial, siempre buscando oportunidades para ser utilizados por Dios.

¿Por qué le doy tanta importancia a esta naturaleza natural/sobrenatural de un llamado? Porque es exactamente lo que Dios demostró en los tres primeros capítulos de Ezequiel. De hecho, en una Biblia llena de dramáticos primeros encuentros con Dios, no conozco ninguno más dramático que el de Ezequiel. Pablo vio una luz brillante. Jacob luchó con un hombre. Isaías tuvo una experiencia espectacular frente al trono de Dios...

Ezequiel, sin embargo, estaba junto al río Quebar, ocupándose de sus propios asuntos, cuando de repente todo se volvió loco. Vio cosas asombrosas, escuchó palabras increíbles y recibió un encargo divino. Y cuando todo terminó, no tenía ninguna duda de que el ministerio que llevaría a cabo entre sus semejantes humanos era por mandato de un Dios todopoderoso, totalmente «otro», sobrenatural.

## Establecer la hora y el lugar

¡Esta visión no es una alegoría! Pensé que sería bueno aclararlo desde el principio. Para Ezequiel era muy importante que sus lectores supieran que no estaba sentado en su escritorio fantaseando e inventando cosas. No estaba pensando en un «esto» que pudiera representar un «aquello» y en «algo» que en realidad significara otra «cosa». Las visiones que experimentó le llegaron en un momento y lugar concretos de la línea temporal de la historia. Sus movimientos y sus acciones realmente tuvieron lugar, igual que los de los seres que vio.

Era tan importante para este profeta no acabar en un libro titulado *El ethos alegórico del mito de los últimos profetas del Antiguo Testamento*, que se excedió al fechar su libro. En al menos trece lugares de su obra, Ezequiel vinculó sus visiones y acontecimientos a días concretos de la historia. Las primeras palabras de su libro constituyen el primer ejemplo:

> Aconteció en el año treinta, en el mes cuarto, a los cinco días del mes, que estando yo en medio de los cautivos junto al río Quebar, los cielos se abrieron, y vi visiones de Dios. En el quinto año de la deportación del rey Joaquín, a los cinco días del mes, vino palabra de Jehová al sacerdote Ezequiel hijo de Buzi, en la tierra de los caldeos, junto al río Quebar; vino allí sobre él la mano de Jehová (Ezequiel 1:1-13).

El cuarto mes era Tamuz, nombre babilónico dado en honor al dios mesopotámico de la fertilidad. Los hebreos lo llamaban Nisán. El año treinta probablemente se refería a Ezequiel, ya que marcaba la edad en la que un miembro de la línea sacerdotal podía comenzar su servicio. Sabiendo que necesitaríamos un punto de referencia temporal más definido que su cronología personal, Ezequiel también dijo a sus lectores que era el quinto año del cautiverio del rey Joaquín. Esa era una fecha que todos los israelitas podían situar.

El rey Joaquín, también conocido en algunas traducciones de la Biblia como Conías, fue el penúltimo monarca de Israel. Siendo nieto del último rey bueno, Josías, e hijo de Joacim, llegó al poder después de que su padre se rebelara contra Nabucodonosor. Algunas traducciones sitúan a Joacim en el octavo año de su vida y otras en el decimoctavo, cuando ascendió al trono. Lo más probable es que sea lo segundo, ya que tres meses después, cuando Nabucodonosor lo exilió a Babilonia, se llevó consigo a su madre y a sus esposas, entre otros.

Como mencionamos anteriormente, este fue el mismo exilio que llevó a Ezequiel y a otros 10 000 a Babilonia. El último rey de la línea davídica, el legado impío de Joaquín encaja con la historia del pueblo judío. De este monarca fracasado, Jeremías escribió: «Así ha dicho Jehová: "Escribid lo que sucederá a este hombre privado de descendencia, hombre a quien nada próspero sucederá en todos los días de su vida; porque ninguno de su descendencia logrará sentarse sobre el trono de David, ni reinar sobre Judá"» (22:30).

Repito, la mayoría de los israelitas reconocerían el quinto año del reinado del rey Joaquín. Sin embargo, ese evento en particular no aparece en la mayoría de nuestros calendarios de pared actuales. Entonces, interpretemos hacia atrás, colocando la fecha como el 31 de julio de 593 a. C. Un día real en una línea de tiempo real. No la línea de tiempo que usaron Ezequiel y los exiliados, ya que el papa Gregorio XIII aún estaba a más de dos milenios de darnos el calendario gregoriano. Aun así, es un día real en un formato que la gente moderna puede entender.

Como mencioné en la introducción, Ezequiel se había establecido en Tel-abib, a orillas del río Quebar. Era un buen viaje de 100 millas al norte para visitar la capital de Babilonia, que era lo más cerca que un exiliado realmente quería llegar a estar del temperamental monarca del imperio (solo pregúntenle a Sadrac, Mesac y Abednego). Ezequiel era un israelita que vivía entre otros israelitas, pero debemos recordar quiénes eran esos otros exiliados. Eran ISNO (israelitas solo de nombre). Adoraban a Bel, Marduk, Tamuz y todas las demás deidades mesopotámicas. Claro, le hacían alguna ofrenda al Señor de tanto en tanto, cuando se sentían amenazados, pero últimamente no parecía que Él obedeciera sus órdenes como un buen dios. Un ejemplo: estaban en Tel-abib, Babilonia, en lugar de Jerusalén. Este era todavía el comienzo del exilio y pasarían algunas décadas más antes de que llegáramos a los refugiados temerosos de Dios, listos para emprender el viaje de regreso a casa.

Ezequiel dijo que en el momento de su visión se encontraba «en medio de los cautivos junto al río Quebar» (versículo 1). Podría referirse simplemente a su ubicación en la ciudad de Tel-abib, que estaba cerca del río. Sin embargo, a medida que se desarrolla el escenario, se hace evidente que, para asimilar por completo la magnitud de los acontecimientos, necesitaba espacios abiertos. Esto lo situaría junto a la orilla del río cuando presenció la acción.

## Fijando expectativas

Lo que estás a punto de leer ha desconcertado y confundido a los teólogos durante dos milenios y medio. ¡Afortunadamente, estoy aquí para darte todas las respuestas! ¡Al menos, lo espero! No me malinterpretes. No digo que las visiones de estos primeros capítulos sean arbitrarias y estén abiertas a una amplia gama de interpretaciones. Repito, no se trata de una alegoría. No tenemos que leer entre líneas. Tampoco aseguro que lo que Ezequiel presenció fuera simplemente un enorme espectáculo sobrenatural de luces sin significado. Cada criatura que encontramos y cada rueda que pasa a toda velocidad tiene una explicación y un propósito. Desafortunadamente, esas explicaciones y estos propósitos no siempre son fáciles de entender.

Una de las mayores bendiciones del libro de Daniel es que siempre parecía haber alguien cerca del profeta, listo para explicarle lo que veía. Daniel vio cuatro grandes bestias que salían del mar: una como un león, otra como un oso, otra como un leopardo y una única bestia con dientes feroces y un montón de cuernos (Daniel 7). El profeta no tenía ni idea de lo que estaba presenciando, pero al mirar a su alrededor, vio a un hombre cerca. Le pidió respuestas a quien resultó ser un ángel y este le respondió: «Claro. Todas las bestias que ves representan reyes». Luego le explicó los reinos venideros y el reinado de terror del anticristo.

Cuando Ezequiel buscó una explicación del gran espectáculo que iluminaba el cielo frente a él, también encontró a alguien dispuesto a hablar con él. No era un siervo de Dios: era Dios mismo. Y el Señor no se molestó en dar explicaciones. Su propósito allí era ponerse en marcha. Así que, al final de esta viñeta, Ezequiel ya había recibido la orden de marcha, y nos quedamos preguntándonos qué acabamos de presenciar. Y es normal. El propósito principal de Dios con la ceremonia de llamamiento de Ezequiel era diferente al de la visión que le había dado a Daniel. A este, Dios quería darle una visión del futuro. A Ezequiel, Dios quería darle una visión de sí mismo.

Esto nos lleva de nuevo a la «otredad» de Dios que mencioné al principio de este capítulo. Al presenciar el llamado de este profeta, no cabe duda de que Aquel que lo llamó es completamente diferente a nosotros. No es una criatura de gran tamaño, con múltiples dones y aspecto humano, similar a lo que se suele encontrar en la mitología. Dios es más que un hombre glorificado, como aparece en el mormonismo. Y su intención, su comunicación y su relación lo sitúan mucho más allá de la fuerza divina impersonal del hinduismo y del budismo. En esta teofanía de la sala del trono, vemos a un Dios que nos deja echar un vistazo detrás de la cortina sobrenatural. Sin embargo, de lo que nos damos cuenta rápidamente es de que esto es solo una vislumbre del Reino celestial, e incluso así, se ha simplificado de forma considerable para que tengamos alguna posibilidad de comprenderlo.

## Mira lo que trajo el viento

Si alguna vez has visto un tornado enorme arrasando el centro de Estados Unidos, es probable que tengas una idea de lo que Ezequiel vio venir. Una enorme nube de polvo de Oriente Medio, arremolinándose como un torbellino, se precipitó hacia él mientras se encontraba junto al río Quebar. En medio del remolino de arena había un resplandor, un fuego que surgía de la oscuridad yeso no fue todo lo que surgió:

> Y miré, y he aquí venía del norte un viento tempestuoso, y una gran nube, con un fuego envolvente, y alrededor de él un resplandor, y en medio del fuego algo que parecía como bronce refulgente, y en medio de ella la figura de cuatro seres vivientes. Y esta era su apariencia: había en ellos semejanza de hombre. Cada uno tenía cuatro caras y cuatro alas. Y los pies de ellos eran derechos, y la planta de sus pies como planta de pie de becerro; y centelleaban a manera de bronce muy bruñido. Debajo de sus alas, a sus cuatro lados, tenían manos de hombre; y sus caras y sus alas por los cuatro lados. Con las alas se juntaban el uno al otro. No se volvían cuando andaban, sino que cada uno caminaba derecho hacia adelante (Ezequiel 1:4-9).

Imagina a Ezequiel presenciando a estas criaturas emerger de la tormenta. Debió de quedar boquiabierto al sentir que el aire abandonaba sus pulmones. Era una visión como ninguna otra que hubiera visto antes.

Ahora, imagínalo más tarde, sentado, intentando escribir una descripción de su inexplicable visión. No es de extrañar que las palabras «como» y «semejanza» se empleen 95 veces en su libro, 23 solo en este primer capítulo. El profeta intentó usar comparaciones naturales para comunicar visiones sobrenaturales. No obstante, al leer estas descripciones, debemos recordar que lo que presenció fue mucho más asombroso y diferente de lo que su limitado vocabulario podía definir.

Mientras Ezequiel continuaba su narración, intentó dar una explicación más detallada de las cuatro criaturas que habían aparecido:

> Y el aspecto de sus caras era cara de hombre, y cara de león al lado derecho de los cuatro, y cara de buey a la izquierda en los cuatro; asimismo había en los cuatro cara de águila. Así eran sus caras. Y tenían sus alas extendidas por encima, cada uno dos, las cuales se juntaban; y las otras dos cubrían sus cuerpos. Y cada uno caminaba derecho hacia adelante; hacia donde el espíritu les movía que anduviesen, andaban; y cuando andaban, no se volvían (Ezequiel 1:10-12).

Un hombre, un león, un buey y un águila. Si has leído mi libro *¿Ha empezado el Apocalipsis?*, probablemente estés pensando: «Amir, ¿no nos hemos encontrado con este cuarteto antes?». Sí, sin duda. En el último libro de la Biblia, Juan echó un vistazo al salón del trono del Señor, solo que con una perspectiva mucho más amplia de la que tuvo nuestro profeta actual. El discípulo fue llevado ante un mar de vidrio, más allá del cual se encontraba el trono de Dios. Alrededor de este flotaban «cuatro seres vivientes llenos de ojos delante y detrás. El primer ser viviente era semejante a un león; el segundo era semejante a un becerro; el tercero tenía rostro como de hombre; y el cuarto era semejante a un águila volando» (Apocalipsis 4:6-7). Igual que en Ezequiel, vemos un león, un becerro, un hombre y un águila, todos presentes y al pie del cañón.

¿Qué eran estos seres? Sería bueno darles un nombre mejor que «criatura» para que podamos imaginar algo más celestial, más hermoso y menos incierto. La buena hermenéutica interpreta la Escritura con la Escritura misma, así que avancemos un poquito en Ezequiel hasta el momento en que la gloria abandona el templo de Dios. En preparación para este trágico evento, el profeta vio «los querubines [*cherubim*]; este es el ser viviente que vi en el río Quebar» (10:15). Un pequeño dato lingüístico: *-im* es el hebreo para plural, es decir, un querubín, dos querubines.

Lo que Ezequiel y más tarde Juan, vieron alrededor del trono de Dios fueron ángeles. Sin embargo, eran bien diferentes de los adorables y rollizos querubines con pañales que aparecen en las tarjetas de San Valentín de Hallmark. ¿No se supone que los ángeles deben ser hermosos y etéreos, en lugar de tener cara de vaca o pico de águila? A veces lo son. El más infame entre los querubines es Lucifer, de quien el Señor dijo a través de Ezequiel:

> Hijo de hombre, levanta endechas sobre el rey de Tiro, y dile: Así ha dicho Jehová el Señor: Tú eras el sello de la perfección, lleno de sabiduría, y acabado de hermosura. Tú, querubín grande, protector, yo te puse en el santo monte de Dios, allí estuviste; en medio de las piedras de fuego te paseabas. Perfecto eras en todos tus caminos desde el día que fuiste creado, hasta que se halló en ti maldad. Se enalteció tu corazón a causa de tu hermosura, corrompiste tu sabiduría a causa de tu esplendor; yo te arrojaré por tierra; delante de los reyes te pondré para que miren en ti (Ezequiel 28:12,14-15,17).

Si bien encontrar belleza sin duda depende del ojo del observador, es difícil imaginar este pasaje describiendo una criatura que es una mezcla de hombre, león, bovino y águila.

La confusión en torno a estos querubines aumenta aún más cuando leemos sobre sus compañeros circulares:

> Mientras yo miraba los seres vivientes, he aquí una rueda sobre la tierra junto a los seres vivientes, a los cuatro lados. El aspecto de las ruedas y su obra era semejante al

> color del crisólito. Y las cuatro tenían una misma semejanza; su apariencia y su obra eran como rueda en medio de rueda. Cuando andaban, se movían hacia sus cuatro costados; no se volvían cuando andaban. Y sus aros eran altos y espantosos, y llenos de ojos alrededor en las cuatro (Ezequiel 1:15-18).

¡Unas enormes ruedas llenas de ojos! No sé si debería sentir asombro o un poco de asco. Esto me recuerda a Job después de que Dios le recitara algunas de sus obras divinas. Le dijo al Señor: «De oídas te había oído, pero ahora mis ojos te ven. Por tanto me aborrezco y me arrepiento en polvo y ceniza» (Job 42:5-6). Ezequiel vio, Job oyó y ambos quedaron atónitos ante la imponente majestad del Dios Creador.

A menudo, es fácil dar por sentado a Dios. A veces perdemos de vista su alteridad y pasamos de considerarlo una deidad todopoderosa a un amigote amoroso. Para combatir esto, debemos asegurarnos de incluir la adoración en nuestros momentos diarios con el Señor. Debemos darle lo que le corresponde como el Todopoderoso que ha creado y sustenta todas las cosas y como el misericordioso dador de la única salvación y esperanza que tiene el poder de extenderse más allá de esta vida.

Entonces, ¿qué son con exactitud estas ruedas que contienen los espíritus de los cuatro querubines (Ezequiel 1:20-21)? Este es otro aspecto donde el velo que separa lo natural de lo sobrenatural es particularmente oscuro. Sería bueno saber cuántos tipos de querubines hay y cómo funcionan. Esto también aplica a los serafines que se mencionan en Isaías 6. ¿Existen además otros tipos de ángeles? Que la Biblia mencione solo dos no significa que no exista una miríada de otros seres espirituales que Dios ha creado para su servicio. Recuerda: la Biblia incluye solo lo que Dios ha determinado que necesitamos saber, no todo lo que realmente hay que saber.

Y volviendo a los querubines: ¿Qué hay sobre los diferentes rostros? He intentado muchas veces cerrar los ojos, imaginar a estos seres y, cada vez, me parecen diferentes. Algunos dicen que las cuatro caras representan cuatro aspectos de Cristo. Otros, que son los cuatro escritores de los Evangelios, lo cual parece un poco fuera del orden cronológico de la Biblia. Otros, que son cuatro partes de la creación de Dios, o cuatro cualidades de un buen liderazgo, o cuatro divisiones del zodíaco babilónico. De nuevo, este es uno de esos momentos en los que sería bien agradable tener a uno de los guías de Daniel cerca para que nos diga: «Ah, ¿las caras? Eso es fácil».

El Señor nos ha dicho todo lo que necesitamos saber, pero ciertamente no nos ha dicho todo lo que existe. Como escribió Pablo: «Ahora vemos por espejo, oscuramente; mas entonces veremos cara a cara. Ahora conozco en parte; pero entonces conoceré como fui conocido» (1 Corintios 13:12). Anhelo el día en que el velo se descorra por completo y finalmente pueda saberlo todo. Mientras tanto, en este libro, me conformo con evitar la especulación por muy fuerte que sea y centrarme en el asombroso panorama general.

## El trono de Dios

Aunque los querubines se veían salvajes y alocados con sus ruedas, solo era el comienzo. Lo que Ezequiel estaba a punto de presenciar es la misma visión que todos anhelamos ver algún día en persona. Sobre las cabezas de los seres angelicales había un espacio abierto. La versión de la Biblia RVR60 lo llama «expansión»; la NBLA, «firmamento» y la RVC, «bóveda». La palabra hebrea, רָקִיעַ (*raqia*), significa «expandir, extender» y se usó en Génesis 1:6 para referirse a la división que Dios creó para separar las aguas de abajo de las de arriba. Por lo tanto, es algo sustancial y tangible sobre el cual se podía asentar el trono de Dios.

> Y sobre la expansión que había sobre sus cabezas se veía la figura de un trono que parecía de piedra de zafiro; y sobre la

> figura del trono había una semejanza que parecía de hombre sentado sobre él. Y vi apariencia como de bronce refulgente, como apariencia de fuego dentro de ella en derredor, desde el aspecto de sus lomos para arriba; y desde sus lomos para abajo, vi que parecía como fuego, y que tenía resplandor alrededor. Como parece el arco iris que está en las nubes el día que llueve, así era el parecer del resplandor alrededor.
>
> Esta fue la visión de la semejanza de la gloria de Jehová... (Ezequiel 1:26-28a).

Debo admitir que, como escritor, me compadezco de Ezequiel. Fíjense en sus palabras: «que parecía...», «la semejanza de...», «como apariencia de...» «así era el parecer...». No había palabras suficientes para describir la hermosa y majestuosa otredad de lo que el profeta contemplaba. Sabía que estaba muy lejos de alcanzar su meta literaria, pero debo felicitarlo enormemente por hacer su mejor esfuerzo. Al menos podemos tener una pequeña muestra de la maravilla que este hombre presenció.

Al leer la descripción de Daniel de su encuentro con el Anciano de días, no cabe duda de que se encuentra en la misma sala del trono que Ezequiel. Cada uno usa diferentes piedras preciosas para intentar describir la belleza de los colores que rodean a Aquel que está en el trono. Sin embargo, ambos reflejan la naturaleza resplandeciente del trono y Daniel lo denomina «llama de fuego» y, a las ruedas de este, fuego ardiente» (Daniel 7:9-10). Al combinar ambas descripciones, se percibe la presencia de un Dios santificado y puro, dispuesto a juzgar todo lo pecaminoso e impío. El arcoíris del que habló Ezequiel rodeando el trono fue posteriormente repetido por la descripción que el apóstol Juan hizo del santuario interior de Dios, cuando escribió: «Y el aspecto del que estaba sentado era semejante a piedra de jaspe y de cornalina; y había alrededor del trono un arco iris, semejante en aspecto a la esmeralda» (Apocalipsis 4:3).

Tras presenciar las abrumadoras e indescriptibles visiones, Ezequiel presentó una conclusión humilde y perfectamente descriptiva: «Esta fue la visión de la semejanza de la gloria de Jehová. Y cuando yo la vi, me postré sobre mi rostro, y oí la voz de uno que hablaba» (Ezequiel 1:28b-29). El profeta no se quedó analizando los rostros de los querubines ni intentando descifrar hacia dónde miraban los ojos de las ruedas. No se obsesionó con discernir significados ocultos ni alusiones antiguas. Ante la absoluta otredad de la gloria de Dios, Ezequiel respondió de la única manera posible: cayó postrado.

## El llamado

Probablemente no haya mejor lugar para escuchar la voz de Dios que cuando estás postrado ante Él. Sin agendas. Sin distracciones. Sin orgullo. Solo estás tú, tendido boca abajo, listo para recibir la palabra del Señor. Lo maravilloso sería escuchar cuando te encuentras en esa posición vulnerable, listo para ser usado, que Dios te diga: «Te estoy encargando un ministerio fácil y de gran éxito. A través de tus palabras, la gente vendrá a mí y tu servicio conducirá al avivamiento de muchas personas». Desafortunadamente, eso no fue lo que Ezequiel escuchó cuando una voz le habló desde la manifestación de la gloria de Dios. Se le ordenó ponerse de pie, un proceso facilitado por el Espíritu Santo que entró en el profeta. Una vez que Ezequiel se puso de pie, Dios habló.

> Y me dijo: Hijo de hombre, yo te envío a los hijos de Israel, a gentes rebeldes que se rebelaron contra mí; ellos y sus padres se han rebelado contra mí hasta este mismo día. Yo, pues, te envío a hijos de duro rostro y de empedernido corazón; y les dirás: Así ha dicho Jehová el Señor. Acaso ellos escuchen; pero si no escucharen, porque son una casa rebelde, siempre conocerán que hubo profeta entre ellos (2:3-5).

El tono que percibimos en las palabras de Dios es algo así como: «Vas a hablarles hasta el cansancio, pero no te van a escuchar. Son hijos rebeldes que provienen de una larga estirpe de hijos rebeldes». Es fácil inferir de este pasaje y del resto de los capítulos 2 y 3 que la misión de Ezequiel está condenada al fracaso. ¿Pero lo está realmente?

Consideremos de nuevo el llamado de Ezequiel. Se le dice que les hable a los hijos de Israel, pero en ninguna parte se le indica que los convierta. Cambiar la mente y la vida de la gente está fuera del alcance de Ezequiel. El objetivo del profeta se encuentra en la última línea del versículo 5: «...siempre conocerán que hubo profeta entre ellos». Esa sería la medida de su éxito. Su responsabilidad era ser fiel y proclamar las palabras del Señor, dejando los resultados en sus manos.

Algunos podrían interpretar mi última frase como una excusa, pero eso está muy lejos de la verdad. Simplemente significa que Ezequiel puede concentrarse en su parte del proceso. Es como ser un vendedor sin tener que preocuparse por cerrar el trato. ¿A la gente no le gusta lo que dices? No pasa nada. ¿Meter el dedo en la llaga y desanimar a algunos? No hay problema. Se esperaba que Ezequiel entregara toda su vida a su vocación, pero su trabajo era decir las cosas como eran, sin tener que preocuparse por manipular su mensaje ni hacerlo digerible para las masas. El vendedor de autos es amigo de todos (o al menos intenta serlo); en cambio, a nadie le gusta el profeta, especialmente a quienes disfrutan de su rebeldía.

> Y tú, hijo de hombre, no les temas, ni tengas miedo de sus palabras, aunque te hallas entre zarzas y espinos, y moras con escorpiones; no tengas miedo de sus palabras, ni temas delante de ellos, porque son casa rebelde. Les hablarás, pues, mis palabras, escuchen o dejen de escuchar; porque son muy rebeldes. Mas tú, hijo de hombre, oye lo que yo te hablo; no seas rebelde como la casa rebelde; abre tu boca, y come lo que yo te doy (vv. 6-8).

Este no es un pueblo dispuesto a escuchar lo que Dios quiere decirles. En el libro de Ezequiel, la palabra «rebelde» o sus derivados se usa 17 veces, casi siempre para describir a Israel. Cuatro de estas instancias se encuentran solo en estos tres versículos, pero Dios le dijo a su profeta que no le temiera al pueblo, ya que él hablaría las palabras de Dios. Su trabajo era hablar y el Señor se encargaría del resto. Pero ¿de dónde recibiría el profeta su mensaje divino?

## Un rollo sabroso

Reorientémonos en la escena: Ezequiel estaba junto al río Quebar. De repente, un enorme torbellino comenzó a rodar hacia él y de la vorágine surgieron cuatro querubines con aspectos muy diferentes, junto con sus cuatro ruedas llenas de ojos. Entonces, sobre los querubines apareció un trono con una enorme figura sobre él. Ezequiel supo de inmediato que esto era una manifestación de la gloria del Señor. El futuro profeta cayó al suelo, pero una infusión del Espíritu Santo lo levantó. Entonces, la figura que estaba en el trono le dijo a Ezequiel que lo enviaba a profetizarle a su propio pueblo, que probablemente no lo escucharía debido a su rebeldía.

Ezequiel había recibido una visión del Señor y su llamado. Ahora estaba a punto de recibir en su propia persona el mensaje del Señor.

> Y miré, y he aquí una mano extendida hacia mí, y en ella había un rollo de libro. Me dijo: Hijo de hombre, come lo que hallas; come este rollo, y ve y habla a la casa de Israel. Y abrí mi boca, y me hizo comer aquel rollo (Ezequiel 2:9–3:1).

El profeta obedeció con rapidez, tomó el rollo y se lo comió. A pesar de que las palabras del rollo eran extremadamente amargas, el sabor era «dulce como miel» (3:3). Es posible que esto se deba a que la justicia de Dios parece dura para los injustos, pero es pura y adecuada para los justos.

Este es uno de los tres ejemplos bíblicos en los que la Palabra de Dios es comida por sus portavoces. En el Apocalipsis, una voz celestial le dice a Juan que coma un librito que sostiene un ángel enorme.

> Y fui al ángel, diciéndole que me diese el librito. Y él me dijo: Toma, y cómelo; y te amargará el vientre, pero en tu boca será dulce como la miel. Entonces tomé el librito de la mano del ángel, y lo comí; y era dulce en mi boca como la miel, pero cuando lo hube comido, amargó mi vientre. Y él me dijo: Es necesario que profetices otra vez sobre muchos pueblos, naciones, lenguas y reyes (Apocalipsis 10:9-11).

Las palabras del ángel indicaban que se trataba de un libro de juicio contra los injustos que aún vivían en ese momento de la tribulación. A diferencia del rollo de Ezequiel, el libro de Juan no le cayó bien.

Hubo otro incidente en el que un profeta se comió las palabras de Dios y ocurrió no muchos años antes de que Ezequiel se comiera el rollo. Jeremías también había recibido la tarea de predicar infructuosamente al pueblo rebelde de Israel. Por desgracia para él, tenía que hacerlo desde Jerusalén, con su liderazgo y su cultura idólatras, y la eventual privación y destrucción provocadas por el asedio y la conquista de Babilonia. En un momento dado, cuando Jeremías se lamentaba del peso de la tarea que Dios le había encomendado, dijo: «Fueron halladas tus palabras, y yo las comí; y tu palabra me fue por gozo y por alegría de mi corazón; porque tu nombre se invocó sobre mí, oh Jehová Dios de los ejércitos» (Jeremías 15:16). No sabemos qué palabras había escrito Dios en lo que probablemente era otro rollo, pero cuando Jeremías se lo tragó, le dieron lo que necesitaba para seguir adelante con la enorme tarea que se le había encomendado.

Comer la Palabra de Dios es una actividad conmovedora. Enfatiza a los profetas que el mensaje que llevaban a las masas provenía de Él. Era una experiencia táctil para señalar lo que ya sabían mentalmente. Para cada uno de ellos, cuando la resistencia era mayor, tenían ese momento de «tragarse el rollo» para recordar que esas palabras difíciles que estaban pronunciando provenían de Dios y eran 100 % ciertas.

Después de que Ezequiel comiera el rollo, Dios le confirmó la magnitud y la importancia de la tarea que tenía por delante. El Señor también le recordó a su nuevo profeta que lo había equipado con todo lo necesario para cumplir su misión, incluso enfatizando que, por más obstinados que fueran los israelitas, Dios había endurecido aún más la cabeza de Ezequiel.

Cuando el Señor terminó de hablar, otra voz poderosa gritó: «¡Bendita sea la gloria del Señor, donde él habita!» (3:12 NVI). Mientras se proclamaba la alabanza, Ezequiel fue llevado por el Espíritu Santo. El susurro de las alas de los querubines, el zumbido de las ruedas y un ruido ensordecedor acompañaron su partida. Mientras el Espíritu lo llevaba, Ezequiel estaba muy perturbado, lo cual es completamente comprensible. Lo que acababa de presenciar habría conmocionado a cualquiera. A eso se sumaba la misión que había recibido, que cambiaría su vida para siempre: ser profeta, un llamado que rara vez terminaba bien para el receptor.

¿Fue esta transportación de vuelta al río Quebar un traslado físico, como el que experimentó más tarde Felipe con el eunuco etíope (Hechos 8:39)? ¿O fue simplemente una visión, durante la cual Ezequiel nunca se había movido físicamente de su lugar? No podemos saberlo con certeza, pero como el pasaje nunca indica que él se alejara físicamente de la orilla del río, me inclino a pensar que permaneció allí en un estado visionario. Una vez que Ezequiel regresó con sus compañeros exiliados, se sentó muy angustiado durante siete días. Fue una muestra de misericordia por parte de Dios darle ese tiempo para recuperarse, porque cuando terminó esa semana, era hora de poner ¡manos a la obra!

CAPÍTULO 2

# LAS CONSECUENCIAS DEL FRACASO

EZEQUIEL 3-7

Cuando las personas comienzan un nuevo trabajo, suelen hacerlo de dos maneras. Hay quienes se incorporan discretamente y se ponen manos a la obra, y hay quienes irrumpen con fuerza. Cuando Donald Trump comenzó su segundo mandato no consecutivo como presidente en 2025, dejó claro de inmediato que llegaba para poner orden. Se recortaron programas. Se despidió a gente. Elon Musk puso en marcha su Departamento de Eficiencia Gubernamental para recortar el gasto descontrolado y dejar un césped bonito y bien cortado.

Pero no solo Estados Unidos sintió el golpe de Trump. El golfo de México se convirtió en el golfo de Estados Unidos; Israel se enteró de que Gaza estaba destinada a convertirse en la próxima Riviera; y se invitó a Canadá a convertirse en el estado número 51 o 52, dependiendo de si se adelantaba a Groenlandia. Incluso el vicepresidente de Trump, J. D. Vance, arrasó todo a su paso cuando visitó Europa, utilizando una conferencia sobre seguridad internacional para criticar duramente a las naciones occidentales por su censura injustificada y la erosión de la democracia. Sus palabras causaron tal terremoto diplomático que hicieron llorar al presidente de la conferencia en su discurso de clausura. ¡Y hace falta mucho para hacer llorar a un estoico alemán!

Cuando Dios llamó a Ezequiel para que fuera profeta, estaba decidido a hacerlo con fuerza. No habría sutilezas ni mensajes confusos. A cualquiera de los exiliados en Babilonia que se sintiera aliviado por no tener que escuchar más las profecías apocalípticas de Jeremías, Dios les dijo: «¿Ajá? Pues esperen a ver al nuevo».

## Ezequiel, el atalaya (3:16-21)

Antes de que Ezequiel pudiera presentar eficazmente las expectativas de Dios ante el pueblo, necesitaba comprender las expectativas que Dios tenía acerca de él. Una vez que el profeta se recuperó de la conmoción de su llamado, el Señor le puso un título. «Hijo de hombre, yo te he puesto por atalaya a la casa de Israel» (Ezequiel 3:17). El atalaya o centinela era la persona encargada de la vigilancia. Era un trabajo extremadamente importante, porque montaba guardia mientras la población dormía durante la noche. Si se acercaba el enemigo, su trabajo consistía en dar la alarma. Si se distraía o se quedaba dormido mientras estaba de servicio, podía costarle la vida a todos los que estaban bajo su cuidado. Por lo tanto, el centinela sabía que eludir su deber podía significar un consejo de guerra, la cárcel e incluso la muerte.

Israel estaba espiritualmente dormido. El pueblo adoraba a los dioses de las naciones vecinas, sacrificaba a los ídolos y ofrecía a sus hijos en el fuego. Dios estaba disgustado por este adormecimiento ante la verdad. Necesitaba que su pueblo despertara a su pecado y a las consecuencias que se avecinaban como resultado. El arrepentimiento era una necesidad inmediata para que Jerusalén tuviera alguna posibilidad de sobrevivir. Según Jeremías, Ezequiel no fue el primer atalaya que Dios había enviado. «Puse también sobre vosotros

[Judá] atalayas, que dijesen: Escuchad al sonido de la trompeta. Y dijeron ellos: No escucharemos» (Jeremías 6:17). Ahora que se había producido una deportación masiva, tal vez los que habían quedado en la tierra desolada escucharían una voz desde el exilio. ¿Podría un profeta cautivo sacudir a los que quedaban en la ciudad santa para que se arrepintieran?

Probablemente no. Pero, como mencionamos anteriormente, el éxito de Ezequiel reside en la obediencia, no en los resultados. El Señor le dijo:

> Cuando yo dijere al impío: De cierto morirás; y tú no le amonestares ni le hablares, para que el impío sea apercibido de su mal camino a fin de que viva, el impío morirá por su maldad, pero su sangre demandaré de tu mano. Pero si tú amonestares al impío, y él no se convirtiere de su impiedad y de su mal camino, él morirá por su maldad, pero tú habrás librado tu alma (Ezequiel 3:18-19).

Dios enfatiza este punto utilizando el ejemplo de una persona justa que se vuelve hacia la iniquidad. Una vez más, Ezequiel no tiene opción, sino la responsabilidad, de llamar a la persona por su pecado. Hacer menos sería fallar en su papel de atalaya. ¿Cambiarían sus palabras el objetivo espiritual previsto? Quizás sí, quizás no. Pero sin las palabras del centinela, las posibilidades de que «quizás no» son infinitamente mayores.

Este papel de atalaya era clave para quien era Ezequiel como profeta. De hecho, es un papel tan bonito que Dios se lo dio dos veces. Treinta capítulos más adelante, leeremos las palabras: «A ti, pues, hijo de hombre, te he puesto por atalaya a la casa de Israel, y oirás la palabra de mi boca, y los amonestarás de mi parte» (33:7). Ese es el momento del libro en el que Dios volvió sus ojos hacia la nación de Israel, prediciendo su caída y su destrucción definitiva a manos de

Babilonia. Por última vez, Ezequiel, Jeremías y cualquier otro profeta anónimo al que Dios hubiera llamado para ser atalaya alzaron sus voces y suplicaron el arrepentimiento de Israel. Sus gritos cayeron en oídos sordos.

## Un mensaje divino

Con tanto en juego a nivel personal y nacional, el estrés de Ezequiel debió de haberse disparado. ¿Cómo sabría qué decir y cuándo decirlo? ¿Y si Dios le daba un mensaje y él lo malinterpretaba? ¿Y si acaso por accidente descartaba una visión divina confundiéndola con una pesadilla? Como siempre, el nuevo profeta no tenía por qué preocuparse, ya que Dios le había dado una garantía.

Por orden del Señor, Ezequiel volvió al río y allí contempló la gloria de Dios. Como vimos anteriormente, ¿cuál es la reacción habitual al ver la gloria de Dios? Se pierde todo el control muscular y se cae de bruces, que es lo que le sucedió a él. Y, como vimos en Ezequiel 2:2, fue el Espíritu quien entró en el profeta y le dio la fuerza para volver a ponerse en pie. En otras palabras, fue el Espíritu de Dios quien le dio el poder para estar ante la gloria de Dios.

Sin embargo, hay una diferencia entre la visión que Ezequiel recibió ahora y la que vimos en el capítulo 2. En ese momento, el Espíritu levantó a Ezequiel para que pudiera oír las palabras del que estaba en el trono. Esta vez, cuando el Espíritu lo llenó y se puso de pie ante el Señor, fue el Espíritu Santo mismo quien habló con el profeta. Al leer las palabras que dijo, esta distinción tiene sentido:

> Entonces entró el Espíritu en mí y me afirmó sobre mis pies, y me habló, y me dijo: Entra, y enciérrate dentro de tu casa. Y tú, oh hijo de hombre, he aquí que pondrán sobre ti cuerdas, y con ellas te ligarán, y no saldrás entre ellos. Y haré que se pegue tu lengua a tu paladar, y estarás mudo, y no serás a ellos varón que reprende; porque son

> casa rebelde. Mas cuando yo te hubiere hablado, abriré tu boca, y les dirás: Así ha dicho Jehová el Señor: El que oye, oiga; y el que no quiera oír, no oiga; porque casa rebelde son (3:24-27).

Primero, el Espíritu le dijo a Ezequiel que entrara en su casa y cerrara la puerta; luego aparecen estos versículos extraños sobre atar a Ezequiel y hacer que su lengua se pegara al paladar. Hay mucha especulación sobre si tal vez la gente ató a Ezequiel para evitar que los molestara, o si Dios le quitó la capacidad de hablar, excepto cuando profetizaba. Si alguna de estas dos cosas es cierta, yo diría que la segunda es más probable que la primera. Sin embargo, es muy posible que ambas fueran figuras retóricas. Como escribió el Dr. Tony Evans:

> «No parece haber ninguna prueba de que [la atadura de Ezequiel] fuera una amenaza física: en cambio, Dios pretendía dar una lección objetiva para el pueblo sobre su negativa a escuchar el mensaje de Ezequiel. Lo mismo puede decirse de la lengua de Ezequiel pegada al paladar (3:26). Esto sugiere que no tenía nada que decir a los rebeldes israelitas, salvo el mensaje que Dios le había dado».[1]

No podemos afirmar con absoluta certeza si Ezequiel quedó mudo de forma permanente hasta que el Espíritu Santo le soltó la lengua, o si solo permaneció en su casa sin hablar con nadie de afuera hasta que el Señor le dio un mensaje. Lo que es obvio es que el profeta no era muy sociable. La gente lo rechazaba y Dios estaba contento con ello, porque eso significaba que cuando finalmente saliera y comenzara a hablar, era probable que lo escucharan.

La importancia de las palabras del profeta derivaba de la fuente de sus palabras. El Espíritu Santo ponía el mensaje del Señor Dios en la boca de Ezequiel para que el pueblo lo oyera.

¿Te suena familiar? A mí, sin duda, me hizo recurrir a los Evangelios, porque en estas palabras resuena la voz del Mesías. En presencia de una gran multitud, Jesús advirtió a sus discípulos de los tiempos difíciles que se avecinaban. Aun así, les dio este ánimo: «Cuando os trajeren a las sinagogas, y ante los magistrados y las autoridades, no os preocupéis por cómo o qué habréis de responder, o qué habréis de decir; porque el Espíritu Santo os enseñará en la misma hora lo que debáis decir» (Lucas 12:11-12). Más tarde, pocas horas antes de ser traicionado, Jesús les dijo a sus discípulos:

> Aún tengo muchas cosas que deciros, pero ahora no las podéis sobrellevar. Pero cuando venga el Espíritu de verdad, él os guiará a toda la verdad; porque no hablará por su propia cuenta, sino que hablará todo lo que oyere, y os hará saber las cosas que habrán de venir. Él me glorificará; porque tomará de lo mío, y os lo hará saber. Todo lo que tiene el Padre es mío; por eso dije que tomará de lo mío, y os lo hará saber (Juan 16:12-15).

Esta es una función clave del Espíritu Santo. Él es el conducto que transfiere las palabras del Padre y del Hijo a nuestra mente; luego de nuestra boca a los oídos del mundo. Esto era cierto en el Antiguo Testamento y fue cierto en el Nuevo Testamento. Y es cierto también ahora. Cuando aprovechamos la oportunidad de compartir nuestra fe, no estamos solos: el Espíritu Santo está allí hablándonos a nosotros y a través de nosotros.

Si nos arriesgamos a presentar el evangelio, ¿tenemos garantizado el éxito? Sí y no. Sí, en el sentido de que habremos cumplido nuestro papel de atalayas y eso es todo lo que Dios nos pide. No, porque siempre existe la posibilidad de que nuestras palabras caigan en oídos sordos. Como le dijo el Espíritu Santo a Ezequiel: «Mas cuando yo te hubiere hablado, abriré tu boca, y les dirás: Así ha dicho Jehová el

Señor: El que oye, oiga; y el que no quiera oír, no oiga; porque casa rebelde son» (Ezequiel 3:27).

## Mostrar y contar (4–5)

Creo firmemente que hay que comunicar la verdad de diversas maneras. Por eso realizo giras de conferencias, doy enseñanzas en video y escribo libros. Cuando me comunico a través de los libros, lo hago utilizando tanto el género de ficción como no ficción. Cada persona aprende de una manera diferente. Por eso, ya sea en persona o en línea, en un libro didáctico o entretejido en una historia emocionante, quiero ofrecer tantos puntos de apoyo como sea posible para que todos puedan aferrarse a la verdad.

En la historia de los profetas, muchos se limitaron a ponerse ante el pueblo y pronunciar las palabras de Dios, como muchos otros que añadían una demostración a sus proclamaciones. Ezequiel pertenecía a la escuela profética tanto de «mostrar» como de «contar». Y sus primeras misiones se inclinaron definitivamente más hacia el «mostrar».

## Primera señal: una tablilla de arcilla

Dios llamó a Ezequiel para que realizara una serie de señales, cada una de ellas diseñada para demostrar el terrible destino que le esperaba a la ciudad de Jerusalén. La primera señal pondría a prueba las habilidades artísticas del profeta.

> Tú, hijo de hombre, tómate un adobe, y ponlo delante de ti, y diseña sobre él la ciudad de Jerusalén. Y pondrás contra ella sitio, y edificarás contra ella fortaleza, y sacarás contra ella baluarte, y pondrás delante de ella campamento, y colocarás contra ella arietes alrededor (4:1-2).

Me encanta intentar imaginarme esta escena. Me recuerda a una versión a escala reducida de los recreadores de guerras que crean un campo de batalla en su sótano: de Napoleón en Waterloo o del asedio de Orleans o de la batalla de Gettysburg. El panorama de Ezequiel comenzaba con una tablilla de arcilla en la que había dibujado Jerusalén. Alrededor del ladrillo se encontraban las pequeñas tiendas del ejército babilónico y, apilado contra la superficie de arcilla, se había construido un pequeño muro de asedio para que los soldados pudieran trepar. Frente a las puertas grabadas había pequeños arietes que intentaban romper la superficie plana.

Quienes acudían a presenciar este drama en miniatura representado por Ezequiel sabían al instante de qué escena se trataba. «¿Dónde está Dios en todo esto?», se preguntaban. «¿No se supone que Él debe proteger a su pueblo?». Ezequiel respondería a sus preguntas, una vez más no con palabras, sino con acciones.

Dios le encargó al profeta que representara ahora su papel colocando «una placa de hierro» entre él y la ciudad. Aunque el Señor hubiera querido intervenir, el pecado del pueblo y su propio sentido de la justicia actuarían como «una plancha de hierro» que le impediría salvar la ciudad (v. 3).

## Segunda señal: Ezequiel acostado

Cuando lees por primera vez esta siguiente señal, puede que no te parezca tan grave. «Bueno, yo trabajo mucho. Me vendrían bien unas buenas vacaciones para descansar». Luego lees los detalles y pierde mucho de su encanto. «Un momento… ¿430 días tumbado en el suelo duro, mirando fijamente mi pequeña obra de arcilla sobre el asedio? ¿Qué pasa con mi cama adaptable? ¿Qué hay de mi Netflix?». De repente, 430 días suena menos a vacaciones y más a una condena.

Pero eso es lo que se le pidió a Ezequiel:

> Y tú te acostarás sobre tu lado izquierdo y pondrás sobre él la maldad de la casa de Israel. El número de los días que duermas sobre él, llevarás sobre ti la maldad de ellos.

> Yo te he dado los años de su maldad por el número de los días, trescientos noventa días; y así llevarás tú la maldad de la casa de Israel. Cumplidos estos, te acostarás sobre tu lado derecho por segunda vez, y llevarás la maldad de la casa de Judá cuarenta días; día por año, día por año te lo he dado (vv. 4-6).

Trescientos noventa días para el reino del norte y cuarenta días para el del sur. Cada día representaba un año de pecado cometido por cada reino. «Amir, entiendo el asedio y los días que representan años, pero ¿qué significan el 390 y el 40?». Ay, esperaba que no me preguntaras eso. Este es otro de esos pasajes que tienen a los comentaristas discutiendo y a los teólogos de seminario peleando en la sala de profesores. Algunos ven estos números como una referencia a los años de pecado cometidos por cada reino, pero otros dicen que son del futuro. Algunos los ven como años literales, mientras que otros creen que son simbólicos de otra cosa. Después de leer muchas opciones diferentes, me inclino por lo que escribió mi amigo, el Dr. Charlie Dyer:

> «Quizás la mejor solución sea considerar que los números se refieren al pasado. Los 390 días correspondían a "los años de su pecado" (v. 5), no a los años de su castigo. Sin embargo, no se pueden determinar con certeza años específicos. Pero, aunque los detalles no están claros, el mensaje es obvio: Babilonia sitiaría Jerusalén por su pecado y, de alguna manera, la duración del asedio correspondería a los años de su pecado».[2]

Una vez más, en lugar de perdernos en los detalles, nos quedaremos con lo que es evidente: Israel había pecado y Dios castigaría al pueblo por su pecado. Se trata de una relación pura de causa y efecto.

Mientras Ezequiel estaba acostado, el Señor le dijo: «Y he aquí he puesto sobre ti ataduras, y no te volverás de un lado a otro, hasta que hayas cumplido los días de tu asedio» (v. 8). Algunos han interpretado esto como que Ezequiel hacía que la gente lo atara cada día para que no pudiera moverse, pero las palabras «he puesto» parecen demasiado directas para implicar la participación de alguien externo. Una explicación más plausible es que cada día, cuando Ezequiel tomaba su posición junto al escenario del asedio, Dios lo inmovilizaba en su lugar. El único movimiento que se le permitía era agitar el brazo mientras profetizaba contra Israel.

¿Qué quería mostrar Dios con esta actuación? Se hace evidente cuando recordamos la placa de hierro que se interponía entre el profeta y la ciudad. Eso me lleva a la última semana de Jesús, cuando lloró: «¡Jerusalén, Jerusalén, que matas a los profetas, y apedreas a los que te son enviados! ¡Cuántas veces quise juntar a tus hijos, como la gallina junta sus polluelos debajo de las alas, y no quisiste!» (Mateo 23:37). Dios estaba esperando que su pueblo se volviera a Él. Quería bendecirlos y protegerlos, pero su pecado levantó un muro de hierro. Es trágico imaginar a Ezequiel tumbado tan cerca pero tan lejos de la miniciudad, sabiendo que Dios estaba listo para rescatar a su amada Jerusalén, pero su pueblo era demasiado rebelde para pedírselo.

## Tercera señal: hambre y alimentos contaminados

A lo largo de los años, he visto aparecer numerosas dietas relacionadas con la Biblia. La dieta de Daniel, la dieta Aleluya, la dieta del Creador y otras que prometen salud comiendo a la manera de Dios. Sin embargo, curiosamente, nunca he visto un libro titulado *La dieta de Ezequiel*. Es probable que haya una buena razón para ello.

> Y tú toma para ti trigo, cebada, habas, lentejas, millo y avena, y ponlos en una vasija, y hazte pan de ellos el número de los días que te acuestes sobre tu lado; trescientos

> noventa días comerás de él. La comida que comerás será de peso de veinte siclos al día; de tiempo en tiempo la comerás. Y beberás el agua por medida, la sexta parte de un hin; de tiempo en tiempo la beberás. Y comerás pan de cebada cocido debajo de la ceniza; y lo cocerás a vista de ellos al fuego de excremento humano. Y dijo Jehová: Así comerán los hijos de Israel su pan inmundo, entre las naciones a donde los arrojaré yo (Ezequiel 4:9-13).

Para beber, solo hay agua. Para comer, hay pan cocido con excrementos humanos. Te puedo garantizar que perdería mucho peso si esa fuera mi dieta. Lo interesante de esta tercera señal es que es la primera vez que se refiere principalmente al tiempo posterior a la caída de Jerusalén. La hambruna en Jerusalén durante el asedio será horrible, pero la situación no mejorará mucho para los supervivientes tras la destrucción de la gran ciudad. La última frase del pasaje anterior deja claro que Ezequiel estaba describiendo la dieta de aquellos que serían expulsados de los restos de Jerusalén a la tierra de los gentiles.

Obviamente, esta no era la forma en que vivían los exiliados de la deportación de Ezequiel. Ciertamente no vivían en el lujo, pero el profeta no habría tenido la misma reacción si estuviera acostumbrado a cocinar su cena con sus propios excrementos. Es probable que se refiera a los rebeldes que aún quedaban entre las ruinas de Jerusalén después del asedio y la deportación final. Esas personas ignoraron la exigencia de Dios de que permanecieran en la tierra y huyeron a Egipto. El largo viaje habría sido extremadamente difícil, ya que casi todo había sido arrasado durante la invasión. Los suministros con los que partieron habrían sido escasos y, una vez en Egipto, sus circunstancias no habrían mejorado. El otrora gran imperio del faraón también había sido devastado por Babilonia y estaba en las últimas.

Cuando le das la espalda a Dios, no hay manera de experimentar un cambio genuino en tus circunstancias. Siempre quedará algo que te derribará. Los sobrevivientes podían haber escapado del asedio asesino de Babilonia, pero seguían sumidos en la pobreza, el hambre y la falta de hogar. Lo peor de todo es que no tenían esperanza alguna una vez que sus miserables vidas llegaran a su fin. A esa misma verdad se enfrentan todos los que rechazan al Mesías en este mundo, sin importar su posición en la vida.

En la asignación de esta tarea hay una breve e interesante interacción entre Ezequiel y Dios. Cuando el Señor le entrega su misión, el profeta se rebela. «Y dije: ¡Ah, Señor Jehová! he aquí que mi alma no es inmunda, ni nunca desde mi juventud hasta este tiempo comí cosa mortecina ni despedazada, ni nunca en mi boca entró carne inmunda» (v. 14). En ninguna parte de la Ley mosaica se prohíbe cocinar con desechos humanos, pero sin duda no era aceptable, como lo demuestra que Dios calificara la comida de «inmunda» en el versículo anterior.

Si Ezequiel hubiera comido el pan tal y como le ordenó Dios, ¿habría infringido la Ley? No. Santiago escribió: «Cuando alguno es tentado, no diga que es tentado de parte de Dios; porque Dios no puede ser tentado por el mal, ni él tienta a nadie» (Santiago 1:13). Sin embargo, Dios comprendió el deseo de Ezequiel de permanecer santo ante Él y sabía que esto habría supuesto una carga para su conciencia. Por eso le permitió a su profeta mejorar sus ingredientes para cocinar y utilizar estiércol de vaca (*mejorar*, obvio, un término relativo).

## Cuarta señal: una afeitada exprés

La cuarta señal de este cuarteto continúa con el tema desgarrador. Utilizando los cabellos de su cabeza y su rostro, Ezequiel demostró la muerte que vendría sobre el pueblo.

> Y tú, hijo de hombre, tómate un cuchillo agudo, toma una navaja de barbero, y hazla pasar sobre tu cabeza y tu barba; toma después una balanza de pesar y divide los

> cabellos. Una tercera parte quemarás a fuego en medio de la ciudad, cuando se cumplan los días del asedio; y tomarás una tercera parte y la cortarás con espada alrededor de la ciudad; y una tercera parte esparcirás al viento, y yo desenvainaré espada en pos de ellos. Tomarás también de allí unos pocos en número, y los atarás en la falda de tu manto. Y tomarás otra vez de ellos, y los echarás en medio del fuego, y en el fuego los quemarás; de allí saldrá el fuego a toda la casa de Israel (Ezequiel 5:1-4).

Un comportamiento extraño, sin duda, pero antes de que los testigos de esta demostración divina de Ezequiel recibieran la explicación de sus acciones, estaban destinados a escuchar la razón por la que se hacía. Y era dura. Las palabras del Señor pronunciadas a través del profeta dejaban en claro que eran los pecados del pueblo los que habían provocado esto. Les advirtió, les castigó, intentó enderezarles, pero ellos continuaron pecando hasta tal punto que superaron en depravación a las naciones que les rodeaban.

Esto nos lleva al versículo clave de este pasaje, en el que el Señor Dios declaró a los hijos de Israel: «Así, pues, ha dicho Jehová el Señor: He aquí yo estoy contra ti; sí, yo, y haré juicios en medio de ti ante los ojos de las naciones» (v. 8). Imagina que el Dios todopoderoso de toda la creación está en tu contra. ¿Cómo te enfrentas a eso? A esta trágica declaración le siguió una de las letanías de juicio más duras y desgarradoras que el Señor pronunció jamás contra su pueblo.

Es en este catálogo de catástrofes donde encontramos el significado que se esconde detrás del cabello. El Señor dijo: «Una tercera parte de ti morirá de pestilencia y será consumida de hambre en medio de ti; y una tercera parte caerá a espada alrededor de ti; y una tercera parte esparciré a todos los vientos, y tras ellos desenvainaré espada» (v. 12). Dos tercios serán destruidos, mientras que un tercio huirá de Jerusalén con una espada persiguiéndolos.

Esto me lleva a las palabras de otro profeta que viene solo unas décadas después de Ezequiel. Hablando del tiempo durante la tribulación, cuando el anticristo se quitará su máscara de «hombre de paz» y revelará su verdadera naturaleza, Zacarías escribió:

> Y acontecerá en toda la tierra, dice Jehová, que las dos terceras partes serán cortadas en ella, y se perderán; mas la tercera quedará en ella. Y meteré en el fuego a la tercera parte, y los fundiré como se funde la plata, y los probaré como se prueba el oro. Él invocará mi nombre, y yo le oiré, y diré: Pueblo mío; y él dirá: Jehová es mi Dios (13:8-9).

Igual que en los días de Ezequiel, dos tercios de todos los judíos serían exterminados, mientras que el tercio restante huiría de Jerusalén. Sin embargo, hay una gran diferencia entre los dos relatos en cuanto al destino de este tercio final. En Ezequiel, los sobrevivientes continúan con su rebelión y finalmente escapan a Egipto. Allí, todos encuentran su fin cuando Babilonia llega para destruir el imperio del faraón.

Un destino muy diferente le espera al tercio restante de Zacarías. Escaparán de la espada, huyendo, según la visión dada al apóstol Juan: «Y se le dieron a la mujer las dos alas de la gran águila, para que volase de delante de la serpiente al desierto, a su lugar, donde es sustentada por un tiempo, y tiempos, y la mitad de un tiempo» (Apocalipsis 12:14). Al final de esos últimos tres años y medio de tribulación de Jacob, el Mesías regresará, estos judíos que quedan verán a Aquel a quien traspasaron, cada uno lo recibirá como su Señor y Salvador personal, «y luego Israel será salvo» (Romanos 11:26).

## La muerte y el remanente (6)

A lo largo de la historia de Israel, Dios mostró su amor por su pueblo. Hubo períodos en los que ellos le correspondieron con su amor a través de la adoración y la obediencia. Pero esos días de amor recíproco fueron pocos y espaciados. Enseguida, el pueblo volvió a adorar a los dioses de las naciones vecinas.

No es de extrañar que el pueblo de Israel entristeciera tanto a Dios. Él era el Esposo perfecto cuya esposa seguía saliendo a buscar aventuras por las noches. Luego empezó a salir también durante el día. Finalmente, se quedó fuera. Su ira era comprensible, y su disciplina era esencial si quería haber alguna esperanza para su esposa descarriada. Así que, debido a su amor por su pueblo, trajo lo necesario para dar a la nación la oportunidad de volver a estar bien con Él.

> Vino a mí palabra de Jehová, diciendo: Hijo de hombre, pon tu rostro hacia los montes de Israel, y profetiza contra ellos. Y dirás: Montes de Israel, oíd palabra de Jehová el Señor: Así ha dicho Jehová el Señor a los montes y a los collados, a los arroyos y a los valles: He aquí que yo, yo haré venir sobre vosotros espada, y destruiré vuestros lugares altos. Vuestros altares serán asolados, y vuestras imágenes del sol serán quebradas; y haré que caigan vuestros muertos delante de vuestros ídolos. Y pondré los cuerpos muertos de los hijos de Israel delante de sus ídolos, y vuestros huesos esparciré en derredor de vuestros altares. Dondequiera que habitéis, serán desiertas las ciudades, y los lugares altos serán asolados, para que sean asolados y se hagan desiertos vuestros altares; y vuestros ídolos serán quebrados y acabarán, vuestras imágenes del sol serán destruidas, y vuestras obras serán deshechas. Y los muertos caerán en medio de vosotros; y sabréis que yo soy Jehová (Ezequiel 6:1-7).

Palabras duras, difíciles incluso de leer, pero este pueblo había olvidado quién era Dios en realidad. Lo trataban como a un genio en una lámpara. Cuando no se le necesitaba para hacer alguna gran obra, se le tapaba y se le guardaba en una estantería donde no molestara a nadie con sus «haz esto y no hagas aquello». Pero Dios no se dejará guardar. No permitirá que se burlen de Él con apatía y desinterés, y luego se espere que actúe a la menor señal (Gálatas 6:7). Esta dura profecía es un recordatorio más para el pueblo de que Él es Dios y no hay otro fuera de Él (Isaías 45:5). Cuando se cumplan las consecuencias de la severa promesa de Dios, todos los sobrevivientes, así como los que perezcan, sabrán que Él es el Señor.

Aun así, las palabras prometen tanta muerte y destrucción que a veces es difícil conciliar este hecho con la verdad de que Dios es amor. Sin embargo, esta era una generación perdida. Como en los días de Noé, Dios sabía cuándo la gente estaba demasiado perdida para traerla de vuelta. También, igual que en los días de Noé, no exterminó a todos. Como también ocurrió en la época de Lot, había un puñado de personas que merecían ser preservadas. Incluso entre las cenizas, unas pocas chispas aún brillaban con el amor del Señor, y Él tenía un plan para ellas.

> Sin embargo, dejaré un remanente, para que tengáis algunos que escapen de la espada entre las naciones, cuando seáis dispersados por los países. Entonces los que escapen se acordarán de mí entre las naciones donde sean llevados cautivos, porque yo fui quebrantado por su corazón adúltero, que se apartó de mí, y por sus ojos, que se prostituyeron tras sus ídolos; se aborrecerán a sí mismos por los males que cometieron en todas sus abominaciones. Y sabrán que yo soy el Señor; no he dicho en vano que traería esta calamidad sobre ellos (Ezequiel 6:8-10).

Recuerda cuando Ezequiel ilustró el juicio de Dios con su propio cabello. Quemó un tercio, cortó otro tercio y esparció el tercio restante, pero aún quedaban algunos cabellos que el Señor le dijo que conservara. «Tomarás también de allí unos pocos en número, y los atarás en la falda de tu manto» (5:3). Ese es el remanente del que ahora habla. Ellos serían testigos vivos de Dios de la matanza y de su motivo. El Señor hizo un pacto con Israel: «Bendición por la obediencia, maldición por la desobediencia». Israel incumplió su parte del pacto, por lo que Dios cumplió la suya. Como dice esencialmente el versículo 10: «Les dije que esto sucedería, y ahora saben que yo soy el único Señor que podía hacerlo».

Cuatro veces en este capítulo, Dios enfatiza ese punto. No estaba trayendo destrucción por maldad o porque fuera vengativo. Sus corazones adúlteros lo herían profundamente, pero Él no estaba devolviendo el golpe porque sintiera ira. La única manera de vivir una existencia valiosa y con propósito en esta vida, y tener la seguridad de una eternidad gloriosa después de que nuestro tiempo haya terminado, es seguir y servir al único Dios verdadero. Aunque «sabrán que yo soy el Señor» puede tener un tono amenazante, el propósito detrás de esas palabras habla de gracia, perdón y misericordia. Solo cuando reconocemos que Dios existe y que Él es nuestro Señor podemos creer en Él, amarlo y servirlo.

El pueblo de Jerusalén tuvo la oportunidad de seguir a Dios, pero lo rechazó. Ahora serán utilizados como ejemplo para demostrar a todos los que vengan después que no se debe jugar con Dios y que Él siempre cumple sus promesas.

## Canto de dolores (7)

Permítanme decir primero que el texto de Ezequiel 7 es brillante. La redacción es exquisita, pero lo que realmente lo hace funcionar es el ritmo que tiene: frases cortas, una tras otra. El lector siente el rápido paso del tiempo. El juicio está a las puertas. La destrucción ha llegado.

Así dice el Señor y Dios:
¡Las desgracias
se siguen unas a otras!
¡Ya viene el fin!
¡Ya viene el fin!
¡Se acerca contra ti!
¡Es inminente! (7:5-6 NVI).

Al leer estas palabras, no es difícil imaginarse corriendo por las calles mientras el enemigo irrumpe por las puertas. Suenan las trompetas, los gritos te rodean. Mientras huyes por la calle abarrotada, ves personas abatidas por la espada y la lanza y temes el momento en que el acero te alcance. Entonces lo sientes: el duro golpe de una hoja atravesándote la piel. Te tambaleas y caes al suelo como un saco pesado. Mientras la sangre te brota del cuerpo, cualquier paz que pudieras haber encontrado se ve ahogada por el frenesí de la violencia que te rodea.

Esas eran personas reales que morían una a una a manos de un ejército invasor. Cada vida terminaba de a una, las almas abandonaban los cuerpos para encontrar su destino eterno. Fuera cual fuera el destino de esas almas, cada persona solo podría culparse a sí misma.

En este bello pero trágico canto, esa característica transaccional es un punto que Dios quiere transmitir a los lectores. Esto no se debía al capricho del Señor. Él no estaba siendo malo; todo esto era el resultado de las decisiones del pueblo. Cinco veces en este capítulo encontramos una combinación que se asemeja a «según vuestros caminos» y «yo os pagaré» (vv. 3,4,8,9,27). Es el viejo adagio: «Si no puedes cumplir la condena, no cometas el delito». Ellos habían caído profundamente en la idolatría y ahora tenían que pagar el precio.

## El fin de una era (7)

Lo que estaba ocurriendo en Jerusalén no era simplemente el fin de una población, era el fin de la era del reino. Esto queda claro a lo largo de toda la canción con palabras como «desastre» y «destrucción», y frases como «ha llegado la ruina» y «ha llegado el fin». Lo que comenzó con Saúl se completó con Sedequías. Cuando los exiliados regresaron, lo hicieron como un estado vasallo del Imperio persa. Su lealtad pasó a los griegos, luego a los egipcios, y después de uno a otro varias veces más, hasta que llegaron los romanos. El César sería su rey durante muchos años, hasta que los judíos de la tierra sufrieron las consecuencias de su rebelión en el siglo I y principios del II, y fueron dispersados en su mayoría. Fue un castigo duro pero justo para una nación adúltera. Como escribió Ezequiel:

> El rey se enlutará, y el príncipe se vestirá de tristeza, y las manos del pueblo de la tierra temblarán; según su camino haré con ellos, y con los juicios de ellos los juzgaré; y sabrán que yo soy Jehová (7:27).

El fin del reino de Israel —tal y como lo prometió siglos antes un Dios todopoderoso y justo— es la prueba de que Él es el Señor. Lo que falta en este canto es la promesa que se encuentra en muchos otros pasajes de Ezequiel de que el reino que fue destruido por la santidad y la justicia de Dios renacerá como resultado de su misericordia, gracia y amor. Y sentado en el trono de ese Reino resucitado estará nuestro Salvador resucitado, Jesús. Como el ángel prometió a María, la madre de Jesús:

> Este será grande, y será llamado Hijo del Altísimo; y el Señor Dios le dará el trono de David su padre; y reinará sobre la casa de Jacob para siempre, y su reino no tendrá fin (Lucas 1:32-33).

Lo que los oyentes de la profecía de Ezequiel solo podían entender como un punto final para la otrora gran nación de Israel, nosotros, como poseedores de la plenitud de las Escrituras, podemos reconocerlo como una coma necesaria en la declaración completa del Reino eterno de Dios.

Por eso, cuando leemos la historia de Ezequiel, lo hacemos con el corazón apesadumbrado, sabiendo que tantos hombres, mujeres y niños veían cómo sus vidas pecaminosas y mortales llegaban a su fin, solo para comenzar sus merecidos dolores inmortales. Pero también mantenemos los ojos abiertos a nuestras propias vidas, sabiendo que la tentación y el pecado nos acechan a cada paso. Nos comprometemos a evaluarnos constantemente para poder ser tan dedicados a la rectitud como aquellos perdidos lo fueron a su pecado. Y descansamos y adoramos en la promesa de que un día experimentaremos el Reino renovado de Dios y seremos testigos de nuestro bendito Redentor sentado en su trono glorioso.

CAPÍTULO 3

# QUEDARSE MÁS DE LA CUENTA

## EZEQUIEL 8-11

Mi infancia no es un tiempo que yo recuerde con cariño. Después de que mis padres se divorciaran, ciertas circunstancias me llevaron al sistema de acogida. Estuve en varios lugares durante un tiempo, pero fueron estancias cortas. Finalmente, me colocaron en un hogar con una familia. Sin embargo, para mí no era ni un hogar ni una familia. Era simplemente un edificio en el que podía recibir comida y refugio junto con un grupo de personas que se querían entre sí, pero que no me querían a mí.

Esta situación fue soportable durante un tiempo, pero cuanto más crecía, más aumentaba mi sentimiento de aislamiento. A mediados de la adolescencia, estos sentimientos se hicieron tan fuertes que decidí acabar con mi vida. Fue entonces cuando, gracias a una serie de circunstancias milagrosas, conocí a Yeshua. Mi vida se transformó en un instante. Por primera vez experimenté la verdadera alegría. En mi euforia, compartí mi maravillosa conversión con mis padres adoptivos, asegurándoles que ellos también podían tener el mismo tipo de relación con el Mesías que yo tenía. Inmediatamente me echaron de casa.

No me resultó sencillo irme. Había habido momentos de risas y, con el tiempo, se había creado un vínculo. Mientras me alejaba de la puerta cerrada, no obstante, sabía que no había vuelta atrás.

Hay pocos lugares más inhóspitos que aquellos en los que te conocen, pero no te quieren. Para Dios, Jerusalén se había convertido en ese lugar. En una serie de actos y profecías, Ezequiel describía ahora cómo los hijos de Israel le habían dado literalmente la espalda a su Dios, demostrando que ya no era bienvenido en su propia casa y dejando claro que su lealtad pertenecía a otros dioses. No hacía falta ser omnisciente para leer las señales. Al no tener interés alguno en permanecer donde no era querido, la gloria de Dios abandonó el templo.

## Una tragedia en cuatro actos (8)

Antes de trasladar su gloria, Dios quiso dejar claro por qué se marchaba. Una vez más, Ezequiel fijó la fecha, situándola en el 17 de septiembre del 592 a. C., poco más de trece meses después de su primera visión y su llamada. El profeta estaba celebrando una especie de reunión en su casa con varios ancianos. Mientras todos estaban sentados, Dios entró, lleno de fuego. «Y miré, y he aquí una figura que parecía de hombre; desde sus lomos para abajo, fuego; y desde sus lomos para arriba parecía resplandor, el aspecto de bronce refulgente» (Ezequiel 8:2).

Nadie más que Ezequiel fue testigo de la visión, pero estoy seguro de que los demás sabían que algo estaba pasando por la expresión del rostro del profeta. Extendiendo lo que parecía ser su mano, Dios tomó un mechón de pelo de Ezequiel y lo transportó por medio del Espíritu Santo, en una visión, al templo de Jerusalén. La gloria de Dios seguía en aquel edificio sagrado con todo su resplandor, igual que en la primera visión del profeta. Parecía que Dios no se marcharía hasta que se comprendiera plenamente por qué había dejado de habitar aquel lugar.

### *Acto 1: La imagen de los celos*

El lugar al que llegó Ezequiel era la puerta norte del patio interior, una de las tres puertas que daban acceso a esa parte del recinto del templo. Las otras eran la puerta sur y la del este. Allí, en ese lugar santo, se encontraba un ídolo, lo que Ezequiel llamó «la imagen del celo». ¿El celo de quién? El de Dios. Imagina a una mujer que lleva a su novio al salón, se acurruca junto a él en el sofá, enciende la televisión y empieza a besarse con él. Mientras tanto, su marido observa desde su sillón esa muestra de falta de respeto. El acto en sí está diseñado para ofender y avivar los celos. Del mismo modo, las palabras de Dios a Ezequiel reflejaban su dolor y su ira.

> Me dijo entonces: Hijo de hombre, ¿no ves lo que estos hacen, las grandes abominaciones que la casa de Israel hace aquí para alejarme de mi santuario? Pero vuélvete aún, y verás abominaciones mayores (v. 6).

Según las palabras de Dios, los actos adúlteros de la casa de Israel estaban intencionadamente diseñados para alejarlo. Es comprensible por parte de Israel; puede resultar incómodo intentar mantener una aventura mientras tu marido está sentado en la habitación.

Fíjate en la última línea: «Verás abominaciones mayores». La frase se convertirá en el desafortunado estribillo que cerrará cada escena de esta trágica representación. Con cada acto sucesivo, la situación solo empeorará.

### *Acto 2: Arte malvado en la pared*

Indicando un agujero en la pared, el Señor le dijo a Ezequiel que cavara. El templo había sido construido sólidamente con piedra y madera durante la época de Salomón. Si había agujeros que se podían cavar, era una provisión de Dios para la visión, o bien una prueba del mal estado del templo y de la falta de respeto con la que los sacerdotes trataban la estructura sagrada.

Ezequiel encontró una puerta. La abrió, pasó por ella y vio «toda forma de reptiles y bestias abominables, y todos los ídolos de la casa de Israel, que estaban pintados en la pared por todo alrededor. Y delante de ellos estaban setenta varones de los ancianos de la casa de Israel, y Jaazanías hijo de Safán en medio de ellos, cada uno con su incensario en su mano; y subía una nube espesa de incienso» (vv. 10-11). Mientras los ancianos exiliados en Babilonia buscaban sabiduría en la casa de Ezequiel, los ancianos que aún permanecían en Israel ofrecían incienso a gráficos idólatras. ¡Y esto sucedía nada menos que en el templo! ¿Por qué hacían esto? Porque se sentían traicionados y abandonados por Dios. «No nos ve Jehová; Jehová ha abandonado la tierra» (v. 12). De lo que no se daban cuenta era de que la gloria del Señor seguía allí, de pie a la entrada del atrio interior. No se estaba escondiendo; solo tenían que buscarlo con corazones puros y arrepentidos. Pero era mucho más fácil para ellos decir que era un problema «tuyo» antes que un problema «mío». Pensaban: «Dios nos está haciendo daño; nosotros no le estamos haciendo daño a Él. Como Él nos ha abandonado, dibujaremos a nuestros propios dioses en las paredes y los adoraremos».

Pero si crees que eso es malo, espera. Su rebelión no hará otra cosa que empeorar.

### *Acto 3: Llorando por Tamuz*

Tamuz era un joven y apuesto dios babilónico que se enamoró de la diosa Ishtar. Así comenzó la antigua historia del chico que se enamora de la chica, el chico se casa con la chica y la chica asesina al chico. Este deicidio rompió los corazones de todas las mujeres. Así, cada otoño —la estación en la que su apuesto héroe encontró la muerte— las mujeres de todo el Creciente Fértil se reunían en grupos para derramar lágrimas por su amante caído.

Para evitar que los hombres se burlaran de sus esposas llorando por una historia de amor sensiblera, la muerte de Tamuz también se asoció a un panorama más amplio de cambios estacionales. Cuando llegaba la primavera con su brillante vitalidad, el pueblo identificaba este hecho con el renacimiento del alegre y hermoso Tamuz. Una vez que las hojas cambiaban en otoño y todo el verde se volvía marrón, era aceptable que las mujeres lloraran el fin de otra temporada de esplendor tamuziano.

Este culto de lágrimas a un dios muerto tenía lugar de forma descarada a la puerta norte del templo. En lo que parece un gesto de desprecio y disgusto, Dios le dijo a Ezequiel: «¿Has visto esto, hijo de hombre? Vuélvete, verás abominaciones mayores que estas». Es como si Dios hubiera puesto los ojos en blanco y hubiera dicho «¡Ay, Dios mío!» y «Sigue andando. Hay cosas peores por delante».

### *Acto IV: Adoración al sol*

Ahora llegamos al acto final de este drama, que concluye con una escena digna de una tragedia de Shakespeare.

> Y me llevó al atrio de adentro de la casa de Jehová; y he aquí junto a la entrada del templo de Jehová, entre la entrada y el altar, como veinticinco varones, sus espaldas vueltas al templo de Jehová y sus rostros hacia el oriente, y adoraban al sol, postrándose hacia el oriente (v. 16).

En ese solo versículo se describe todo el fracaso tanto de Israel como de Judá. Cuando Salomón construyó este templo, ofreció una oración de dedicación en la que suplicaba:

> Si tu pueblo Israel fuere derrotado delante del enemigo por haber prevaricado contra ti, y se convirtiere, y confesare tu nombre, y rogare delante de ti en esta casa, tú oirás desde los cielos, y perdonarás el pecado de tu pueblo Israel, y les harás volver a la tierra que diste a ellos y a sus padres (2 Crónicas 6:24-25).

Los veinticinco hombres que estaban en el templo se encontraban precisamente en la situación por la que Salomón había orado. Habían sido derrotados. Sus enemigos ya habían deportado a gran parte del pueblo. Ahora, el enemigo regresaba para seguir atacando. Lo único que estos líderes espirituales tenían que hacer era volverse hacia el templo, confesar y suplicar ante Dios. El Señor los perdonaría y se encargaría del problema. En cambio, daban la espalda al templo y miraban hacia el sol. Ignoraban al Creador y buscaban consuelo y ayuda en una simple creación. Debido a esta rebelión descarada y arrogante, Dios le dijo a Ezequiel: «Pues también yo procederé con furor; no perdonará mi ojo, ni tendré misericordia; y gritarán a mis oídos con gran voz, y no los oiré» (Ezequiel 8:18).

Sería negligente por mi parte continuar sin mencionar las alusiones a la obra y la persona de Yeshua en la falsa adoración de este pueblo de Judá. Como mencioné, cada otoño, el mítico Tamuz moría y yacía en la tumba durante meses. Luego llegaba la primavera y Tamuz resucitaba para alegría y celebración de todos. Esta era una celebración anual en muchas naciones. Cuando Jesús fue crucificado, Él también fue a la tumba. Tres días después, resucitó y, cuando regresó, fue para siempre. No se necesita ningún evento anual. Una vez para siempre. «Pero Cristo, habiendo ofrecido una vez para siempre un solo sacrificio por los pecados, se ha sentado a la diestra de Dios, de ahí en adelante esperando hasta que sus enemigos sean puestos por estrado de sus pies» (Hebreos 10:12-13).

En cuanto a los ancianos que volvieron sus rostros hacia el sol, se les había acabado el tiempo. El Señor prometió una era venidera en la que todos se volverán y adorarán al Sol: «Mas a vosotros los que teméis mi nombre, nacerá el Sol de justicia, y en sus alas traerá salvación; y saldréis, y saltaréis como becerros de la manada» (Malaquías 4:2). Yeshua vendrá de nuevo y todos se presentarán ante Él y le darán gloria y alabanza. Tanta esperanza; tanta promesa. Todo ello se encuentra en el Señor. Lamentablemente, los israelitas de la época de Ezequiel lo perdieron todo.

## La marca de los mejores* (9)

Al final del capítulo 8, Dios prometió actuar con furia. En el capítulo 9, vemos cómo se lleva a cabo esa furia. Se hace un llamamiento divino a los que están a cargo de la ciudad.

> Vi entonces que seis hombres entraban por la puerta superior que da al norte, cada uno con un mazo en la mano. En medio de ellos venía un hombre vestido de lino, que llevaba a la cintura instrumentos de escribir. Entraron y se detuvieron junto al altar de bronce (Ezequiel 9:2 DHH).

Debo admitir que me gusta especialmente la forma en que la versión Dios Habla Hoy expresa este pasaje. La RVR60 describe lo que llevan estos hombres como «instrumento para destruir», mientras que la NIV les da el inofensivo nombre de «armas mortíferas». Pero con la DHH, me imagino a gigantescos monstruos con aspecto de vikingos avanzando con cascos con cuernos en la cabeza y hachas de guerra en las manos, listos para arrasar la ciudad. Junto a ellos venía uno más, un hombre con aspecto de escriba, vestido de lino y con una pluma y tinta.

Ambos se reunieron junto al altar de bronce para recibir su misión. Al hombre de la pluma se le ordenó que recorriera la ciudad y encontrara a todos los que lloraban por el estado pecaminoso de Jerusalén y del pueblo de Dios. Aunque parezca increíble, algunos de ellos todavía estaban allí. Solo habían pasado trece años desde que se llevaron al buen Daniel. Luego, hacía solo cuatro años, Ezequiel

---

* N de la T.: En inglés, mejor es *best*, mientras que bestia es *beast*. El autor hace un juego de palabras con la expresión «la marca de la bestia».

había sido llevado al exilio y su compromiso con Dios fue suficiente para que fuera llamado a la profesión de profeta. Al igual que ese mechón de pelo escondido en la costura de la túnica de Ezequiel, siempre habrá algunos que permanecerán fieles al Señor.

Cuando el hombre encontrara a los fieles, debía marcarlos. A diferencia de la marca de la bestia en los últimos tiempos, esta sería la marca de los mejores. En Apocalipsis 14, un ángel advirtió que cualquiera que recibiera la marca de la bestia y adorara su imagen recibiría toda la ira de Dios. Pero aquí, en Ezequiel, la marca en la frente era algo bueno.

> Y a los otros dijo, oyéndolo yo: Pasad por la ciudad en pos de él, y matad; no perdone vuestro ojo, ni tengáis misericordia. Matad a viejos, jóvenes y vírgenes, niños y mujeres, hasta que no quede ninguno; pero a todo aquel sobre el cual hubiere señal, no os acercaréis; y comenzaréis por mi santuario. Comenzaron, pues, desde los varones ancianos que estaban delante del templo. Y les dijo: Contaminad la casa, y llenad los atrios de muertos; salid. Y salieron, y mataron en la ciudad (Ezequiel 9:5-7).

¿Qué habrá presenciado Ezequiel? Pienso en algunos de los videos que veo mientras difundo noticias a través de mi canal de Telegram. La brutalidad de este mundo es a veces tan grande que tengo que dejar el teléfono y alejarme un rato. Y eso solo viéndolo en una pantalla. Para Ezequiel, la violencia era en directo y a todo color. No es de extrañar que una vez más se encontrara postrado, esta vez gritando: «¡Ah, Señor Jehová! ¿destruirás a todo el remanente de Israel derramando tu furor sobre Jerusalén?» (v. 8).

Cuando David clamó a Dios para que detuviera su mano de castigo contra Israel como consecuencia de su propio pecado, leemos que Él le dijo al ángel del Señor: «Basta ya; detén tu mano» (1 Crónicas 21:15).

La respuesta de Dios a la súplica de Ezequiel fue muy diferente. Él dijo: «Así, pues, haré yo; mi ojo no perdonará, ni tendré misericordia; haré recaer el camino de ellos sobre sus propias cabezas» (Ezequiel 9:10). El pueblo de Israel había ido demasiado lejos. No habría más tregua.

Este es el duro castigo por la injusticia. Algunos probarán su amargura aquí en la Tierra, pero todos los que no tengan la salvación que viene a través de Yeshua, la experimentarán después de que esta vida termine. Y para ellos, no terminará.

## La gloria se marcha (10)

Entre la flagrante falta de respeto y los insultos del pueblo hacia Dios y la clara demostración del Señor de lo que les esperaba a los que le habían abandonado, era evidente que había llegado el momento de que la gloria del Señor se marchara. Mientras Ezequiel estaba allí con el escriba vestido de lino y los hombres parecidos a vikingos con sus hachas de batalla ensangrentadas, el firmamento apareció de nuevo con el trono sobre él. Una voz salió del trono y le dijo al escriba: «Entra en medio de las ruedas debajo de los querubines, y llena tus manos de carbones encendidos de entre los querubines, y espárcelos sobre la ciudad» (Ezequiel 10:2).

Espera, ¿han vuelto las ruedas? Sí, han vuelto. Cuando apareció el firmamento, regresaron los querubines con forma de criaturas. Y, si recuerdas, un querubín nunca iba a ningún sitio sin su fiel rueda. Ezequiel describió la escena mientras el hombre vestido de lino obedecía la orden.

> Y los querubines estaban a la mano derecha de la casa cuando este varón entró; y la nube llenaba el atrio de adentro. Entonces la gloria de Jehová se elevó de encima del querubín al umbral de la puerta; y la casa fue llena de la nube, y el atrio se llenó del resplandor de la gloria de Jehová. Y el estruendo de las alas de los querubines

> se oía hasta el atrio de afuera, como la voz del Dios Omnipotente cuando habla (vv. 3-5).

Anteriormente, vimos una breve parte de la oración de Salomón en la dedicación del templo. Cuando terminó, algo maravilloso sucedió ante los ojos de todos los que asistían a la ceremonia.

> Cuando Salomón acabó de orar, descendió fuego de los cielos, y consumió el holocausto y las víctimas; y la gloria de Jehová llenó la casa. Y no podían entrar los sacerdotes en la casa de Jehová, porque la gloria de Jehová había llenado la casa de Jehová. Cuando vieron todos los hijos de Israel descender el fuego y la gloria de Jehová sobre la casa, se postraron sobre sus rostros en el pavimento y adoraron, y alabaron a Jehová, diciendo: Porque él es bueno, y su misericordia es para siempre (2 Crónicas 7:1-3).

Durante todos los años transcurridos desde entonces, la gloria del Señor había permanecido. A través de los terribles tiempos de los reyes Abías y Joram, la usurpación ilegítima de la reina Atalía, el reinado sangriento de Manasés y la incompetencia pecaminosa de los últimos cuatro monarcas, el amor longánimo del Señor había permitido que su gloria continuara residiendo en el templo. Ya era suficiente. La paciencia del Señor había sido puesta a prueba más allá de su límite. La gloria del Señor se elevó del templo y se cernió sobre el umbral de la estructura.

Se le recordó al hombre vestido de lino que trajera el fuego y recibió un puñado de llamas de uno de los querubines. Luego se volvió y salió. No leemos lo que hizo con su puñado ardiente. Sin embargo, el fuego es representativo del juicio de Dios. Dado que el hombre era el que había guiado a los leñadores anteriormente, podemos suponer que tomó las llamas y las esparció sobre Jerusalén como señal de su inminente destrucción.

No podemos culpar a Ezequiel por no seguir al hombre vestido de lino, ya que una vez más se dejó llevar por las imágenes que lo rodeaban. Lo que sigue en la parte central del capítulo 10 es una especie de repetición del capítulo 1 en la descripción que hace Ezequiel de los querubines y sus compañeros rodantes. Sin embargo, obtenemos una nueva información: el nombre de las ruedas. «Alcancé a oír que a las ruedas se les llamaba "ruedas giratorias"» (Ezequiel 10:13 NVI). Se trata de un nombre muy descriptivo y sencillo, similar a llamar «Perro» a tu perro.

Por fin llegó el momento de que la gloria se marchara.

> Entonces la gloria de Jehová se elevó de encima del umbral de la casa, y se puso sobre los querubines. Y alzando los querubines sus alas, se levantaron de la tierra delante de mis ojos; cuando ellos salieron, también las ruedas se alzaron al lado de ellos; y se pararon a la entrada de la puerta oriental de la casa de Jehová, y la gloria del Dios de Israel estaba por encima sobre ellos (vv. 18-19).

La gloria del Señor se elevó sobre el recinto del templo, pero Dios parecía reacio a marcharse. Flotando sobre los querubines, llegó hasta la puerta oriental y se detuvo. Se puede sentir el anhelo que el Todopoderoso tenía por el arrepentimiento y la restauración de su pueblo. Esto me recuerda a un marido que se despide de su esposa por última vez antes de que se cierre el ataúd. Sabes que tienes que dejarla ir, pero esa despedida final es dolorosa más allá de las palabras.

## Una historia de dos profecías (11)

Quedaba una escena más que Ezequiel debía presenciar antes de que terminara la visión, y esta vez él sería uno de los participantes. La gloria del Señor, junto con los querubines, se había detenido sobre la puerta oriental. Ahora que el profeta tenía una visión clara del área, vio a un grupo de veinticinco líderes que discutían el mensaje que debían comunicar al pueblo. Esto me recuerda a un consorcio de ejecutivos de medios de comunicación reunidos para decidir qué giro dar a una noticia. El Espíritu se los señaló al profeta y le dijo:

> Y me dijo: Hijo de hombre, estos son los hombres que maquinan perversidad, y dan en esta ciudad mal consejo; los cuales dicen: No será tan pronto; edifiquemos casas; esta será la olla, y nosotros la carne. Por tanto profetiza contra ellos; profetiza, hijo de hombre (Ezequiel 11:2-4).

Aunque a primera vista el mensaje de estos hombres parece negativo, no lo era. Una lectura alternativa de la primera línea de su interpretación es: «¿No es este el momento de construir casas?». Esa frase resume el sentido de sus palabras. Según ellos, el pueblo está a salvo en la ciudad. Las murallas de Jerusalén son como el metal sólido de un caldero. Dentro, están a salvo como la carne que se cocina para la cena.

Era su actitud autosuficiente, «Nosotros solos podemos con esto, ¿para qué necesitamos a Dios?», lo que tanto le molestaba al Señor. Estos hombres no solo creían esta mentira, sino que estaban en posición de engañar al resto de la ciudad para que creyera que no pasaba nada por seguir haciendo lo que estaban haciendo. Estos hombres eran mentirosos de la peor calaña. No solo se condenaban a sí mismos, sino que aseguraban la muerte de miles de personas más. Dios, en su mensaje a estos hombres, les declaró:

> Por tanto, así ha dicho Jehová el Señor: Vuestros muertos que habéis puesto en medio de ella, ellos son la carne, y ella es la olla; mas yo os sacaré a vosotros de en medio de ella. Espada habéis temido, y espada traeré sobre vosotros,

> dice Jehová el Señor. Y os sacaré de en medio de ella, y os entregaré en manos de extraños, y haré juicios entre vosotros. A espada caeréis; en los límites de Israel os juzgaré, y sabréis que yo soy Jehová (vv. 7-10).

No había nada bueno reservado para los que permanecían en Jerusalén. Para enfatizar este punto, mientras Ezequiel seguía profetizando, uno de los ancianos, Pelatías, hijo de Benaía, cayó muerto al suelo. ¡Imagina el miedo y la conmoción que debieron sentir los otros veinticuatro hombres! Incluso Ezequiel cayó al suelo y gritó: «¡Ah, Señor Jehová! ¿Destruirás del todo al remanente de Israel?» (v. 13).

Estos ancianos merecían el destino que les esperaba. Eran exactamente lo contrario de los atalayas. Cuando un atalaya veía una amenaza, debía gritar a pleno pulmón: «¡Peligro!». Mientras las hordas de Babilonia sitiaban la ciudad de Jerusalén, estos hombres, en lugar de eso, ponían su mejor sonrisa de vendedores de carros usados y aseguraban: «Seguridad, amigos míos. Seguridad». Pelatías, hijo de Benaía, fue una demostración de lo que les esperaba a aquellos que despreciaban tan descaradamente su deber.

Tanta muerte. Tanta destrucción. Pero no podemos permitir que estos tiempos difíciles nos hagan olvidar que Israel es, ha sido y siempre será el pueblo elegido de Dios. Si bien es necesaria una disciplina firme para devolver la cordura a una nación fuera de control, solo es por una razón y por un tiempo. Llegará el día en que habrá un reencuentro gozoso entre el Señor y su pueblo. Después de los días de Ezequiel, el encuentro fue grandioso, pero imperfecto. En una perspectiva más amplia, será maravillosa y completa. Dios comunicó esta intención a través de una promesa en tres partes.

Primero, dijo que cuidaría de su pueblo mientras estuviera en el exilio. Prometió: «Aunque les he arrojado lejos entre las naciones, y les he esparcido por las tierras, con todo eso les seré por un pequeño santuario en las tierras adonde lleguen» (v. 16). Sí, los exiliados estaban lejos de los muros de Jerusalén, pero Dios seguiría protegiéndolos. Además, las murallas de una ciudad pueden ser derribadas, como pronto demostraría Babilonia, pero nadie puede atravesar la barrera de Dios. La expresión «pequeño santuario» del versículo 16 es una traducción de la expresión hebrea שׁדֲקמְ טעַמְ (*mikdash me'at*). La palabra *mikdash* significa «templo», por lo que un *mikdash me'at* es un «pequeño templo». Dios les dijo a los israelitas que, independientemente de dónde fuera su pueblo, Él moraría en los lugares santos que crearan para Él. De esta profecía específica surgió todo el concepto de las sinagogas. *Sinagoga* es la traducción griega del hebreo *bet knesset*, ambos significan «casa de reunión» o «lugar de reunión».

Los judíos de la diáspora se reunían en sus pequeños templos con la seguridad de la promesa de Ezequiel 11:16 de que Dios estaría allí con ellos. Lo hacían reconociendo que sus sinagogas eran solo pequeñas versiones del templo real. De hecho, muchas sinagogas en Estados Unidos y en Occidente se llaman templos, reconociendo que son lugares muy sagrados. Aunque los pequeños templos son suficientes por ahora, existe la esperanza de que algún día todos los judíos se reúnan en el templo real reconstruido en su lugar legítimo en Jerusalén. Esa esperanza se encuentra en el versículo siguiente.

Cuando se complete el tiempo del exilio, según la segunda parte de la promesa, el Señor traerá a su pueblo de vuelta a casa. «Así ha dicho Jehová el Señor: Yo os recogeré de los pueblos, y os congregaré de las tierras en las cuales estáis esparcidos, y os daré la tierra de Israel» (v. 17). Este castigo tiene un propósito, y finalmente alcanzará su objetivo. En ese momento habría un regreso a casa de los exiliados, sobre el que podemos leer en los relatos de Esdras y Nehemías.

El tercer y último elemento de esta promesa se adelanta a un tiempo futuro en el que Dios reunirá a su pueblo elegido con el fin de prepararlo para el reinado milenario de Yeshua.

> Y les daré un corazón, y un espíritu nuevo pondré dentro de ellos; y quitaré el corazón de piedra de en medio de su carne, y les daré un corazón de carne, para que anden en mis ordenanzas, y guarden mis decretos y los cumplan, y me sean por pueblo, y yo sea a ellos por Dios (vv. 19-20).

¡Qué promesa tan maravillosa! Llegará el día en que todo el pueblo judío estará en paz con Dios, amándolo y sirviéndolo tal y como estaba previsto desde el día en que se le hizo la promesa a Abraham. «Pero, Amir, ¿por qué dices que esto es en el futuro? ¿No es esto exactamente lo que hizo Dios cuando trajo a los exiliados de vuelta a Jerusalén?». Por desgracia, no. De lo contrario, no habría sido necesario que Zacarías les dijera a los repatriados que se pusieran las pilas y que Hageo los empujara a levantarse del sofá y construir el templo. Y cuando leemos Nehemías y, especialmente, Esdras, queda muy claro que se trata de un pueblo mucho mejor que antes. Sin embargo, están lejos de ser lo que algún día llegarán a ser.

El propio Ezequiel señala la naturaleza lejana de esta promesa más adelante, en el capítulo 36 de su libro. Como veremos con más detalle cuando lleguemos allí, se producirá una nueva reunión del pueblo de Dios en la tierra de Israel. Es entonces cuando tendrá lugar esta transformación espiritual y Dios podrá decir que, tanto en nombre como en relación, «ellos serán mi pueblo y yo seré su Dios» (v. 20).

Una vez pronunciadas estas profecías finales, llegó el momento de que la gloria de Dios soltara la mano de su pueblo para poder darles la espalda y marcharse. «Y la gloria de Jehová se elevó de en medio de la ciudad, y se puso sobre el monte que está al oriente de la ciudad» (v. 23). Una última mirada desde el Monte de los Olivos, y la gloria desapareció.

La visión terminó. Ezequiel se encontró de nuevo con los demás exiliados y les contó la larga y extraña aventura que había vivido. Es una historia trágica, pero permítanme añadir un final feliz a esta triste sinfonía de separación. Cuando la gloria del Señor se elevó del arca del pacto situada entre los querubines, se levantó por encima del templo y se dirigió hacia la puerta oriental. Después de hacer una pausa, la gloria se trasladó al monte de los Olivos, desde donde ascendió al cielo. Para algunos de ustedes, ese lugar ya podría haber activado sus sensores de profecía.

Dios no había terminado con el pueblo de Israel. Todavía tenía un plan para ellos. Les había quitado su gloria, pero se la devolvería, dos veces. Poco más de 600 años después, un hombre montado en un burro andaba por el mismo monte de los Olivos. El jinete a lomos del animal era más que un simple hombre; era el Dios-hombre: Jesús, el Mesías. En su cuerpo humano residía toda la gloria del Señor. Mientras Jesús cabalgaba hacia Jerusalén, el pueblo le gritaba: «¡Hosanna al Hijo de David! ¡Bendito el que viene en el nombre del Señor! ¡Hosanna en las alturas!» (Mateo 21:9). Mientras dirigían sus alabanzas al cielo, no se daban cuenta de que el destinatario de su adoración estaba justo delante de ellos.

Cuando el Señor llegó a Jerusalén, se encaminó directamente al templo. Una vez allí, volcó con ira las mesas de aquellos que se aprovechaban del culto a Dios, gritando: «Escrito está: Mi casa, casa de oración será llamada; mas vosotros la habéis hecho cueva de ladrones» (Mateo 21:13). La gloria del Señor había regresado al templo y, con tristeza, lo encontró todavía en un estado de desorden espiritual. En lugar de estar inundado de idolatría y adulterio, se ahogaba en el lucro y la religiosidad. Su estancia en el lugar dedicado a su nombre fue breve. Pronto regresó al monte de los Olivos, desde donde partió una vez más, llevándose consigo su gloria (Hechos 1:6-12).

Ese primer regreso no tenía la intención de ser una estadía permanente; era simplemente una visita. Llegará el día en que volverá para quedarse. Cuando la gloria del Señor regrese una vez más en la persona del Cristo resucitado, ¿a dónde vendrá? Al mismo lugar que dejó, al que regresó y del que se marchó una vez más: el Monte de los Olivos.

> Y se afirmarán sus pies en aquel día sobre el monte de los Olivos, que está en frente de Jerusalén al oriente; y el monte de los Olivos se partirá por en medio, hacia el oriente y hacia el occidente, haciendo un valle muy grande; y la mitad del monte se apartará hacia el norte, y la otra mitad hacia el sur (Zacarías 14:4).

¡Es en ese regreso final cuando Jerusalén se convertirá en el hogar del Rey eterno, y la gloria del Señor residirá en la ciudad santa para siempre!

CAPÍTULO 4

# LA ESCALA DE PECADOS

## EZEQUIEL 12-14

Cada día estoy inmerso en las noticias. Mi canal de Telegram es una bestia voraz que necesita alimentarse constantemente. Es esencial que la gente disponga de la información más actualizada y relevante, y disfruto de las oportunidades que a menudo se me brindan cuando puedo filtrar las noticias geopolíticas a través de una lente bíblica. Como mencioné en el último capítulo, al estar rodeado de la parte más fea del mundo, a veces puede ser difícil no volverse cínico e incluso pesimista. ¿Cómo pueden las personas hacerse esto unas a otras? ¿De dónde viene ese nivel de odio?

Me encontré luchando particularmente con esta ira y melancolía internas tras la masacre del 7 de octubre de 2023. Como cualquier persona en Israel, crecí reconociendo el odio absoluto de los palestinos hacia mi pueblo. Aprendes a vivir con ello y te aseguras de no ponerte en situaciones en las que estés solo y en inferioridad numérica. Pero lo que ocurrió ese día fue más allá de los actos de odio, fue la maldad en estado puro. En los días y meses que siguieron al ataque, a menudo me encontraba, durante mis numerosas noches de insomnio escuchando los pasos de los terroristas fuera de mi casa, preguntándome cómo alguien podía cometer tales actos. No tardé mucho en llegar a una conclusión obvia: el pecado es generacional. Se transmite del bisabuelo al abuelo, del padre al hijo.

En casa, en la escuela, en las mezquitas, a los palestinos se les enseña que el sacrificio más honorable que pueden ofrecer a Alá es martirizarse matando judíos. Lo sabemos por el material educativo que hemos encontrado en sus escuelas y hogares, y por los testimonios de muchos que han escapado de esa cultura de la muerte. Pero este tipo de odio no solo se encuentra en los hogares de Hamás en Gaza, Siria y Judea y Samaria. Reside en todo el mundo, entre naciones, entre tribus y entre grupos de personas.

Los actos pecaminosos cometidos por una generación tras otra no solo se encuentran en la animosidad racial. Las creencias engañosas transmitidas de padres a hijos también están en el corazón de la mayoría de las tradiciones religiosas erróneas. Cuando pensamos en una niña criada en la nación budista de Bután o en un niño criado en un hogar ateo en Europa occidental, es difícil no dar un paso atrás y pensar: «No tienen ninguna posibilidad de salvación. Quizás haya un poco más de posibilidad con el niño europeo, porque al menos todavía quedan algunos vestigios de Dios en el continente. ¿Pero la niña butanesa? ¿Cómo puede llegar el evangelio hasta ella?»

Esta ignorancia de la justicia es la situación en la que se encontraban muchos durante el asedio y la caída de Jerusalén. Sí, eran de un país que técnicamente pertenecía a Dios, pero la mayoría de la gente lo había expulsado de su panteón hacía generaciones, sustituyéndolo por lugares elevados, dioses domésticos, postes de Asera y el dios del fuego, Moloc. La idolatría era lo que conocía el pueblo. Sí, se consideraba que el pueblo de Israel amaba a Dios porque vivía en la tierra prometida, pero solo de la misma manera que los habitantes de los Países Bajos o de Finlandia son cristianos porque viven en la Europa cristiana.

Generación tras generación, los israelitas habían buscado otros dioses. Lo que empeoraba las cosas era que sus líderes, tanto políticos como religiosos, eran los que encabezaban la carga. Los reyes eran malvados, los sacerdotes vivían con liviandad y la mayoría de los supuestos profetas se ganaban la vida diciéndoles a los ciudadanos solo lo que querían oír. Hacerle cosquillas al pueblo te reportará recompensas, e incluso podrías recibir un encargo del rey; sin embargo, profetizar desgracias y calamidades te llevará al ostracismo y probablemente morirás de hambre. Como todo en este mundo, solo hay que seguir el dinero.

La injusticia que corría de generación en generación, no pasó desapercibida en los reinos celestiales. Dios había visto cómo, año tras año, el pueblo se había alejado más y más de Él. Ya había tenido suficiente. Ahora estaba listo para llamarles la atención por su rechazo y su mal liderazgo. Al leer los tres capítulos siguientes de Ezequiel, veremos cómo Dios confronta al rey, a los profetas, a los ancianos y, finalmente, al pueblo.

## La captura de un rey (12)

Dios vino a hablar con Ezequiel una vez más, pero esta vez no fue con una grandiosa aparición ni con un viaje visionario a Jerusalén. Fue simplemente un nuevo caso en el que el Creador encargó a una de sus criaturas que fuera su portavoz ante los exiliados. Para empezar, el Señor le recordó a Ezequiel con quién estaba tratando, diciendo: «Hijo de hombre, tú habitas en medio de casa rebelde, los cuales tienen ojos para ver y no ven, tienen oídos para oír y no oyen, porque son casa rebelde» (Ezequiel 12:2). En otras palabras, una breve reiteración de la futilidad actual de la misión del profeta.

Tras ese estímulo moral, Dios le encomendó a Ezequiel su nueva misión: debía reunir sus pertenencias como lo había hecho cuando fue llevado al cautiverio. La gente que lo observaba sabría exactamente lo que estaba haciendo, porque todos habían sido obligados a hacer lo mismo años atrás. Una vez que tuviera todo empacado, debía sacar sus pertenencias al aire libre. Luego, cuando fuera el momento adecuado, debía cavar un agujero en la pared y actuar como si estuviera escapando.

> Delante de sus ojos te abrirás paso por entre la pared, y saldrás por ella. Delante de sus ojos los llevarás sobre tus hombros, de noche los sacarás; cubrirás tu rostro, y no mirarás la tierra; porque por señal te he dado a la casa de Israel (vv. 5-6).

Excavar un agujero en la pared y escapar de los invasores babilónicos era, sin duda, una demostración de un acontecimiento que se avecinaba en un futuro próximo para los exiliados. A aquellos de ustedes que estén un poco más familiarizados con los acontecimientos históricos que rodearon la caída de Jerusalén, esta descripción puede haberles puesto los pelos de punta. Después de que Ezequiel llevara a cabo esta demostración práctica, el Señor volvió a hablar y dejó aún más claro su mensaje.

> Diles: Así ha dicho Jehová el Señor: Esta profecía se refiere al príncipe en Jerusalén, y a toda la casa de Israel que está en medio de ella. Diles: Yo soy vuestra señal; como yo hice, así se hará con vosotros; partiréis al destierro, en cautividad. Y al príncipe que está en medio de ellos llevarán a cuestas de noche, y saldrán; por la pared abrirán paso para sacarlo por ella; cubrirá su rostro para no ver con sus ojos la tierra. Mas yo extenderé mi red sobre él, y caerá preso en mi trampa, y haré llevarlo a Babilonia, a tierra de caldeos, pero no la verá, y allá morirá (vv. 10-13).

Dios estaba profetizando contra el rey Sedequías, el príncipe de Jerusalén. Dijo que, igual que Ezequiel, el propio monarca empacaría sus pertenencias. Luego se escabulliría por la muralla e intentaría escapar, pero no lograría huir. Sería capturado y llevado a Babilonia, donde moriría. Un detalle interesante era que, a pesar de que el rey sería trasladado a la capital de Nabucodonosor, no la vería. La pregunta sobre el significado de ese extraño giro debió de rondar entre los exiliados hasta que, cinco o seis años después, se cumplió la profecía.

Con el tiempo, Nabucodonosor y su ejército rompieron las murallas de Jerusalén. El rey Sedequías y lo que quedaba de su ejército escaparon por una puerta lateral y huyeron de la ciudad.

> Y el ejército de los caldeos siguió al rey, y alcanzaron a Sedequías en los llanos de Jericó; y lo abandonó todo su ejército. Entonces prendieron al rey, y le hicieron venir al rey de Babilonia, a Ribla en tierra de Hamat, donde pronunció sentencia contra él. Y degolló el rey de Babilonia a los hijos de Sedequías delante de sus ojos, y también degolló en Ribla a todos los príncipes de Judá. No obstante, el rey de Babilonia sólo le sacó los ojos a Sedequías, y le ató con grillos, y lo hizo llevar a Babilonia; y lo puso en la cárcel hasta el día en que murió. Y en el mes quinto, a los diez días del mes, que era el año diecinueve del reinado de Nabucodonosor rey de Babilonia, vino a Jerusalén Nabuzaradán capitán de la guardia, que solía estar delante del rey de Babilonia (Jeremías 52:8-12).

La profecía se cumplió exactamente como se había dicho. Un rey ciego fue llevado encadenado a Babilonia, donde murió prisionero. Imagínese ser uno de los exiliados y escuchar la historia de la caída de Jerusalén. Cuando el narrador llegó al momento en que le sacaron los ojos a Sedequías, seguramente se escuchó un grito ahogado entre los oyentes. El misterio de «para no ver con sus ojos» se había resuelto, pero de una manera tan trágica. No es de extrañar que Dios terminara esta profecía diciendo una vez más: «Entonces sabrán que yo soy el Señor» (Ezequiel 12:16). Una promesa dada, una promesa cumplida.

## No hay promesas vacías (12)

Es interesante ver este rápido giro de la profecía y su cumplimiento, especialmente cuando seguimos leyendo este capítulo. Hoy en día, hay muchos que se burlan de mí y de otros que creen en un rapto pretribulacional, diciendo: «Amir, según tú, la Biblia dice que el rapto es inminente. Dado que eso fue hace dos mil años, entonces o bien Dios se ha retrasado, o bien inminente no significa realmente "inminente"». Si pudiera incluir un emoji con aire de sabelotodo en esa frase, lo haría.

En primer lugar, yo no soy el guardián del calendario de Dios. Si crees que Él ha «retrasado» algo, no dudes en discutirlo con Él. En cuanto a «inminente», esa palabra encaja perfectamente con el rapto, y yo diría que cualquier dificultad que tengas con ella no tiene nada que ver con el calendario de Dios, sino con tu definición. Nuestros queridos amigos, el Sr. Merriam y el Sr. Webster, definieron «inminente» como «listo para ocurrir. Que va a suceder pronto».[3] La primera de las dos definiciones similares es perfecta para el rapto. Nada impidió ni impide que esa reunión aérea tenga lugar, salvo la misericordia longánime de Dios. Todo está listo y todos están esperando la palabra del Jefe.

Es en el contexto de la misericordia longánime de Dios donde encontramos la respuesta a la segunda parte de la definición de Merriam y Webster, «que va a suceder pronto». En la Iglesia primitiva había el mismo tipo de detractores del fin de los tiempos que encontramos hoy en día en los salones sagrados. Desafiando las profecías de los maestros, decían: «¿Dónde está la promesa de su advenimiento? Porque desde el día en que los padres durmieron, todas las cosas permanecen así como desde el principio de la creación» (2 Pedro

3:4). El apóstol Pedro se apresuró a responder a su impaciencia, recordándoles que Dios no ve el tiempo como ellos y que cuando sienten que Él se demora, lo hace por una razón.

> Mas, oh amados, no ignoréis esto: que para con el Señor un día es como mil años, y mil años como un día. El Señor no retarda su promesa, según algunos la tienen por tardanza, sino que es paciente para con nosotros, no queriendo que ninguno perezca, sino que todos procedan al arrepentimiento (2 Pedro 3:8-9).

La declaración de Pedro era tanto un estímulo como una dura reprimenda. Junto con su afirmación de que el tiempo del regreso de Cristo vendrá, desafió a los cínicos a dejar de pensar de manera egoísta solo en sí mismos. Por supuesto, todos estamos listos para ir al cielo y ver a nuestro Salvador cara a cara, pero hay otras personas a las que Dios todavía quiere traer a su Reino. Así que, aguanta un poco. Tu tiempo llegará cuando llegue el momento. Dejen de intentar robarle a otra persona la oportunidad de la salvación solo porque están impacientes.

De la misma manera que hoy hay personas que dicen: «¿Dónde está Dios?», había quienes en Jerusalén hacían esa pregunta. En respuesta, el Señor citó un proverbio común en Jerusalén, que decía: «Se van prolongando los días, y desaparecerá toda visión» (Ezequiel 12:22). La gente decía esto para criticar lo que creían que eran falsas profecías proclamadas por quienes, en realidad, eran los verdaderos profetas. En esencia, se quejaban: «Nos dicen que el fin está cerca, pero yo sigo vivo. Así que sigue con tu bla, bla, bla, Jeremías. Ya no te vamos a escuchar más».

Dios estaba completamente harto de estos mentirosos miopes. A Ezequiel le dijo: «Hijo de hombre, he aquí que los de la casa de Israel dicen: La visión que este ve es para de aquí a muchos días, para lejanos tiempos profetiza este. Diles, por tanto: Así ha dicho Jehová el Señor: No se tardará más ninguna de mis palabras, sino que la palabra que yo hable se cumplirá, dice Jehová el Señor» (vv. 27-28).

No se posterga más. No hay promesas vacías. El juicio se acerca, y se acerca ahora.

## Profecías de los hombres (13)

A pesar de la idolatría y la maldad del pueblo de Israel, los líderes religiosos mosaicos de la época de Ezequiel seguían teniendo una gran autoridad. Cuando el pueblo se encontraba en apuros y sentía la necesidad de escuchar una palabra de Dios, solo los sacerdotes podían leer la Torá, los Históricos, la Sabiduría y los Profetas. Si se necesitaba un mensaje más contemporáneo, podían incluso recurrir a los profetas populares, que podían transmitirles un mensaje directo del Todopoderoso.

Supuestamente.

Por cada Jeremías y Ezequiel que pronunciaban las verdaderas palabras de Dios, había un montón de Hananías y Semaías que alcanzaban sus honrosas posiciones inventando palabras que el pueblo quería oír y poniéndolas en boca del Señor. ¿Por qué mentían de esta manera? Todo el mundo tiene que ganarse la vida y, además, del tributo económico que la gente daba a un profeta que «daba buenas noticias», se obtenía poder y prestigio. En otras palabras, la falsa profecía era un buen negocio si se podía conseguir.

Antes de condenar a la gente por seguir a estos predicadores de las supuestas palabras optimistas de Dios, debemos echar un vistazo a la Iglesia actual. ¿Cuántas de las congregaciones más grandes del país se centran en el «evangelio de la prosperidad» y la «teología del Reino ahora»? La gente quiere escuchar a Dios, pero si se les da a elegir entre escuchar las buenas noticias de Dios o sus malas noticias, la mayoría de la gente —especialmente aquellos que tienden a tener una fe superficial— dirán: «Dile algo agradable a mis oídos, porque este mundo me está deprimiendo».

Ahora imagínate en Jerusalén. El asedio es implacable y se está acabando la comida. La ciudad ya ha sido invadida dos veces y la gente ha sido deportada. Ante ti hay dos profetas. Uno dice: «Sí, se lo merecen. La cosa se va a poner muy fea y luego morirán todos». El otro dice: «No se preocupen, amigos. Las cosas mejorarán. Dios nos salvará». ¿A cuál querrías escuchar? La promesa de esperanza es un poderoso señuelo, aunque sea una mentira.

La situación actual de Ezequiel era ligeramente diferente a la de los profetas del pasado. Su audiencia no era la gente de la ciudad, sino sus seres queridos exiliados que aún mantenían la esperanza por los que se habían quedado atrás y por Jerusalén misma. Incluso en Babilonia, los profetas israelitas afirmaban falsamente que había paz y les decían a todos que sus familias estarían bien. El pueblo acudía en masa a estos mentirosos, empapándose de sus engaños para calmar su dolor.

Mientras tanto, Dios observaba. Él escuchaba las palabras de los profetas engañosos en Jerusalén y entre los exiliados, y estaba harto de ellos. Llamando a Ezequiel, le dijo: «Hijo de hombre, profetiza contra los profetas de Israel que profetizan, y di a los que profetizan de su propio corazón: Oíd palabra de Jehová» (Ezequiel 13:2). Ya no permitiría que otros pusieran palabras en su boca. Estaba a punto de denunciarlos como los mentirosos que eran.

> Por tanto, así ha dicho Jehová el Señor: Por cuanto vosotros habéis hablado vanidad, y habéis visto mentira, por tanto, he aquí yo estoy contra vosotros, dice Jehová el Señor. Estará mi mano contra los profetas que ven vanidad y adivinan mentira; no estarán en la congregación de mi pueblo, ni serán inscritos en el libro de la casa de Israel, ni a la tierra de Israel volverán; y sabréis que yo soy Jehová el Señor (vv. 8-9).

Debido a sus falsas predicciones, los profetas habían creado un dios que no existía. El Señor, el Dios verdadero, le dijo al pueblo que iba a derribar a estos falsos portavoces y a la ciudad. Cuando se produjera esa destrucción, quedaría claro como el agua para los habitantes de Jerusalén y los exiliados en Babilonia quién era el verdadero Señor Dios.

Para enfatizar la lamentable debilidad de las palabras de los falsos profetas, Dios presentó una ilustración. Las defensas de Jerusalén eran como un muro que el pueblo había construido contra los babilonios. Para fortalecer el muro, los profetas habían añadido una capa de lodo compuesta por sus palabras de esperanza y fortaleza. Pero el lodo era débil, era un «lodo suelto», o aguado. No lo habían dejado reposar y endurecer antes de aplicarlo. Por lo tanto, cuando Dios permitiera que los babilonios irrumpieran como una tormenta, el muro se derrumbaría. Con poder, el enemigo arrasaría la ciudad, consumiendo a los profetas y a los que los seguían.

> Cumpliré así mi furor en la pared y en los que la recubrieron con lodo suelto; y os diré: No existe la pared, ni los que la recubrieron, los profetas de Israel que profetizan acerca de Jerusalén, y ven para ella visión de paz, no habiendo paz, dice Jehová el Señor (vv. 15-16).

La gente buscaba esperanza dondequiera que pudiera encontrarla, ya fuera a través de falsas enseñanzas, ídolos o sacrificios blasfemos. Las profetisas de Jerusalén incluso cosían talismanes mágicos a sus ropas con la esperanza de alejar el mal que se avecinaba. No es de extrañar que también hicieran un buen negocio vendiendo estos amuletos de seguridad a un pueblo aterrorizado, cazándolos con sus mentiras artesanales como se caza a un pájaro. Dios también les llamó la atención a estos engañadores que buscaban el lucro, diciendo:

> Por tanto, así ha dicho Jehová el Señor: He aquí yo estoy contra vuestras vendas mágicas, con que cazáis las almas al vuelo; yo las libraré de vuestras manos, y soltaré para que vuelen como aves las almas que vosotras cazáis volando. Romperé asimismo vuestros velos mágicos, y libraré a mi pueblo de vuestra mano, y no estarán más como presa en vuestra mano; y sabréis que yo soy Jehová (vv. 20-21).

Estos encantamientos no eran más que otra mentira que alejaba a la gente de la verdad. Creían que los encantamientos tenían el poder de protegerlos, cuando en realidad deberían haber confiado en el Todopoderoso para su protección. Cuando finalmente se demuestre que su magia es falsa, los engañados reconocerán por fin a Aquel que siempre permanece fiel. Para entonces, ya será demasiado tarde.

## La justicia del hombre versus el plan de Dios (14)

Cuando Santiago concluye su epístola, habla de orar por los enfermos y ungirlos con aceite. Luego continúa escribiendo: «Confesaos vuestras ofensas unos a otros, y orad unos por otros, para que seáis sanados. La oración eficaz del justo puede mucho» (Santiago 5:16). El poder de la oración es un concepto misterioso, y Dios lo ha mantenido ambiguo de manera intencional. Si hubiéramos descifrado este enigma espiritual, probablemente habríamos ideado una forma de explotarlo o tergiversarlo para convertirlo en algo que nunca se pretendió que fuera. En cambio, el resumen bíblico sobre la oración es algo así como: «Oren en todo momento. Dios puede responder como tú quieres o puede que no, pero siempre responderá según lo que sea mejor. Las oraciones inquebrantables de los justos son las más eficaces, pero no estamos muy seguros de lo que significa ser más eficaz. Así que sigue orando».

Para demostrar lo perdidos que estaban los hijos de Dios, Él presentó dos escenas: la primera en el exilio y la segunda en Jerusalén. Un grupo de ancianos vino a visitar a Ezequiel. Querían saber de Dios qué podían esperar para sus años futuros en Babilonia. Como pertenecían a la clase élite de los exiliados, esperaban una respuesta rápida y completa. Sin embargo, la respuesta de Dios fue: «Humm, no sé».

> Hijo de hombre, estos hombres han puesto sus ídolos en su corazón, y han establecido el tropiezo de su maldad delante de su rostro. ¿Acaso he de ser yo en modo alguno consultado por ellos? Háblales, por tanto, y diles: Así ha dicho Jehová el Señor: Cualquier hombre de la casa de Israel que hubiere puesto sus ídolos en su corazón, y establecido el tropiezo de su maldad delante de su rostro, y viniere al profeta, yo Jehová responderé al que viniere conforme a la multitud de sus ídolos, para tomar a la casa de Israel por el corazón, ya que se han apartado de mí todos ellos por sus ídolos. (Ezequiel 14:3-5).

En Santiago leemos acerca del poder de la oración del justo. Pero ¿y la oración del injusto? Cae en oídos sordos. ¿Cuántas veces has oído a los incrédulos quejarse: «Oré por sanidad, pero Dios no me respondió» o «Recé para que Dios mantuviera mi matrimonio, pero acabamos divorciándonos»? Cuando oigo ese tipo de afirmaciones, me dan ganas de sacudir a la persona y decirle: «¿Por qué iba a responder Dios? ¿En qué basas tu petición? Dios no es tu mayordomo. No es tu genio de la lámpara».

En su total arrogancia, estos ancianos acudieron a Ezequiel esperando que Dios respondiera debido a su posición en la comunidad. Dios, sin embargo, no se dejó impresionar. De alguna manera, su grandioso título de «ancianos» no lo intimidó. Le dijo a Ezequiel que les dijera: «Que se pongan en paz conmigo, y entonces hablaremos. Hasta entonces, tengo cosas mejores que hacer».

Ezequiel centró entonces su atención en el pueblo de Jerusalén. El Señor le anunció al profeta cuatro juicios sobre la tierra en la que vivía la turba rebelde. La primera plaga fue el hambre. «Hijo de hombre, cuando la tierra pecare contra mí rebelándose pérfidamente, y extendiere yo mi mano sobre ella, y le quebrantare el sustento del pan, y enviare en ella hambre, y cortare de ella hombres y bestias» (v. 13). Antes de pasar al segundo juicio, el Señor añadió algo interesante. Dijo que, aunque Noé, Daniel y Job estuvieran en la tierra, su justicia solo los salvaría a ellos mismos (v. 14). Nos ocuparemos de estos tres personajes en un momento.

A continuación, vienen más juicios, todos presentados como hipótesis. Dios dijo: «Y si hiciere pasar bestias feroces por la tierra y la asolaren, y quedare desolada de modo que no haya quien pase a causa de las fieras...» (v. 15); «O si yo trajere espada sobre la tierra, y dijere: Espada, pasa por la tierra; e hiciere cortar de ella hombres y bestias...» (v. 17); y: «O si enviare pestilencia sobre esa tierra y derramare mi ira sobre ella en sangre, para cortar de ella hombres y bestias...» (v. 19). Así que, en total, tenemos un cuarteto de hambruna, bestias salvajes, espada y pestilencia que asolan la tierra. Pero en cada caso, el trío formado por Noé, Daniel y Job se establece como excepción a los juicios.

Se trata de una tríada interesante. Los tres sufrieron pérdidas y obtuvieron grandes ganancias. Job perdió todo lo que tenía, pero más tarde recibió el doble. Daniel perdió su hogar en Jerusalén y perdió físicamente cualquier esperanza de tener una familia propia, pero recuperó un poder y una influencia increíbles en dos imperios. Noé experimentó la pérdida de la población mundial, pero más tarde se convirtió en el nuevo padre de toda la humanidad. La rectitud de los tres era conocida por todos y celebrada. Tenemos pruebas escritas de que cada uno de ellos alababa a Dios y confiaba plenamente en Él. No hay duda de que Noé, Daniel y Job destacan entre los más justos y fieles de todos los tiempos.

Sin embargo, ni siquiera las oraciones de estos tres héroes de la rectitud bastaron para detener la mano de Dios contra Jerusalén. Sus oraciones habían sido suficientes para salvar sus propias vidas. Aun así, el destino de la gran ciudad ya estaba decidido: su pecado la había condenado a la destrucción.

Así es como obra Dios y es una razón más por la que podemos tener tanta esperanza en el rapto que se avecina. El destino del mundo ya ha sido determinado a través de las palabras de los profetas y el pecado de la humanidad. La tribulación se acerca, un tiempo horrible que hará que la caída de Jerusalén parezca insignificante en comparación. Pero, así como Dios no permitió que su trío de justos sufriera el destino de la destrucción de Babilonia, tampoco permitirá que su Iglesia justa sufra el destino de la tribulación.

«Eh, Amir, ¿has visto la Iglesia últimamente? No sé si estamos alcanzando el nivel de justicia de Noé, Daniel y Job». Sí, he visto la Iglesia y tienes toda la razón sobre nuestras luchas en general, pero la Iglesia no tiene que alcanzar el nivel de esos hombres. Cuando Dios mira a los creyentes, no ve la justicia imperfecta de nuestros tropiezos. Él ve la perfección de Aquel que nos imputó su propia justicia sin pecado. Como escribió Pablo: «Al que no conoció pecado, por nosotros lo hizo pecado, para que nosotros fuésemos hechos justicia de Dios en él» (2 Corintios 5:21). Si la justicia humana de esos tres hombres fuera suficiente para salvarlos de la destrucción de Jerusalén, entonces podemos estar seguros de que la justicia inmaculada de nuestro Salvador, Jesucristo, será suficiente para salvar a su Iglesia de la ira venidera.

CAPÍTULO 5

# TEATRALIZAR EL FRACASO VENIDERO

## EZEQUIEL 15-19

Una mujer está sentada en un sillón con la mano derecha apoyada suavemente sobre la muñeca izquierda. Su cabello liso y castaño claro enmarca su rostro y cae en suaves rizos sobre sus hombros. Aunque su vestido es elegante, su aspecto no tiene nada de pretencioso. No lleva maquillaje, joyas ni aretes. El único adorno de su rostro corriente es una sonrisa muy sutil, pero intrigante y desconcertante. Y es esa curvatura casi imperceptible en las comisuras de sus labios lo que la ha convertido en una de las mujeres más famosas de la historia.

En poco más de 90 palabras, he intentado describirles el tema de un cuadro, pero las palabras tienen un límite y la introducción de este capítulo no puede ser muy larga. No tengo espacio para extenderme poéticamente sobre su alta frente y la raya de su cabello descentrada. Hay mucho que decir sobre sus mejillas llenas, su nariz recta italiana y su pequeño mentón en forma de manzana, pero no tengo espacio para entrar en detalles. Por desgracia, he creado una situación literaria en la que la forma de mi escritura está limitada por su función. Así que, en su lugar, simplemente te diré que cojas tu teléfono, abras tu navegador y tipees «Mona Lisa». En una fracción de segundo, tus ojos te comunicarán mucho más de lo que mis palabras jamás podrían.

En los próximos cinco capítulos, el Señor va a demostrar que el viejo dicho «Una imagen vale más que mil palabras» es cierto. Nos ha mostrado el alcance del pecado de Israel. Ha descrito sus actividades injustas y ha justificado su castigo, pero todavía hay quienes miran la violencia de la caída de Jerusalén y dicen: «¿Todo esto no es un poco exagerado para un Dios amoroso?». Siguen sin comprender lo desgarrador y doloroso que fue para el Señor el adulterio de la nación. Para estas personas, Dios ahora va a recurrir a historias e imágenes para ilustrar su pecado, su dolor y el juicio venidero.

## Las grandes bendiciones de Israel

Antes de entrar en la injusticia de Israel, sería bueno dedicar un momento para recordar las increíbles bendiciones que Dios le concedió. Nunca hubo una nación tan perfectamente preparada para el éxito. Era como correr los 100 metros llanos con 50 metros de ventaja. El apóstol Pablo enumeró los dones especiales concedidos a Israel cuando escribió:

> Porque deseara yo mismo ser anatema, separado de Cristo, por amor a mis hermanos, los que son mis parientes según la carne; que son israelitas, de los cuales son la adopción, la gloria, el pacto, la promulgación de la ley, el culto y las promesas; de quienes son los patriarcas, y de los cuales, según la carne, vino Cristo, el cual es Dios sobre todas las cosas, bendito por los siglos. Amén (Romanos 9:3-5).

En esos tres versículos se detallan siete bendiciones para Israel. En primer lugar, a Israel se le concedió la adopción en la familia de Dios. Bajo la paternidad del Señor, ser adoptado es tan bueno como haber nacido naturalmente, como debe ser. Durante el llamamiento de Dios a Moisés como profeta, le ordenó: «Y dirás a Faraón: Jehová ha dicho así: Israel es mi hijo, mi primogénito. Ya te he dicho que dejes ir a mi hijo, para que me sirva, mas no has querido dejarlo ir; he aquí yo voy a matar a tu hijo, tu primogénito» (Éxodo 4:22-23).

«Pero, Amir, esto dice que Israel es el primogénito de Dios, no que es su hijo adoptivo». En este contexto, es lo mismo. Incluso Abraham ya era un anciano cuando Dios lo llamó a su familia como su hijo y patriarca de la nación. Además, Israel no puede ser el primogénito físico del Padre; ese papel ya lo ocupa Jesús. Pablo estaba diciendo que Israel era el primero de los hijos adoptivos de Dios.

Una segunda bendición es la gloria del Señor. Ya hemos visto esta maravillosa manifestación de la *Shekinah* de Dios, o gloria «que habita», en toda su belleza y maravilla en dos lugares. Uno fue en la sala del trono del Señor. El segundo fue en el templo de Jerusalén. Lamentablemente, este último encuentro fue solo pasajero. Poco después, el Señor retiró su gloria del templo porque el pecado de Israel se había vuelto tan grande.

En tercer lugar, Dios honró a Israel con cuatro pactos, como ya hemos visto. Tres de ellos eran promesas incondicionales de Dios que se encuentran en los pactos con Abraham, con David y en el nuevo pacto. El cuarto era de naturaleza contractual y fue dado a través de Moisés. En el pacto mosaico, ambas partes ofrecieron algo a cambio y se llegó a un acuerdo. Dios dijo, en esencia: «Si obedecen, serán bendecidos. Pero si desobedecen, serán maldecidos» (ver Deuteronomio 30:15-20). El pueblo respondió: «Claro que sí». La primera generación después de la muerte de Moisés eligió la primera opción; las generaciones siguientes vivieron la segunda.

La cuarta bendición es la entrega de la Ley. Ninguna otra nación fue bendecida con directrices tan sabias para vivir correctamente ante el Dios del cielo. Como predicó Moisés al pueblo de Israel:

> Guardadlos, pues, y ponedlos por obra; porque esta es vuestra sabiduría y vuestra inteligencia ante los ojos de los pueblos, los cuales oirán todos estos estatutos, y dirán: Ciertamente pueblo sabio y entendido, nación grande es esta. Porque ¿qué nación grande hay que tenga dioses tan cercanos a ellos como lo está Jehová nuestro Dios en todo cuanto le pedimos? Y ¿qué nación grande hay que tenga estatutos y juicios justos como es toda esta ley que yo pongo hoy delante de vosotros? (Deuteronomio 4:6-8).

Israel aprendió a vivir con la justicia de Aquel que es perfectamente justo y a disfrutar de una vida santa del Dios que da definición a la palabra «santo».

El servicio a Dios es la quinta bendición. El contexto de la declaración de Pablo en Romanos 9:3-5 es el culto en el templo, y fue a través de las normas y de los reglamentos levíticos que se proporcionó a los israelitas la forma adecuada para que un pueblo pecador se acercara a un Dios santo. Incluso hoy en día, la esencia de esas normas se aplica a la reverencia que debemos mostrar al Señor y a la necesidad de la confesión, la acción de gracias, la intercesión y la adoración. No entenderíamos nada de eso sin el modelo que Dios le dio al pueblo de Israel.

La sexta bendición celebra las promesas dadas a través de Dios. Por la comunicación del Señor con sus hijos israelitas entendemos su plan para este mundo. En nuestro contexto actual, las profecías dadas a Ezequiel nos brindan información vital sobre el regreso de Israel a la tierra y la renovación de la nación en los capítulos 34, 36 y 37. Y es en los capítulos 38–39 donde nos enteramos de la guerra que se avecina, durante la cual Dios estará con su pueblo, destruyendo sobrenaturalmente al enemigo. Esa defensa de la nación se producirá a pesar de que Israel aún no esté con Él. ¿Qué hay de ese amor sufrido? Es en Ezequiel 40–48 donde recibimos la afirmación del Reino prometido, cuando Cristo reinará en la tierra. Sin el mensaje de Dios a Israel, nuestro futuro sería una página en blanco.

La bendición final prometida por Pablo es el Mesías. Cuando guiaba excursiones de turismo, hubo varias ocasiones en las que la gente me preguntaba si Jesús era católico o protestante. Se les caía el alma a los pies cuando les decía que Jesús era judío. Nació judío y se crio como judío. Siguió la Ley mosaica y celebró todas las fiestas. Cuando murió, era judío. Y sí, cuando resucitó, ¡seguía siendo judío!

Es a través de este Mesías judío como podemos encontrar la esperanza eterna. Su sacrificio en la cruz es lo que nos abrió la puerta para recibir el regalo gratuito de la vida eterna. Toda nuestra esperanza en la eternidad descansa en lo que un hombre judío hizo por nosotros.

Tantas bendiciones para un solo pueblo. Con esta comprensión del gran potencial del pueblo, veamos ahora sus trágicos fracasos. Hagámoslo recordando que, por muy malas que sean las historias que estamos a punto de leer, el amor de Dios por su pueblo nunca se extingue. Él siempre cumple sus promesas, lo que significa que siempre mantiene un remanente.

## Solo para quemar (15)

En la primera imagen que se le mostró a Ezequiel, no pude evitar pensar en el profeta en su papel de centinela. Dios le había dicho a Ezequiel en el capítulo 3: «Si el pueblo está pecando y yo te digo que le adviertas, entonces debes advertirle». En otras palabras: «Tienes una tarea. No la eches a perder».

Doce capítulos más tarde, el Señor se presenta ante el profeta y le pregunta por la madera de la vid:

> Hijo de hombre, ¿qué es la madera de la vid más que cualquier otra madera? ¿Qué es el sarmiento entre los árboles del bosque? ¿Tomarán de ella madera para hacer alguna

> obra? ¿Tomarán de ella una estaca para colgar en ella alguna cosa? (Ezequiel 15:2-3).

La madera de la vid tiene una sola función. Es conducir el agua a las ramas para que puedan crecer las uvas. Si no cumple su única función, es totalmente inútil. La madera es demasiado delgada, endeble y quebradiza para fabricar muebles. ¿Quieres construir un escritorio de madera de vid o un armario para guardar tu ropa? Buena suerte conectando todas las ramas salientes y angulosas para crear una superficie lisa. Y si de alguna manera encuentras la forma de unir las ramas, en cuanto le pongas algo de peso, la madera se hará añicos. Una vez que una vid deja de nutrir a sus uvas, solo le queda un uso: tirarla al fuego para calentarte las manos.

Israel fue creado y diseñado para producir las uvas más increíbles que jamás se hayan cultivado, pero los atalayas habían eludido su deber. Estaban demasiado ocupados satisfaciendo sus propios deseos como para hacer sus turnos en la muralla. Dios le dijo a Ezequiel que habría consecuencias para los centinelas que fallaran y que el pueblo de Jerusalén estaba a punto de pagar el precio.

> Así dice el Señor Dios: Por tanto, así ha dicho Jehová el Señor: Como la madera de la vid entre los árboles del bosque, la cual di al fuego para que la consumiese, así haré a los moradores de Jerusalén. Y pondré mi rostro contra ellos; aunque del fuego se escaparon, fuego los consumirá; y sabréis que yo soy Jehová, cuando pusiere mi rostro contra ellos (vv. 6-7).

## Un amor inquebrantable (16)

Una vez más, como en una tragedia de Shakespeare, el capítulo 16 del libro de Ezequiel es difícil de leer. Es una historia desgarradora sobre el amor y el cuidado de Dios por la indefensa nación de Israel.

Al descubrir a la huérfana desamparada y vulnerable, Dios le dio vida y esperanza, belleza y riquezas. Le proveyó alimento y consuelo, y le dio una identidad por encima de todas las demás: la esposa del Todopoderoso. ¿Qué pueblo no estaría infinitamente agradecido por la asombrosa provisión del Señor Dios?

Los hijos de Israel. Esta novia no solo fue desagradecida a pesar de todo lo que el Señor le había dado, sino que entregó todas sus grandes bendiciones a sus amantes con los que adulteró. Todos conocemos historias de adulterio. Algunos, sin duda, lo han experimentado en su matrimonio. El dolor es tremendo. La confianza se rompe, a menudo de forma irreparable pero lo que Israel le hizo a Dios fue más allá de lo extramatrimonial. No es necesario entrar en detalles, porque todos sabemos lo depravadas que fueron sus acciones. Basta decir que, solo en este capítulo, Ezequiel utilizó la palabra «ramera» cinco veces; «fornicación» y sus variantes, diez veces; y variaciones de la palabra «abominación» diez veces.*

A menudo, las personas tienden a comparar la negrura de los pecados ajenos con la naturaleza apenas grisácea de los propios. Son como el fariseo de la parábola de Jesús sobre los dos hombres que oraban en el templo. Mientras el «santo» alzaba la voz en una súplica autoengrandecedora, miraba de reojo a otro que armaba un escándalo mientras se arrepentía con lágrimas en los ojos. Sacudiendo la cabeza, el fariseo oró: «Dios, te doy gracias porque no soy como los otros hombres, ladrones, injustos, adúlteros, ni aun como este publicano» (Lucas 18:11).

Esa era la actitud arrogante del reino del sur de Judá. Habían pasado casi 130 años desde que los asirios invadieron el reino del norte

---

* N de la T.: en la versión Reina Valera Revisada 1960 (RVR60), en español. En la New King James Version (NKJV), en inglés, que es la versión que utiliza el autor, las proporciones son las siguientes: «ramera», doce veces; «prostitución», diez veces; y «abominación», otras diez.

de Samaria y lo derrotaron. En aquel tiempo, mientras el reino del norte era aniquilado por sus terribles pecados, el reino del sur, bajo el rey Ezequías, se había salvado. Esto le decía al pueblo de Judá que, aunque sus pecados eran muchos, no eran tantos como los del «reino del norte». Al igual que el fariseo, oraban: «Dios, te damos gracias por no ser como las demás naciones, especialmente como esos samaritanos desagradables, o incluso peor, como Sodoma en su día».

Lo que el pueblo no se daba cuenta era de que, con el paso del tiempo, sus pecados habían aumentado exponencialmente. De hecho, su nivel de maldad había superado con creces el libertinaje de Samaria e incluso de Sodoma. Dios proclamó:

> Y tu hermana mayor es Samaria, ella y sus hijas, que habitan al norte de ti; y tu hermana menor es Sodoma con sus hijas, la cual habita al sur de ti. Ni aun anduviste en sus caminos, ni hiciste según sus abominaciones; antes, como si esto fuera poco y muy poco, te corrompiste más que ellas en todos tus caminos. Vivo yo, dice Jehová el Señor, que Sodoma tu hermana y sus hijas no han hecho como hiciste tú y tus hijas. Y Samaria no cometió ni la mitad de tus pecados; porque tú multiplicaste tus abominaciones más que ellas, y has justificado a tus hermanas con todas las abominaciones que tú hiciste. Tú también, que juzgaste a tus hermanas, lleva tu vergüenza en los pecados que tú hiciste, más abominables que los de ellas; más justas son que tú; avergüénzate, pues, tú también, y lleva tu confusión, por cuanto has justificado a tus hermanas (Ezequiel 16:46-48,51-52).

Muchos tomarán pasajes como este y los tergiversarán para convertirlos en supuestas pruebas de que Dios ha abandonado a Israel debido a su pecado. Eso es solo porque dejan de leer demasiado pronto. Hay un principio que conocemos sobre las profecías disciplinarias contra el pueblo del Señor: cada vez que encontramos una palabra fuerte contra Israel, no tenemos que buscar muy lejos para encontrar un mensaje de esperanza. A veces se encuentra más adelante en el libro y, otras veces, más adelante en el capítulo. Este es uno de esos últimos casos.

Después de exponer una de las parábolas más duras y mordaces que condenan al pueblo de Israel, el Señor Dios concluyó diciendo:

> Antes yo tendré memoria de mi pacto que concerté contigo en los días de tu juventud, y estableceré contigo un pacto sempiterno. Y te acordarás de tus caminos y te avergonzarás, cuando recibas a tus hermanas, las mayores que tú y las menores que tú, las cuales yo te daré por hijas, mas no por tu pacto, sino por mi pacto que yo confirmaré contigo; y sabrás que yo soy Jehová; para que te acuerdes y te avergüences, y nunca más abras la boca, a causa de tu vergüenza, cuando yo perdone todo lo que hiciste, dice Jehová el Señor (vv. 60-63).

El pacto de Dios nunca falla. El Señor permanece fiel a su palabra y, por lo tanto, Israel será restaurado. Esto fue cierto para los que estaban en el exilio y fue cierto cuando Israel se convirtió en nación una vez más en 1948.

«Está bien, Amir, entiendo lo del perdón y todo eso, pero esto no parece indicar que haya una relación feliz entre Dios e Israel». Es cierto, pero eso se debe al contexto. Recuerda la severidad del capítulo. Responder «Pero todo será felicidad y alegría cuando volvamos a estar juntos» le restaría fuerza al juicio que el Señor estaba comunicando. Si lo que quieres es una restauración «feliz y alegre», hay muchos pasajes en las Escrituras donde puedes encontrar ese mensaje. De hecho, Isaías está repleto de ellos.

> Porque tu marido es tu Hacedor; Jehová de los ejércitos es su nombre; y tu Redentor, el Santo de Israel; Dios de toda la tierra será llamado. Porque como a mujer abandonada y triste de espíritu te llamó Jehová, y como a la esposa de la juventud que es repudiada, dijo el Dios tuyo: Por un breve momento te abandoné, pero te recogeré con grandes misericordias. Con un poco de ira escondí mi rostro de ti por un momento; pero con misericordia eterna tendré compasión de ti, dijo Jehová tu Redentor (Isaías 54:5-8).

En el pasaje de Ezequiel, escuchamos al esposo herido. En Isaías, leemos las palabras del Señor que perdona y redime. Un solo Dios, dos contextos literarios, una visión cercana y otra lejana. Una sola nación restaurada que finalmente se une eternamente con el Padre.

## Adivina el acertijo (17)

Prepárate para divertirte con la literatura. Dios le dijo a Ezequiel: «Hijo de hombre, propón una figura, y compón una parábola a la casa de Israel» (Ezequiel 17:2). Lamento decir que todas las traducciones al inglés que he visto de este pasaje han traducido mal esta maravillosa expresión. ¿Qué se le pidió al profeta que hiciera por la casa de Israel? Se le dijo que «חֻוד חִידָ֖ה וּמְשֹׁ֥ל מָשָֽׁל» (*chud chudah l'mashal mashal*). En español, Dios le está diciendo que «plantee un acertijo y un proverbio». Oh, realmente necesitas aprender a hablar hebreo. ¡Es un idioma maravilloso! Un proverbio y un acertijo son historias breves y enigmáticas que se entienden mejor con un poco de explicación. Afortunadamente, después de presentar la imagen verbal, el Señor nos dice amablemente lo que significa.

Esta es la trama básica: una gran águila voló al Líbano, donde tomó una rama de cedro y la plantó en una ciudad comercial. La rama creció, pero, sorprendentemente, se convirtió en una vid. Otro águila llegó volando y a la vid le gustó su aspecto, así que le dio la espalda a la primera águila y se acercó a la nueva. No fue una buena elección. Como castigo por su deslealtad, la vid fue arrancada de raíz, tras lo cual se marchitó y murió.

A primera vista, parece otra historia sobre Dios bendiciendo a Israel e Israel buscando otros dioses. *Au contraire.* Este relato nos lleva a reyes, naciones y tratados. El Señor comenzó su explicación diciendo:

> Di ahora a la casa rebelde: ¿No habéis entendido qué significan estas cosas? Diles: He aquí que el rey de Babilonia vino a Jerusalén, y tomó a tu rey y a sus príncipes, y los llevó consigo a Babilonia. Tomó también a uno de la descendencia real e hizo pacto con él, y le hizo prestar juramento; y se llevó consigo a los poderosos de la tierra, para que el reino fuese abatido y no se levantase, a fin de que guardando el pacto, permaneciese en pie. Pero se rebeló contra él, enviando embajadores a Egipto para que le diese caballos y mucha gente. ¿Será prosperado, escapará el que estas cosas hizo? El que rompió el pacto, ¿podrá escapar? (vv. 12-15).

En esa breve explicación, encontramos a cuatro reyes, un pacto y una rebelión. El primer rey es fácil de reconocer: Nabucodonosor, rey de Babilonia. En el año 597 a. C., esta primera águila hizo su segundo viaje a Jerusalén, momento en el que destronó al segundo rey, la rama de cedro, el rey Jeconías de Israel. En su lugar, los babilonios colocaron en el trono al tío del exrey, Sedequías, el tercer rey, que también es la vid. Sedequías prometió ser un buen vasallo, haciendo un juramento y sellando un pacto con Nabucodonosor. Cuando el ejército invasor regresó a Babilonia, se llevó consigo al exrey Jeconías y a un grupo de exiliados, entre los que se encontraba Ezequiel.

Todo fue bien durante un tiempo, pero el vasallaje no le sentaba bien a Sedequías. Anteriormente, Judá había expulsado a Asiria.

¿Por qué no podía hacer lo mismo con Babilonia? Para aumentar sus posibilidades de rebelión, Sedequías envió embajadores al sur, a Egipto, una nación que también estaba cansada del acoso de Babilonia. Allí se reunieron con el faraón Hofra, el cuarto rey y la segunda águila, quien les prometió ayuda.

Eso no le gustó nada a Dios. Como aprendieron Josué y los israelitas cuando hicieron un tratado con los mentirosos gabaonitas mientras conquistaban la tierra prometida, un pacto es un pacto, independientemente de con quién se haga (Josué 9). Si lo rompes, pagarás el precio. De hecho, David se vio obligado a lidiar con las consecuencias de que su predecesor, el rey Saúl, rompiera ese mismo tratado que Josué había hecho con los gabaonitas tantos años antes (2 Samuel 21:1-11). No siento un gran amor por los gabaonitas, pero me anima la profundidad del compromiso de Dios de mantener su palabra. Eso es lo que me da esperanza para el futuro de mi pueblo, Israel, así como para mí mismo como miembro creyente de la Iglesia.

Debido a la traición del rey Sedequías al romper su pacto, Dios pronunció su juicio.

> Por tanto, así ha dicho Jehová el Señor: Vivo yo, que el juramento mío que menospreció, y mi pacto que ha quebrantado, lo traeré sobre su misma cabeza. Extenderé sobre él mi red, y será preso en mi lazo, y lo haré venir a Babilonia, y allí entraré en juicio con él por su prevaricación con que contra mí se ha rebelado. Y todos sus fugitivos, con todas sus tropas, caerán a espada, y los que queden serán esparcidos a todos los vientos; y sabréis que yo Jehová he hablado (vv. 19-21).

Como ya hemos visto, Sedequías quedó ciego después de ver a sus hijos muertos delante de él. En Babilonia fue juzgado y en Babilonia fue encarcelado hasta su muerte.

Sin embargo, la historia no termina ahí. Recuerda que, cuando hay malas noticias de Dios, solo hay que seguir leyendo un poco más para descubrir algo de esperanza. El Señor le dijo a Ezequiel que Él mismo plantaría una rama en la altura de la montaña de Israel. La rama echaría raíces, crecería y extendería sus ramas lo suficiente como para que las aves de todas partes vinieran a morar en ellas. Concluyó diciendo: «Y sabrán todos los árboles del campo que yo Jehová abatí el árbol sublime, levanté el árbol bajo, hice secar el árbol verde, e hice reverdecer el árbol seco. Yo Jehová lo he dicho y lo haré» (v. 24).

Dios hará florecer el árbol seco. Eso no sucedió inmediatamente después del exilio. Israel volvió a ponerse en pie, pero el pueblo siempre estuvo bajo el dominio de un rey extranjero u otro. Solo ahora, con el Israel moderno, posterior al Holocausto, estamos viendo florecer el árbol seco. Y solo después de la tribulación, cuando haya comenzado el milenio y Cristo reine desde su trono en Jerusalén, «todos los árboles del campo sabrán que yo, el Señor, lo he hecho».

## Responsabilidad individual (18)

¿Dios se deleita en castigar a las personas? Al leer sobre la severidad de sus juicios en Ezequiel, casi se podría entender que algunos se hagan esa pregunta. Es esa vieja visión de Dios como un «gran garrote», en la que la gente se lo imagina observando la Tierra desde su trono en el cielo, esperando ver a alguien pecar para poder asestarle el golpe en la cabeza.

Pero cuanto más aprendemos sobre el Señor, más vemos lo lejos que esto está de la verdad. De hecho, en nuestra siguiente ilustración, leemos al Señor diciendo: «¿Quiero yo la muerte del impío? dice Jehová el Señor. ¿No vivirá, si se apartare de sus caminos?» (Ezequiel 18:23). Este punto es tan importante que el Señor lo repite quince capítulos más adelante, diciendo: «Vivo yo, dice Jehová el Señor, que no quiero la muerte del impío, sino que se vuelva el impío de su camino, y que viva. Volveos, volveos de vuestros malos caminos; ¿por qué moriréis, oh casa de Israel?» (33:11). El deseo de Dios es el arrepentimiento, no el castigo. Ese camino hacia el arrepentimiento y la salvación fue comprado al precio extraordinariamente alto de su propio Hijo. Si recibimos castigo, es solo porque hemos rechazado lo que Dios nos ha ofrecido como regalo gratuito.

La imagen que vemos ahora en Ezequiel se centra en un proverbio de la época, que decía: «Los padres comieron las uvas agrias, y los dientes de los hijos tienen la dentera» (18:2). El pueblo se quejaba de que lo que estaba pasando no era justo. «¿Por qué tenemos que pagar el precio de los pecados de nuestros padres y abuelos?», se lamentaban. «Cada persona debe ser juzgada solo por lo que hace, ¡y nosotros no hemos hecho nada en comparación con ellos!».

Su argumento tenía algo de razón. A través de Jeremías, Dios predijo el juicio venidero, diciendo: «Y los entregaré para terror a todos los reinos de la tierra, a causa de Manasés hijo de Ezequías, rey de Judá, por lo que hizo en Jerusalén» (Jeremías 15:4). Habían pasado casi cincuenta años desde que murió aquel rey vil. ¿Por qué estaba sufriendo esta generación las consecuencias de que Manasés hubiera llevado a la nación a las profundidades de la idolatría y hubiera derramado «mucha sangre inocente en gran manera, hasta llenar a Jerusalén de extremo a extremo» (2 Reyes 21:16)? Esto se convirtió en una queja tan común que incluso Jeremías lo mencionó desde Jerusalén cuando profetizó:

> En aquellos días no dirán más: Los padres comieron las uvas agrias y los dientes de los hijos tienen la dentera, sino que cada cual morirá por su propia maldad; los dientes de todo hombre que comiere las uvas agrias, tendrán la dentera (Jeremías 31:29-30).

Es en la última frase de la cita de Jeremías donde encontramos el punto central de la profecía de Ezequiel. En última instancia, las personas son juzgadas por lo que hacen, no por lo que hacen los demás. Una vez más, la gente está olvidando la naturaleza del pecado. Si tú pecas y alguien a tu lado peca aún más, ¿qué eres tú? Un pecador.

En el pasaje de Ezequiel, el Señor habló primero de un hombre justo. Este hombre, que evitaba el pecado y hacía lo correcto, vivía la vida santa a la que todos estamos llamados. De este hombre, Dios dijo: «Obedece mis estatutos y cumple fielmente mis leyes. Tal persona es justa y, ciertamente, vivirá, afirma el Señor y Dios» (Ezequiel 18:9 NVI).

Pero ¿y si este hombre tuviera un hijo que fuera malo? Todo lo bueno que hizo su padre, el hijo lo hizo al revés. ¿La justicia del padre cubriría la injusticia del hijo? ¡Por supuesto que no! «No vivirá. Todas estas abominaciones hizo; de cierto morirá, su sangre será sobre él» (v. 13).

Pero, ¿y si el hijo malo tuviera un hijo bueno? Este hijo bueno hizo todas las cosas justas que hizo su abuelo y que su padre no hizo. ¿Sería castigado este nieto por la maldad de su padre? «Este no morirá por la maldad de su padre; de cierto vivirá» (v. 17).

Esto nos parece muy básico a muchos de nosotros, pero hay que entender que estas personas vivían con una mentalidad basada en las obras. Su adoración al panteón de dioses mesopotámicos se basaba en apaciguar a las deidades y tratar de hacerlas felices. Ese patrón de obras a cambio de bendiciones se infiltró en su visión de la adoración al Señor. «Si realizamos los sacrificios que Dios quiere, entonces Él estará contento. Si no lo hacemos, se enfadará y lo pagará con generaciones de nuestro pueblo».

Es esa mentalidad de «seguir las reglas porque eso es lo que Dios quiere» la que llevó al profeta Samuel a decirle al rey Saúl: «Ciertamente el obedecer es mejor que los sacrificios, y el prestar atención que la grosura de los carneros» (1 Samuel 15:22). Saúl pensaba que lo único que le importaba a Dios era recibir sus ofrendas. Samuel lo rebatió: «No, Él quiere tu corazón. Su deseo es tu obediencia amorosa, no que cumplas una lista de cosas».

Eso es lo que Dios quiere de cada uno de nosotros. No le interesan nuestras actividades religiosas. Lo que Él anhela es nuestro amor apasionado, el amor «nacido de corazón limpio, y de buena conciencia, y de fe no fingida» (1 Timoteo 1:5). Si Él tiene eso de nosotros, todo el tema de las acciones se resolverá por sí solo.

El pueblo de Israel no entendía que los pecados de las generaciones pasadas eran los que habían puesto en marcha este juicio. Pero la destrucción que se avecinaba sobre Jerusalén tenía su origen tanto en su rebelión e idolatría actuales como en todo lo que había sucedido anteriormente.

## Una monarquía indigna (19)

Una nación es tan buena como sus líderes. Un liderazgo fuerte y piadoso suele guiar a los ciudadanos hacia la rectitud, la obediencia y la prosperidad espiritual. Para ver la otra cara de la moneda, solo tenemos que fijarnos en todos los monarcas del norte y en la mayoría de los del sur. Un microcosmos de esta disparidad se puede ver en los reinados del rey Ezequías y el de su hijo, Manasés. Con Ezequías en el trono, la nación volvió a ser rica. El pueblo buscó al Señor y la nación experimentó una salvación divina de la imparable aplanadora de Asiria. Luego vino Manasés. Él estaba decidido a ser la antítesis de Ezequías. Manasés destruyó todo lo que su padre representaba y honraba. Inundó la nación con la idolatría e incluso ofreció a sus propios hijos al dios del fuego, Moloc. No es de extrañar que bajo su reinado la nación fuera conquistada y el propio rey fuera llevado por un tiempo a Babilonia.

Cuando Dios miró a los últimos gobernantes de Israel, lo que vio se parecía mucho más a Manasés que a Ezequías. Los reyes habían tomado una nación que ya estaba en dificultades y la habían llevado a la ruina. Ahora, el Señor aprovechó la oportunidad para reprenderlos en un lamento, en Ezequiel 19.

Una leona dio a luz a sus cachorros. Uno de esos pequeños felinos destacaba entre los demás, por lo que ella le prestó especial atención. Se hizo fuerte, pero cayó en una trampa tendida por otras naciones. El leoncillo fue llevado encadenado a Egipto.

Aunque la leona estaba desconsolada, sabía que no podía sucumbir al luto. Tomó a otro de sus cachorros y lo entrenó para que fuera fuerte y luchador. Pero este león también fue atrapado por las naciones vecinas. En lugar de ir a Egipto, lo llevaron a Babilonia.

Todo esto es una historia triste. Estos cachorros de león tenían mucho potencial, pero ninguno fue lo suficientemente sabio como para evitar la red del cazador y, por lo tanto, todo su gran potencial se desperdició.

Antes de pasar al resto de este canto fúnebre, determinemos de qué estaba hablando Dios. No es un código demasiado difícil de descifrar. La leona es la nación de Judá. Tomó a uno de los suyos, Joacaz y lo convirtió en gobernante del pueblo. En él había todo lo necesario para ser el rey fuerte, feroz y piadoso que el pueblo necesitaba. En cambio, «hizo lo malo ante los ojos del Señor» (2 Reyes 23:32). Como resultado, después de solo tres meses, cayó en la trampa del faraón Necao, quien «tomó a Joacaz y lo llevó a Egipto, y murió allí» (v. 34).

Dios pasó por alto al siguiente rey, Joacim y pasó a Joaquín, hijo de Joacim y sobrino de Joacaz. Por cierto, si te confunde un poco esta última ráfaga de reyes, es totalmente comprensible: todos sus nombres suenan muy parecidos en español. Aquí es donde habría estado bien que la Biblia incluyera una tabla.

Cuando comparamos a Joacim con su tío Joacaz, podemos ver por qué Dios se saltó a un monarca. Ambos reyes eran jóvenes cuando subieron al trono: Joacaz tenía 23 años y Joaquín solo 18. Como Joacaz, el joven Joaquín «hizo lo malo ante los ojos del Señor, según todo lo que había hecho su padre» (24:9).

Ambos reinaron durante un breve periodo de tiempo, solo tres meses. Y ambos reyes fueron capturados y llevados a tierras extranjeras, para no volver a ver Jerusalén jamás.

Es una historia muy triste, pero el Señor aún no había terminado. Tenía una historia más que contar y apuntaba directamente al rey Sedequías (Ezequiel 19:10-14). En lugar de ser una leona, esta vez la madre era una vid, una ilustración de Israel que ya nos resulta familiar. Era fructífera y fuerte, y de sus ramas se hacían cetros para los reyes. Entonces llegaron los problemas. Fue arrancada de su exuberante jardín y replantada en el desierto. Sus fuertes ramas fueron cortadas y sus frutos destruidos. Lo peor de todo era que no había madera lo bastante fuerte como para fabricar un cetro auténtico.

Imaginemos a Sedequías al oír esto. Jeremías ya le había dicho muchas veces al monarca que su reino se hundiría en llamas. Ahora, este nuevo profeta en Babilonia predicaba la perdición y la desgracia a todo el pueblo en el exilio, diciendo que Sedequías no era lo bastante fuerte como para ser rey. Era un gobernante débil en una nación rota y destrozada. En cinco años, ni su trono ni Jerusalén seguirían en pie. ¡Qué triste! Verdaderamente lamentable.

Vides, esposas adúlteras, águilas y ramas, uvas agrias, leones y más uvas. Dios utilizó cada una de estas imágenes para ilustrar la profundidad a la que había caído Israel y el dolor que eso le causaba. Ojalá pudiera decir que a partir de aquí todo se vuelve más alegre, pero no puedo. El pecado ha sido denunciado. Ahora es el momento de presenciar el juicio.

CAPÍTULO 6

# LO DESAGRADABLE QUE ERES

EZEQUIEL 20-24

El pecado tiene consecuencias. Lamentablemente, no siempre son solo los culpables quienes pagan. En Ezequiel nos enfrentamos a una serie de actividades perversas y sus castigos resultantes. Las personas pecan y reciben el justo castigo por sus actos, pero no podemos pasar por alto a los demás, los inocentes, los justos, que se ven envueltos en la carnicería resultante. Es cierto que hay ocasiones en las que Dios protege a quienes permanecen fieles a Él. Ya hemos conocido a tres de ellos. Noé se salvó del diluvio universal. Daniel fue sacado de Jerusalén mucho antes de que se desatara la violencia y el hambre en la ciudad asolada por el asedio. Luego estaba Job, quien sufrió pérdidas y dolores increíbles a causa de un desafío arrogante del mismo Satanás. Aunque Job soportó lo peor, se salvó de la muerte y fue recompensado con creces.

Pero hay muchos otros que sufrieron grandes pérdidas a causa de la maldad de los demás. Elías vivió a veces huyendo, perseguido por los emisarios de un rey narcisista y una reina vengativa. En un momento dado, se alimentó de comida que el Señor le envió a través de aves serviciales. Y no podemos olvidar a Jeremías, especialmente cuando leemos todos los horrores que se abatieron sobre Jerusalén. Era un profeta muy favorecido que estaba condenado a vivir el juicio de una ciudad pecadora. A pesar de su fidelidad, fue golpeado, burlado, arrojado a un foso de barro, encarcelado y, finalmente, arrastrado a Egipto, el mismo lugar del que le había advertido al pueblo: «Si descienden a Egipto, allí encontrarán una muerte miserable». La última imagen que se nos da de este profeta maltratado es en la tierra del faraón, profetizando: «No crean que aquí estamos a salvo. En este mismo lugar donde estoy, Nabucodonosor colocará su ejército victorioso. Y todos ustedes, excepto un pequeño remanente, morirán aquí, en esta tierra». A juzgar por el silencio que le siguió a esa profecía, Jeremías fue uno de los que quedaron sepultados bajo la arena egipcia.

Luego tenemos a Ezequiel. Aunque escapó de la destrucción de Jerusalén, su vocación como profeta no fue fácil. De hecho, en este capítulo de nuestro libro, llegaremos a lo que, para mí, es la pérdida más trágica y personal que sufrió cualquiera de los portavoces de Dios en el cumplimiento de su deber. A lo largo de esta sección, y en particular cuando lleguemos a esa parte de la historia de Ezequiel, debemos recordar por qué sucedió. No fue por nada que el profeta hubiera hecho mal (de hecho, él estaba sirviendo fielmente a Dios, y esto era parte de su servicio). Si buscamos a alguien a quien culpar, hay todo un cónclave de judíos transportados a Babilonia que son culpables de la tragedia de Ezequiel por los pecados que cometieron. Y, más aún, todavía había una población en la ciudad santa cuya maldad finalmente había llevado al Señor al límite.

Cuando pecamos, normalmente no somos solo nosotros quienes pagamos el precio. La iniquidad no es tan así. Nuestras decisiones injustas pueden afectar a nuestro cónyuge, a nuestros hijos, a nuestra iglesia, a nuestros compañeros de trabajo, a nuestros amigos y la lista continúa. Sería muy provechoso que se exigiera un período de reflexión de diez minutos antes de cometer cualquier acto pecaminoso, así podríamos pensar en las consecuencias que podríamos causar a los demás o a nuestra propia relación con Dios. Es probable que de esa manera se evitaran muchas estupideces.

Pero no es así como funciona. Llega la tentación, bajamos la guardia y luego nos dedicamos a intentar mitigar el daño. Ojalá bastara con una simple consideración de la gloria de Dios y del maravilloso regalo de la salvación que nos ha dado para mantenernos alejados del pecado. A veces es así, pero si tan solo reflexionar sobre nuestra salvación fuera 100 % eficaz, entonces viviríamos sin pecar y sabemos que eso no sucede (2 Crónicas 6:36; 1 Juan 1:8-10). Es a través de la oración, el tiempo en la Palabra y la experiencia de la vida que aprendemos a utilizar las ramificaciones de nuestro pecado como un estímulo para la santidad.

## Un gong que resuena (20)

Por fin tienes un día libre en el trabajo, pero no ha salido como habías planeado. Tu esposa ha ido a un retiro de un día con sus amigas, así que te has quedado en casa con tu hijo. Tú esperabas con ilusión este momento padre/hijo, pero desde que se ha levantado, ha sido imposible tratar con él. Está de mal humor, exigente, desagradecido, grosero. Le pides que haga algo y te ignora. Le dices que recoja los platos del almuerzo y los deja caer ruidosamente en el fregadero, vuelve a su habitación y da un portazo. «No pasa nada», piensas. «Esperaba más, pero ya he terminado con él por hoy».

Entonces, después de toda una mañana y una tarde de rebeldía pasivo-agresiva, tu hijo te sorprende apareciendo con dos guantes y una pelota de béisbol. «Oye, papá, ¿quieres jugar a lanzar la pelota?».

De repente, te enfrentas a una decisión. Esto es lo que habías estado esperando desde que te levantaste, pero al acceder a lo que quiere, ¿no estarías aprobando tácitamente su comportamiento? Por difícil que sea decirlo, le respondes: «No hay nada que quiera más que jugar contigo, pero tu comportamiento ha sido terrible hoy; no voy a recompensarlo. Así que no, hoy no vamos a jugar a la pelota». Mientras tu hijo se marcha enfadado y vuelve a dar un portazo, suspiras y te dices a ti mismo: «Por muy decepcionante que haya sido, había que hacerlo».

Era el 14 de agosto del 591 a. C., poco más de dos años antes de que comenzara el asedio de Jerusalén por Nabucodonosor. Ezequiel recibió unas visitas importantes: los ancianos exiliados de Israel habían regresado. Una vez más, habían venido a consultar al Señor Dios. Debían de pensar que era algo bueno desde el punto de vista espiritual. Quizá pensaban que le estaban haciendo un favor a Dios al incluirlo en sus discusiones. «Hace tiempo que no le pedimos su opinión sobre nada. Quizá se sienta un poco excluido de las decisiones importantes».

No sabemos si expresaron su pregunta o no, porque nunca se menciona. En cambio, lo que vemos es a Dios diciendo esencialmente: «No, muchachos, hoy no vamos a lanzar la pelota».

> Hijo de hombre, habla a los ancianos de Israel, y diles: Así ha dicho Jehová el Señor: ¿A consultarme venís vosotros? Vivo yo, que no os responderé, dice Jehová el Señor. (Ezequiel 20:3).

A continuación, Dios recita una lista completa de los pecados del pueblo y de sus padres. Antes de sacarlos de Egipto, les había dicho que desecharan sus ídolos, pero no lo hicieron (vv. 3-8). Cuando salieron de Egipto, les dio el Sabat y les dijo que lo santificaran, pero no lo hicieron (vv. 12-13). Mientras estaban en el desierto, les dio la Ley y les dijo que la siguieran, pero no lo hicieron (vv. 18-21). Una y otra vez les había dicho que cambiaran sus caminos o que enfrentaran las consecuencias, pero lo ignoraron. Incluso tuvieron la audacia de sacrificar a sus hijos en el fuego para apaciguar a sus dioses falsos (vv. 23-26). Toda su historia había sido una historia de rebelión, idolatría y ofrendas a otros dioses en lugares distintos del templo. Un pecado tras otro. Ni siquiera en el exilio habían cambiado.

> Hasta el día de hoy, ustedes se contaminan al hacer sus ofrendas y al sacrificar a sus hijos, pasándolos por fuego en honor a los ídolos. ¿Y ahora ustedes, israelitas, vienen a consultarme? Tan cierto como que yo vivo, no dejaré que me consulten. Yo, el Señor y Dios, lo afirmo. Jamás sucederá lo que ustedes tienen en mente: «Queremos ser como las otras naciones, como los pueblos del mundo, que adoran al palo y a la piedra» (vv. 31-32 NVI).

No puedo evitar pensar en lo que Pablo les escribió a los corintios:

> Si yo hablase lenguas humanas y angélicas, y no tengo amor, vengo a ser como metal que resuena, o címbalo que retiñe. Y si tuviese profecía, y entendiese todos los misterios y toda ciencia, y si tuviese toda la fe, de tal manera que trasladase los montes, y no tengo amor, nada soy. Y si repartiese todos mis bienes para dar de comer a los pobres, y si entregase mi cuerpo para ser quemado, y no tengo amor, de nada me sirve (1 Corintios 13:1-3).

El amor es un ingrediente necesario si uno quiere servir eficazmente al Señor. Sin él, puedes predicar todo lo que quieras, profetizar todo lo que quieras, dar todo lo que quieras y sacrificar todo lo que quieras, pero no servirá de nada. A los oídos de Dios, tus palabras o acciones son como una trompeta mal afinada o un címbalo estridente.

Estos ancianos vinieron con corazones arrogantes, creyendo que, como le estaban pidiendo a Dios revelación, el Señor estaba obligado a responderles. En cambio, Dios les dijo: «Sus corazones están llenos de pecado, como lo han estado los corazones de vuestros padres durante generaciones. Por eso, vuestras "humildes" preguntas son como uñas arañando una pizarra. Primero, limpien su vida y después quizás hablemos».

## Un vistazo al milenio (20)

¿Qué dije antes sobre la dureza del juicio de Dios? Cuando parezca que ha terminado con Israel, sigue leyendo. Las cosas mejorarán. Como un rayo de sol que atraviesa las nubes de tormenta, la última parte de Ezequiel 20 ilumina con esperanza en medio de la condenación. Me recuerda cuando Dios envió un rayo de misericordia en medio del doloroso canto fúnebre del libro de Lamentaciones. Mientras Jeremías lloraba por la destrucción de Jerusalén, escribió estas sorprendentes palabras:

> Esto recapacitaré en mi corazón, por lo tanto esperaré.
> Por la misericordia de Jehová no hemos sido consumidos,
> porque nunca decayeron sus misericordias.
> Nuevas son cada mañana; grande es tu fidelidad.
> Mi porción es Jehová, dijo mi alma;
> por tanto, en él esperaré (Lamentaciones 3:21-24).

El final de Ezequiel 20 es el Lamentaciones 3 de esta letanía de juicio. Después de prometer una diáspora de Israel, el Señor cambió de rumbo y prometió traer al pueblo de vuelta a casa. Él haría que los exiliados que regresaran «pasaran bajo la vara», un término pastoril que se refiere a un pastor que permite entrar en el redil a las ovejas que le pertenecen y rechaza a las que no.

> Pero en mi santo monte, en el alto monte de Israel, dice Jehová el Señor, allí me servirá toda la casa de Israel, toda ella en la tierra; allí los aceptaré, y allí demandaré vuestras

> ofrendas, y las primicias de vuestros dones, con todas vuestras cosas consagradas. Como incienso agradable os aceptaré, cuando os haya sacado de entre los pueblos, y os haya congregado de entre las tierras en que estáis esparcidos; y seré santificado en vosotros a los ojos de las naciones. Y sabréis que yo soy Jehová, cuando os haya traído a la tierra de Israel, la tierra por la cual alcé mi mano jurando que la daría a vuestros padres. Y allí os acordaréis de vuestros caminos, y de todos vuestros hechos en que os contaminasteis; y os aborreceréis a vosotros mismos a causa de todos vuestros pecados que cometisteis. Y sabréis que yo soy Jehová, cuando haga con vosotros por amor de mi nombre, no según vuestros caminos malos ni según vuestras perversas obras, oh casa de Israel, dice Jehová el Señor (Ezequiel 20:40-44).

He incluido la cita completa porque quiero asegurarme de que entiendes el contexto completo. Esto no sucedió cuando los exiliados babilónicos regresaron a su patria. Como vimos anteriormente, Esdras y Nehemías dejaron muy claro que no todos los repatriados habrían «pasado bajo la vara». Lo mismo ocurre con el Israel moderno. Tiene que suceder algo que cambie la mentalidad de las personas y les devuelva la lealtad a su Creador.

Lo que vemos en el pasaje anterior es un pueblo que es «incienso agradable» para el Señor, que a través de su compromiso con Dios lo santifica ante los gentiles que lo observan. En el monte de Jerusalén reconocerán sus pecados y se aborrecerán a sí mismos por el mal que han cometido. Dicho de otra manera: «Y derramaré sobre la casa de David, y sobre los moradores de Jerusalén, espíritu de gracia y de oración; y mirarán a mí, a quien traspasaron, y llorarán como se llora por hijo unigénito, afligiéndose por él como quien se aflige por el primogénito» (Zacarías 12:10).

Cuando rechazas el intento manipulador de tu hijo de jugar a la pelota, no lo haces con la intención de rechazarlo para siempre. Lo estás disciplinando, y sabes muy bien que llegará un día, con suerte mañana mismo, en el que volverás a lanzarle la pelota. Lo harás con un joven que ha aprendido una lección importante sobre el respeto y el comportamiento adecuado.

Los ancianos vinieron a consultar a Dios y Él los despidió con palabras duras y exigiéndoles un cambio. Lo hizo sabiendo que, con el tiempo, llegaría un momento en que un pueblo más maduro y justo volvería a Él. Se arrepentirían de sus antiguos caminos y estarían dispuestos a seguirlo. En ese día, no solo escuchará sus preguntas, sino que se relacionará con ellos como un padre con sus hijos.

## Desenvainar la espada (21)

Dios continuó pronunciando su juicio contra Israel. La ilustración que empleó fue su espada: «Y por cuanto he de cortar de ti al justo y al impío, por tanto, mi espada saldrá de su vaina contra toda carne, desde el sur hasta el norte. Y sabrá toda carne que yo Jehová saqué mi espada de su vaina; no la envainaré más» (Ezequiel 21:4-5). En medio de todo el juego de espadas, con la hoja pulida y afilada y luego utilizada para golpear y cortar, Dios encargó a Ezequiel tres imágenes para enfatizar su objetivo.

Primero, se le dijo al profeta que gimiera de dolor para que todos lo vieran.

> Y tú, hijo de hombre, gime con quebrantamiento de tus lomos y con amargura; gime delante de los ojos de ellos. Y cuando te dijeren: ¿Por qué gimes tú?, dirás: Por una noticia que cuando llegue hará que desfallezca todo corazón, y toda mano se debilitará, y se angustiará todo espíritu, y toda rodilla será débil como el agua; he aquí que viene, y se hará, dice Jehová el Señor (vv. 6-7).

Esto nos hace preguntarnos si los exiliados en aquellos días previos al asedio de Jerusalén estaban evadiendo sus pensamientos sobre la destrucción inminente de la ciudad. Judá estaba bastante lejos. «Ojos que no ven, corazón que no siente». Cuando pensaban en eso, la distancia geográfica quizá les hacía restar importancia a la violencia que se avecinaba. «Me alegro de no estar allí. Probablemente no será muy divertido para ellos», decían con una risa incómoda antes de volver a centrar su atención en sus platos de estofado.

Pero Dios no estaba contento con la actitud de los exiliados. Las personas que se enfrentaban al ataque eran sus familias, sus amigos y sus vecinos. El asedio se acercaba y las consecuencias para la ciudad serían terribles. Cuando las noticias llegaron a Babilonia, «todos los corazones se derritieron... y todas las rodillas se debilitaron como agua» (v. 7).

Lamentablemente, me recuerda la actitud que algunos en la Iglesia tienen hacia aquellos que experimentarán la tribulación. «Va a ser duro, pero realmente se lo merecen. Espero que sean buenos esquivando los enormes granizos», dicen con una risa incómoda antes de volver a centrar su atención en sus iPhones.

Cuando leemos en Apocalipsis los detalles de cómo serán esos siete años, debemos hacerlo con nuestras familias, amigos y vecinos en mente. Tomarse el tiempo para visualizar a un ser querido soportando los sellos, las trompetas y las copas es suficiente para que el corazón de cualquiera se derrita y las rodillas se vuelvan débiles como el agua.

La segunda acción de Ezequiel fue gritar y golpearse las manos (vv. 12-14). Una vez más, Dios quería que el profeta llamara la atención del pueblo para que despertara de su apatía. De no ser por su gracia al rescatarlos de la fatalidad que se avecinaba, se enfrentarían al hambre, la peste y la espada que se cernían sobre la que una vez fue una gran ciudad.

> ...esta es la espada de la gran matanza que los traspasará, para que el corazón desmaye, y los estragos se multipliquen; en todas las puertas de ellos he puesto espanto de espada. ¡Ah! dispuesta está para que relumbre, y preparada para degollar. Corta a la derecha, hiere a la izquierda, adonde quiera que te vuelvas. Y yo también batiré mi mano contra mi mano, y haré reposar mi ira. Yo Jehová he hablado (vv. 14b-16).

Esta era una descripción muy gráfica de los soldados babilónicos inundando las calles de Jerusalén, blandiendo sus espadas a diestra y siniestra. Las hojas cortaban carne y huesos, derribando a la gente al suelo. Los afortunados morían en el acto a causa de sus heridas. Los demás se desangraban lentamente mientras continuaba la carnicería. El Señor les recordaba a los oyentes de Ezequiel: «Esto podría haberles pasado a ustedes, exiliados. Podrían haber sentido ese frío acero clavándose en su cuerpo y arrebatándoles la vida».

La tercera tarea que se le encomendó a Ezequiel fue demostrar una decisión que el rey Nabucodonosor tendría que tomar. El profeta debía formar un camino y luego dividirlo en forma de «Y». En el punto de divergencia, debía colocar un letrero que dijera «Judá» con una flecha apuntando en una dirección y «Amón», con una flecha apuntando en la otra dirección. Cuando se hubiera reunido suficiente gente y se preguntaran qué estaba haciendo aquel joven y extraño profeta, Ezequiel explicaría que Nabucodonosor y su ejército se detendrían al llegar a la bifurcación del camino. Para decidir si se dirigía hacia Jerusalén, en Judá, o hacia Rabá, de los amonitas, recurriría a diversas formas de adivinación. El Señor se aseguraría de que todas las señales que buscaba el rey apuntaran a Jerusalén. Era el momento de esa ciudad, y Dios estaba enviando a los babilonios para asegurarse de que todas las estructuras fueran destruidas, incluido su templo.

Nabucodonosor construiría entonces su montículo de asedio y

colocaría sus arietes, tal y como Ezequiel había demostrado con anterioridad con el dibujo en el ladrillo de arcilla. A pesar del tamaño abrumador del ejército, muchos de los habitantes de la ciudad pensarían que Dios los rescataría divinamente, tal como lo había hecho cuando los asirios vinieron a golpear a la puerta en los días del rey Ezequías. Esta vez, sin embargo, no sería así.

> Y en cuanto a ti, príncipe de Israel, infame y malvado, tu día ha llegado; ¡la hora de tu castigo es inminente! Así dice el Señor y Dios: Quítate el turbante, renuncia a la corona, que todo cambiará. Lo humilde será exaltado y lo excelso será humillado. ¡Ruinas, ruinas, todo lo convertiré en ruinas! Esto no sucederá hasta que venga aquel a quien le asiste el derecho y a quien pediré que establezca la justicia (vv. 25-27 NVI).

Dos observaciones sobre esa declaración. En primer lugar, el uso de la repetición es poderoso y definitivo. Decir algo tres veces enfatiza la naturaleza absoluta de la palabra. Pensemos en los serafines que se erigen sobre el trono de Dios, gritando: «¡Santo, santo, santo es el Señor de los ejércitos…!» (Isaías 6:3). El Señor es absoluta, completa y 100 % la perfección de la santidad. Por eso, cuando leemos: «Ruinas, ruinas, ¡todo lo convertiré en ruinas!», queda claro que Jerusalén está a punto de ser destruida por completo, totalmente y a fondo.

La segunda observación es otro rayo de sol que atraviesa las nubes de tormenta. Fíjate en la última frase de Ezequiel en el pasaje anterior. Jerusalén fue reconstruida después del exilio, pero nunca alcanzó su gloria definitiva. Incluso con el increíble crecimiento que experimentó tras su constitución como Estado en los siglos XX y XXI, la ciudad palidece en comparación con lo que llegará a ser. Solo cuando el Rey legítimo se siente en el trono tras su regreso en la segunda venida, Jerusalén alcanzará su plena gloria.

Una última cuestión: ¿qué pasó con Rabá de Amón? ¿Se salvó por un pelo cuando Nabucodonosor se volvió hacia Judá? No, su destrucción simplemente se retrasó. La última parte del capítulo 21 nos dice que, una vez que la espada acabó con Jerusalén, se dirigió hacia Amón, con resultados previsibles.

## Líderes sanguinarios, despreciables e indignos (22)

Una vez más, el Señor volvió su atención al rey, a los príncipes y a los líderes de Judá. Comenzó de manera general, reprendiendo a la ciudad por derramar sangre. «Tú, hijo de hombre, ¿no juzgarás tú, no juzgarás tú a la ciudad derramadora de sangre, y le mostrarás todas sus abominaciones?» (Ezequiel 22:2). El pueblo de la ciudad derramó sangre, hizo ídolos y se contaminó con esos mismos ídolos. De hecho, lo hicieron hasta tal punto que se convirtieron en el escarnio de las naciones vecinas. Dios dijo que «se reirán de ti, amancillada de nombre, y de grande turbación» (v. 5).

Luego, Dios fue más específico. Anteriormente, hablamos de que una ciudad es tan buena como sus líderes. Nunca fue esto más cierto que en Jerusalén. Según Dios, la realeza de la ciudad era gente vulgar y violenta. «He aquí que los príncipes de Israel, cada uno según su poder, se esfuerzan en derramar sangre» (v. 6). El Señor procedió a enumerar una sarta de pecados cometidos por aquellos que deberían estar guiando al pueblo hacia la justicia. En lugar de eso, eran violentos, se burlaban de sus padres, oprimían a los extranjeros, maltrataban a los huérfanos y a las viudas, profanaban lo sagrado, cometían actos lascivos con cualquiera que se les cruzara, incluidos miembros de su propia familia, aceptaban sobornos, eran usureros y extorsionadores. Es una lista bastante larga, pero encaja perfectamente. Todo el catálogo de pecados puede atribuirse a una razón que el Señor dio al final de la sucesión de vergüenzas. «Me han olvidado» (v. 12).

Cuando Dios es nuestro centro, tenemos un «protector contra las tentaciones» sobrenatural en el Espíritu Santo, que nos permite saber cuándo el enemigo está tratando de derribarnos. Sin embargo, cuando olvidamos a Dios y nos alejamos de Él, apagamos esa alarma del Espíritu Santo. Esto nos deja a merced de las astutas artimañas del diablo. Esa es la razón por la que el apóstol Pedro advirtió: «Sed sobrios, y velad; porque vuestro adversario el diablo, como león rugiente, anda alrededor buscando a quien devorar» (1 Pedro 5:8).

Hace poco vi un video en YouTube sobre un niño pequeño en un zoológico. Estaba de espaldas a una gran ventana de cristal, detrás de la cual se extendía una gran exposición de felinos. Mientras gateaba y se arrastraba, esperando a que sus padres le tomaran una foto, un enorme tigre se acechaba a varios metros detrás de él. El animal divisó al niño y se agachó. Lentamente, comenzó a avanzar, paso a paso, sin hacer ruido. Mientras tanto, el niño reía y bailaba para sus padres, totalmente ajeno a lo que estaba sucediendo. El tigre dio unos pasos más y luego se le abalanzó. La gente que estaba cerca y veía la escena gritó, lo que hizo que el niño corriera llorando hacia sus padres. El tigre, decepcionado al recordar una vez más que el cristal le impedía salir de allí, se alejó cabizbajo.

Esta es una imagen de nuestra vida espiritual. Nosotros somos el niño pequeño, el tigre es el diablo y sus secuaces, y el cristal protector es el Espíritu Santo. Por desgracia, hay momentos en los que, por falta de oración, de tiempo en la Palabra y de comunión con otros creyentes, permitimos que nuestro cristal se vuelva tan fino como el papel. O, a través de la rebelión abierta contra Dios, al igual que los «príncipes de Israel» (Ezequiel 22:6), dejamos caer la barrera por completo. No puedo imaginar lo que ese tigre le habría hecho al niño si el cristal no hubiera estado allí, pero sí sé que es exactamente lo que Satanás quiere hacer con nuestro caminar con el Señor. ¡Debemos ser diligentes!

Este abandono de Dios por parte de los príncipes de Israel y, por lo tanto, del pueblo de Israel, fue una gran decepción para Él. ¡Les había dado tanto! Tenían todo lo necesario para ser su luz ante el mundo y vivir una vida bendecida. Pero en lugar de vivir de una manera hermosa ante las naciones vecinas, no eran más que basura repugnante. En lugar de brillar como metales preciosos, «la casa de Israel se me ha convertido en escoria; todos ellos son bronce y estaño y hierro y plomo en medio del horno; y en escorias de plata se convirtieron» (v. 18). Escoria, basura, chatarra: el Israel que en su día fue hermoso en la época de Salomón y que atraía a visitantes de todas las naciones, se había convertido en un desecho inútil. Y todo era culpa de las decisiones individuales del pueblo de dar la espalda a Dios y volverse hacia la idolatría y la maldad. A esta nación, el Señor pronunció su veredicto, diciendo: «Como se funde la plata en medio del horno, así seréis fundidos en medio de él; y sabréis que yo Jehová habré derramado mi enojo sobre vosotros» (v. 22).

Pero el Señor aún no había terminado con su condena, especialmente porque estaba dirigida a los líderes de la nación. En el resto de este capítulo, Dios llamó a los grupos de figuras de autoridad que habían llevado al pueblo al pecado. Se enfocó en los profetas, los sacerdotes, los príncipes y luego nuevamente en los profetas. Citó la misma lista de pecados que había presentado anteriormente. Al concluir esta profecía, Dios dijo:

> El pueblo de la tierra usaba de opresión y cometía robo, al afligido y menesteroso hacía violencia, y al extranjero oprimía sin derecho. Y busqué entre ellos hombre que hiciese vallado y que se pusiese en la brecha delante de mí, a favor de la tierra, para que yo no la destruyese; y no lo hallé. Por tanto, derramé sobre ellos mi ira; con el ardor de mi ira los consumí; hice volver el camino de ellos sobre su propia cabeza, dice Jehová el Señor (vv. 29-31).

Según los líderes guiaban, así seguía el pueblo. El Señor buscaba un líder que se interpusiera para desviar la ira que se avecinaba. ¿No había ni un solo hombre que tuviera la justicia, el carácter y la posición necesarios para cambiar al pueblo? Lamentablemente, no. Dios tenía un remanente, pero ninguno de los que aún volvían sus ojos hacia Él tenía la autoridad para cambiar las cosas. Por lo tanto, la ciudad y la forma actual de la monarquía estaban condenadas.

## Hermanas, hermanas (23)

Mientras pensaba en escribir este libro, había muchas consideraciones que me emocionaban mucho. La mayor de ellas era tener la oportunidad de desarrollar plenamente el tema del regreso de Israel en los capítulos 34, 36 y 37, y profundizar en lo que creo que es la guerra no muy lejana que se encuentra en los capítulos 38 y 39. Por otro lado, había algunas secciones que me daban miedo, dos de las cuales se encuentran en los capítulos 23 y 24. La primera es desagradable y la segunda es dolorosa.

Quizás hayas tenido la misma experiencia que muchas otras parejas. Un amigo te recomienda una serie nueva y sorprendente en Netflix o en algún otro servicio de *streaming*. No paran de hablar maravillas de ella, así que deciden darle una oportunidad, pero en cuanto la encienden, ven la clasificación +18 en la esquina superior. A menudo incluye los motivos por los que está clasificada para adultos: «lenguaje soez, desnudos, sexualidad, violencia». Ustedes se miran, suspiran, pulsan el botón «Apagar» y agarran un libro.

El capítulo 23 es el único capítulo de la Biblia al que yo le pondría la clasificación +18. O, si se proyectara en un cine, le asignaría la clasificación NO-17.* Afortunadamente, los traductores de la RVR60 suavizaron el lenguaje, por lo que hay que leer entre líneas en ciertas secciones, aunque no es algo que se quiera hacer. Si lees este

---

* La clasificación «NO -17» es más restrictiva que la «R», en donde se admiten menores acompañados por adultos. Esta clasificación [NC-17 en inglés] no está disponible en todos los países.

capítulo en la NVI o en la NTV, encontrarás los impactantes detalles en todo su esplendor.

Esta es la historia de dos hermanas. La mayor, Ahola, representaba a Samaria, capital del reino del norte. La menor, Aholiba, era la capital del reino del sur, Jerusalén. Ninguna de las dos era el tipo de chica que querrías que trajeran tus hijos a casa para cenar en una noche familiar. Ahola cayó rápidamente en el adulterio. Se acostó con los asirios hasta que se cansaron de ella y la mataron. Mal asunto. Una lección clara e importante, ¿verdad, hermanita?

En lugar de aprender la lección sobre las posibles consecuencias negativas de llevar una vida adúltera, Aholiba pensó: «Lo que pueda hacer mi hermana mayor, yo lo puedo hacer mejor». Empezó a buscar amantes dondequiera que los encontrara. La lista es larga y la descripción muy gráfica. Al final, Aholiba se encontró en el mismo estado de destrucción y dispersión que su hermana Ahola. Sus historias iban a ser un testimonio para todos los ciudadanos de Jerusalén de sus propios hábitos de prostitución, e iban a ser específicamente una advertencia para las mujeres de Israel para que dejaran sus repugnantes estilos de vida inmorales. Como dijo el Señor al concluir este capítulo:

> Y haré cesar la lujuria de la tierra, y escarmentarán todas las mujeres, y no harán según vuestras perversidades. Y sobre vosotras pondrán vuestras perversidades, y pagaréis los pecados de vuestra idolatría; y sabréis que yo soy Jehová el Señor (Ezequiel 23:48-49).

«Han sido repugnantes; ahora van a pagar por sus pecados». Una vez tratado este capítulo, voy a salir al patio, a tomarme un *espresso* triple, a contemplar la belleza del valle de Jezreel y a pensar en cosas agradables.

## El comienzo del fin (24)

Era el 15 de enero del 588 a. C. Ese día ocurrieron dos acontecimientos: uno era importante para Jerusalén y el otro para Ezequiel. Juntos, fueron tan trascendentales que el profeta comenzó su siguiente profecía con una fecha.

> Vino a mí palabra de Jehová en el año noveno, en el mes décimo, a los diez días del mes, diciendo: Hijo de hombre, escribe la fecha de este día; el rey de Babilonia puso sitio a Jerusalén este mismo día (Ezequiel 24:1-2).

El principio del fin había comenzado. El sitio final de la que una vez fue una gran ciudad por parte de Nabucodonosor había comenzado. Los anales de los reyes confirman esta fecha:

> Aconteció a los nueve años de su reinado, en el mes décimo, a los diez días del mes, que Nabucodonosor rey de Babilonia vino con todo su ejército contra Jerusalén, y la sitió, y levantó torres contra ella alrededor (2 Reyes 25:1).

En el noveno año, en el décimo mes, en el décimo día, Nabucodonosor lanzó el ataque que destruiría gradualmente la ciudad en la que Dios había puesto su casa. Pero incluso mientras se levantaban los muros de asedio, el rey Sedequías y los ancianos de Israel le dijeron al pueblo que no se preocuparan. «¡Estamos a salvo, todos! ¡Miren nuestras magníficas murallas! Estas murallas son como una olla de hierro y nosotros somos como la carne que está a salvo dentro. Además, tenemos a Dios. ¡Esperen a que Él actúe como lo ha hecho antes!».

Pero, como hemos visto en los veintitrés capítulos anteriores de las profecías de Ezequiel, la situación había cambiado desde los días de Ezequías. Los líderes de Israel eran sinvergüenzas y el pueblo era idólatra y rebelde. Dios ya no estaba del lado de Jerusalén. A las palabras de esperanza de los líderes, el Señor respondió: «¿Creen que están a salvo, como un buen trozo de carne en una olla? Piénsenlo bien. Puede que sean como un trozo de carne, pero el fuego arderá tanto en la olla y durante tanto tiempo que se convertirán en cenizas. Luego quemaré también la olla».

> Pues también haré yo gran hoguera, multiplicando la leña, y encendiendo el fuego para consumir la carne y hacer la salsa; y los huesos serán quemados. Asentando después la olla vacía sobre sus brasas, para que se caldee, y se queme su fondo, y se funda en ella su suciedad, y se consuma su herrumbre (Ezequiel 24:9b-11).

Los príncipes y los líderes mostraron una actitud arrogante e ignorante. En su mente, Dios era simplemente un guardaespaldas fortachón, corpulento y obediente. Pero lo tenían todo al revés. Dios es quien tiene el control. Él nos da la libertad de vivir y actuar como queramos, pero nuestra libertad es como una cuerda atada a nuestro cuello. Solo podemos llegar hasta cierto punto antes de volver a Dios o seguir adelante y ahorcarnos.

Ahora llegamos al incidente que mencioné al principio de este capítulo como la pérdida personal más trágica de cualquier profeta.

> Vino a mí palabra de Jehová, diciendo: Hijo de hombre, he aquí que yo te quito de golpe el deleite de tus ojos; no endeches, ni llores, ni corran tus lágrimas. Reprime el suspirar, no hagas luto de mortuorios; ata tu turbante sobre ti, y pon tus zapatos en tus pies, y no te cubras con rebozo, ni comas pan de enlutados. Hablé al pueblo por la mañana, y a la tarde murió mi mujer; y a la mañana hice como me fue mandado (vv. 15-18).

No puedo leer eso sin que se me empañen los ojos. Como mencioné antes, mi coautor, el pastor Rick, sabe lo que es escuchar que tu esposa va a morir. Él y su amada Linda estaban en la consulta del médico cuando le comunicaron el diagnóstico de cáncer terminal de esófago. Fue un golpe duro, pero Rick tenía dos cosas que Ezequiel no tenía. En primer lugar, él y Linda pudieron pasar juntos esos últimos meses, algo que él no cambiaría por nada. En segundo lugar, él sabía que su partida era solo parte de la vida. Ambos tenían más de ochenta años y sabían que, para los dos, ese día llegaría más pronto que tarde. Esto no hacía la situación más fácil, pero la hacía comprensible.

Ezequiel apenas había cumplido los treinta. Una mañana, cuando se reunió con Dios, el Señor le dijo que su esposa iba a morir. Esa misma noche, ella falleció. ¿Por qué? Porque Dios quería dejar claro algo al pueblo. Al parecer, enviar un memorándum o comer más pan cocinado con estiércol no era suficiente para comunicar lo que quería decir. Dios había decidido que la mejor manera de ilustrar su profecía era quitarle la vida a la amada compañera del profeta. Esto fue maravilloso para ella, porque pudo ver a su Dios, pero fue horrible para Ezequiel, porque perdió a su amada. ¿Qué lección podía ser tan importante para que Dios actuara así?

Era esto: igual que la esposa de Ezequiel era el deleite de él, el templo de Jerusalén era el deleite de Dios. Sin embargo, también era el deleite del pueblo del exilio. Mientras permaneciera en pie, la población pecadora tenía una demostración tangible de su supuesta fuerte conexión con Dios. Sin embargo, pronto llegaría el día en que recibirían la noticia de que el templo había caído. «Solo sabed», les dijo Dios, «que yo estuve detrás de eso».

> Di a la casa de Israel: Así ha dicho Jehová el Señor: He aquí yo profano mi santuario, la gloria de vuestro poderío, el deseo de vuestros ojos y el deleite de vuestra alma;

> y vuestros hijos y vuestras hijas que dejasteis caerán a espada (v. 21).

Esto me recuerda las poderosas palabras de Jesús: «Por eso me ama el Padre, porque yo pongo mi vida, para volverla a tomar. Nadie me la quita, sino que yo de mí mismo la pongo. Tengo poder para ponerla, y tengo poder para volverla a tomar. Este mandamiento recibí de mi Padre» (Juan 10:17-18). Este templo no sería destruido por la voluntad de Nabucodonosor, sino por la voluntad de Dios. Nadie puede quitarle nada al Señor, ya sea la vida de su Hijo o el templo de su nombre que Él puso en Jerusalén.

Dios le dijo al pueblo que cuando llegara el día y el templo fuera destruido, no debían llorar por él, así como Ezequiel no lloró por su esposa. Ellos mismos se lo habían buscado: estaban sufriendo el justo castigo por sus pecados. Era hora de que cambiaran las cosas para que el Señor pudiera pasar la página y comenzar el siguiente capítulo para Israel.

CAPÍTULO 7

# IMPACTOS COLATERALES

## EZEQUIEL 25-28

Era el 4 de agosto de 2020. En la ciudad de Beirut se produjo un incendio en un almacén del distrito portuario. Siete años antes, un carguero con bandera moldava, el MV Rhosus, había hecho escala temporal en Beirut. Su carga principal era 2750 toneladas métricas de nitrato de amonio altamente explosivo con destino a Mozambique. La carga era pesada, su procedencia era sospechosa y la financiación del viaje era escasa. Cuando el capitán decidió cargar un envío adicional de maquinaria pesada para aumentar sus escasos beneficios, la integridad estructural del buque resultó gravemente dañada. Con un barco que ya no era apto para navegar, el propietario del Rhosus se declaró en quiebra, los oficiales abandonaron el barco y huyeron a sus hogares. La tripulación que había quedado varada a bordo se quedó rápidamente sin provisiones. Con el aumento de las tasas, las autoridades portuarias confiscaron la carga y la trasladaron al depósito 12. En 2018, el carguero vacío se hundió en el puerto.

En algún momento, en un acto de incoherencia lógica, alguien decidió que tenía mucho sentido almacenar una gran cantidad de fuegos artificiales junto al depósito lleno de compuestos altamente explosivos. ¿Qué podía salir mal? Entonces, en ese fatídico día de verano de 2020, un pequeño incendio hizo explotar algunos de los fuegos artificiales. Unos treinta segundos después, se produjo una segunda explosión, esta vez enorme. En Israel y Jordania, al sur, la gente sintió la explosión, igual que otros en Siria, al este, y Turquía, al norte. En la isla de Chipre, a 150 millas al oeste, en el mar Mediterráneo, algunos incluso oyeron la detonación.

En los innumerables videos de testigos presenciales se puede ver cómo la onda expansiva arrasa la ciudad, derribando edificio tras edificio. Perdieron la vida 218 personas y otras 700 resultaron heridas. El coste financiero superó los 15 000 millones de dólares. Lógicamente, solo un puñado de los fallecidos podría haber participado en la demencial decisión de almacenar pirotecnia y nitrato de amonio juntos, pero eso no importaba. Cuando se produjo la explosión, todos los que se encontraban en su radio de acción sucumbieron a la onda expansiva.

Israel no era muy querido en el Creciente Fértil y en lo que hoy se conoce como el Levante. Al principio, los hebreos eran separatistas, se comportaban con arrogancia y miraban con desprecio a sus nuevos vecinos. «Nuestro Dios es el único Dios verdadero, así que mantengan alejados a sus ídolos baratos y falsos». En poco tiempo se produjo un extraño cambio: se sumergieron en la adoración de ídolos. Como el niño que siempre se esfuerza demasiado por demostrar su valía, el pueblo de Israel decía: «¿Has ofrecido dos niños a Moloc? Pues yo he ofrecido tres». Esa actitud odiosa hacía que los demás quisieran atacar a Israel, pero la nación tenía un Dios tirano que a veces intervenía y aniquilaba a todo un ejército solo por mirar mal a su pueblo. Así que las naciones vecinas observaban y esperaban el día en que Israel recibiera su merecido.

Finalmente, sucedió. En el año 586 a. C., el ejército de Nabucodonosor derribó las murallas de Jerusalén y la ciudad fue arrasada.

Todas las naciones vecinas bailaban y gritaban de alegría; por fin se habían ido esos judíos detestables. Sin embargo, de lo que no se dieron cuenta era de que, aunque la explosión del juicio de Dios se había desencadenado en Jerusalén, su radio de alcance se expandió en todas direcciones. Israel puede haber sido el principal de los pecadores, pero la justicia no es una escala móvil. O eres justo o no lo eres. Y, si no lo eres, puedes esperar el juicio de Dios, especialmente si estás bailando sobre las tumbas de su pueblo.

## Las otras naciones

Si sigues mi canal de Telegram o ves mis videos, estarás familiarizado con la frase: «Dios solo habla de otras naciones en relación con Israel». Durante la época del Imperio babilónico, había otras civilizaciones prósperas en todo el mundo. La dinastía Zhou era todopoderosa en China, los etruscos estaban sentando las bases para el desarrollo de Roma y los celtas mostraban su dominio en algunas partes de Europa. Sin embargo, ninguno de estos pueblos poderosos se menciona en la Biblia. ¿Por qué? No tenían contacto con la nación elegida por Dios. La Biblia es la historia de los pueblos de Dios: Israel y la Iglesia.

Esto dejó a decenas de millones de personas fuera del relato de las Escrituras, pero la proximidad atrajo a muchas otras naciones. En Ezequiel, Dios dirigió ahora su atención hacia ellas. Sí, su enfoque principal estaba en su pueblo pecador porque quería atraerlos de nuevo a sí mismo. Sin embargo, había muchos pueblos vecinos que contribuyeron a la delincuencia de Israel o que pisotearon a la nación debilitada cuando estaba caída y ahora tenían que responder por sus pecados. Esto era cierto incluso para los que estaban en Babilonia, a quienes Dios utilizó para llevar a cabo Su castigo. Sin embargo, a pesar de cumplir el plan de Dios, ciertamente no lo hacían para agradarle.

> Haced juntar contra Babilonia flecheros, a todos los que entesan arco; acampad contra ella alrededor; no escape

> de ella ninguno; pagadle según su obra; conforme a todo lo que ella hizo, haced con ella; porque contra Jehová se ensoberbeció, contra el Santo de Israel. Por tanto, sus jóvenes caerán en sus plazas, y todos sus hombres de guerra serán destruidos en aquel día, dice Jehová (Jeremías 50:29-30).

Babilonia era como un perro de presa feroz atado a la correa de Dios. El Señor no necesitaba persuadir a Nabucodonosor y a sus ejércitos para que atacaran. Esa era su naturaleza. Era lo que hacían. Así que todo lo que Dios tenía que hacer era apuntar al perro de ataque en la dirección correcta, soltar su correa y dejar que llevara a cabo la destrucción que ya había planeado. Una vez más, el objetivo principal del Señor era Judá, pero, mientras tenía a Babilonia al límite de su resistencia, bien podía utilizar a la bestia salvaje para infligir un merecido castigo a algunas naciones muy pecadoras.

## Juicio contra Amón (25)

Los amonitas se encontraban al noreste de Jerusalén, al otro lado del río Jordán. Su capital era Rabá, la actual Amán, capital de Jordania. Cuando Lot, sobrino de Abraham, escapó de la destrucción de Sodoma huyendo a las colinas, quedó aislado con sus hijas. Temiendo no poder tener hijos en su refugio ermitaño, las hijas de Lot idearon un plan espantoso para quedarse embarazadas de su padre. El plan funcionó y nacieron los hermanos/primos Amón y Moab. Cuando los hebreos regresaron a la tierra prometida después de cuatro siglos en Egipto, cualquier conexión entre los descendientes de Lot y los de Abraham había desaparecido hacía mucho tiempo.

Por cierto, es fácil que las cifras históricas se vuelvan confusas. Hay que tener en cuenta que el tiempo transcurrido entre la llegada de la familia de Jacob a Egipto y la salida de Moisés con su pueblo es equivalente al tiempo transcurrido entre la llegada de los peregrinos a Plymouth Rock y la actualidad. Cuatrocientos años es mucho, mucho tiempo. Cuando los hebreos regresaron a la tierra prometida, ella estaba llena de reinos y ciudades-estado bien establecidos que nunca habían oído hablar de Abraham, Isaac o Jacob, y no tenían ni idea de qué pretendían esos vagabundos que recorrían los caminos del desierto hacia su tierra. Pronto aprenderían la dura lección de que, durante los últimos siglos, no habían sido más que ocupantes ilegales de una tierra que pertenecía a otros.

Fue en Ezequiel 21 donde oímos por primera vez que Amón estaba en problemas. Ahora, Dios explicaba con más claridad la causa de su castigo.

> Y dirás a los hijos de Amón: Oíd palabra de Jehová el Señor. Así dice Jehová el Señor: Por cuanto dijiste: ¡Ea, bien!, cuando mi santuario era profanado, y la tierra de Israel era asolada, y llevada en cautiverio la casa de Judá; por tanto, he aquí yo te entrego por heredad a los orientales, y pondrán en ti sus apriscos y plantarán en ti sus tiendas; ellos comerán tus sementeras, y beberán tu leche. Y pondré a Rabá por habitación de camellos, y a los hijos de Amón por majada de ovejas; y sabréis que yo soy Jehová (Ezequiel 25:3-5).

Debido a la relación familiar, por lejana que fuera, el pueblo de Amón debería haber llorado al menos la suerte del reino del norte de Israel y la de Judá en el sur. En cambio, lo celebraron. Se burlaron de ello. Dios dijo: «Por cuanto batiste tus manos, y golpeaste con tu pie, y te gozaste en el alma con todo tu menosprecio para la tierra de Israel» (v. 6). Ya es bastante malo no ayudar a alguien cuando está caído, pero burlarse de él y celebrar su dolor es simplemente cruel.

Comprender esta verdad me ha impedido perderme en el dolor y la depresión naturales de la guerra en la que se encuentra mi nación.

Aunque oro para que se haga justicia con los autores de la violencia terrorista, me obligo a orar por la salvación de nuestros enemigos. Esto me supuso un reto especial en marzo de 2025, cuando un nuevo régimen sirio liderado por el antiguo miembro de Al Qaeda, Ahmed al-Sharaa, comenzó a masacrar a la minoría alauita que vivía en las zonas costeras del Mediterráneo. Los alauitas eran el pueblo de Bashar al-Assad, el presidente sirio que durante años no deseaba otra cosa que aniquilar a Israel. Ahora, los terroristas legitimados del nuevo ejército sirio de al-Sharaa humillaban a los alauitas obligándolos a caminar en cuatro patas y a ladrar como perros, torturándolos con palos fuertes y otros objetos punzantes, y luego disparándoles a la cabeza. A veces mataban también al resto de la familia, solo por diversión.

Mi lugar no era coger un rifle y luchar por estos enemigos de mi país. Sin embargo, podía utilizar mi plataforma en las redes sociales para dar a conocer esta historia que los principales medios de comunicación estaban silenciando, porque el presidente al-Sharaa era su nuevo favorito. Aquellos de ustedes que siguen mi cuenta de Telegram y están suscritos a mi canal de YouTube saben que decidí ser una voz fuerte para los indefensos alauitas. Como nos dijo Jesús en el sermón del monte: «Amad a vuestros enemigos, bendecid a los que os maldicen, haced bien a los que os aborrecen, y orad por los que os ultrajan y os persiguen» (Mateo 5:44). Esa es nuestra vocación como creyentes, pero ciertamente no era así como vivían los amonitas.

Debido a los pecados de los amonitas, Dios los sentenció: «Y te entregaré a las naciones para ser saqueada; te cortaré de entre los pueblos, y te destruiré de entre las tierras; te exterminaré, y sabrás que yo soy Jehová» (v. 7).

## Juicio contra Moab (25)

Ahora es el momento de ocuparse del otro hermano/primo: Moab. Curiosamente, parece que Dios es un poco menos severo en su castigo hacia este hijo de la hija mayor de Lot. A lo largo de los años, Moab e Israel habían pasado por momentos difíciles, pero también hubo algunos buenos. Durante una hambruna en Israel, una familia de Belén huyó a Moab en busca de ayuda, que se encontraba debajo de Amón, a lo largo del lado este del mar Muerto. Después de perder a su marido y a sus dos hijos, la matriarca de la familia, Noemí, regresó a casa llevando consigo a su nuera Rut, que era moabita. Pronto Rut se casó con Booz y, en la tercera generación de esta unión, nació el rey David. Así que incluso en la línea real de Israel había un toque de sangre moabita. Más tarde, cuando David huía del rey Saúl, escondió a sus padres con el rey de Moab para que los protegiera (1 Samuel 22:3-4).

Ahora, muchos años después, lo que Moab había olvidado era que existía una relación especial entre los israelitas y Dios. «He aquí la casa de Judá es como todas las naciones», afirmaban (v. 8). Pero Israel no era como todas las naciones y eso era una lección que Moab necesitaba aprender. Por lo tanto, Dios decidió: «También en Moab haré juicios, y sabrán que yo soy Jehová» (v. 11).

## Juicio contra Edom (25)

Mientras Lot, el sobrino de Abraham, tenía nietos genéticamente cuestionables, Abraham también tenía un par de nietos. Su hijo Isaac se casó con Rebeca y tuvieron gemelos, Esaú y Jacob. Por la voluntad y la sabiduría de Dios, Él eligió al hijo menor, Jacob, para continuar la línea elegida de Abraham. Esaú se trasladó al este, hacia Moab y Amón, que eran sus tíos o primos de alguna forma, y se estableció más al sur, debajo del mar Muerto. La tierra roja era perfecta para Esaú, cuyo nombre significa «rojo».

Desde el momento en que nacieron los gemelos, Esaú y Jacob no se llevaban bien. Nada cambió en las generaciones siguientes. Cuando Moisés y sus compañeros pidieron permiso para atravesar la tierra de Edom durante su peregrinación por el desierto, los edomitas se negaron. Muchos siglos después, cuando Israel se encontraba en una situación desesperada frente a Babilonia, el pueblo de Edom vio la oportunidad de expresar su ira acumulada durante tanto tiempo. Tomaron «venganza» contra la casa de Judá, «vengándose» de ellos (v. 12). El castigo impuesto a Edom es interesante. En lugar de hacer que las fuerzas de Babilonia destruyeran al pueblo, Dios dijo: «Y pondré mi venganza contra Edom en manos de mi pueblo Israel, y harán en Edom según mi enojo y conforme a mi ira; y conocerán mi venganza, dice Jehová el Señor» (v. 14). Esto es difícil de comprender. Israel estaba bajo la mano disciplinaria de Dios. ¿Cómo podían hacer justicia a los edomitas? El Dr. Charles Dyer postuló que:

> Edom fue conquistada por los nabateos durante el período intertestamentario. El resto de los edomitas (también llamados idumeos) se trasladaron al oeste, al Neguev. Más tarde se vieron obligados a convertirse al judaísmo (Josefo, *Antigüedades judías* 13. 9. 1). Así, los edomitas perdieron tanto su país como su identidad nacional.[4]

La venganza contra Edom se llevó a cabo indirectamente a través del pueblo de Israel (Dios puede ser creativo en sus métodos de juicio y bendición). Puede que no sepamos cómo ni cuándo llevará a cabo lo que es justo. Lo que sí sabemos es que, de una forma u otra, por su justicia y santidad, la maldad siempre será castigada y la justicia siempre será recompensada.

## Juicio contra Filistea (25)

Ahora llegamos a los temidos filisteos, los enemigos de tantas historias bíblicas de nuestra infancia. En un principio formaban parte de un pueblo marítimo conocido como los fenicios, pero algunos de ellos se establecieron a lo largo de la costa mediterránea, mayormente de la zona que ahora forma parte de Israel. Con el tiempo, se trasladaron hacia el este, a las colinas más bajas y allí fue donde tuvo lugar la mayor parte de los enfrentamientos entre los filisteos e Israel.

El juicio que Dios pronunció contra Filistea fue similar al que dio a Edom. «Odiaste a mi pueblo y te vengaste cada vez que tuviste oportunidad». Dios prometió un castigo severo contra ellos, pero, como siempre, había un propósito. «Y haré en ellos grandes venganzas con reprensiones de ira; y sabrán que yo soy Jehová, cuando haga mi venganza en ellos» (v. 17). Durante demasiado tiempo, todas las naciones habían dicho que el Dios de Israel estaba muerto, o que podía ser derrotado como cualquiera de sus dioses idólatras. Esa era de mentiras estaba a punto de terminar. Era hora de que todos supieran quién era Dios y el increíble poder que tenía en sus manos.

## Introducción a Tiro (26)

A riesgo de ofender a numerosos lectores, voy a admitir que Las Vegas no es mi ciudad favorita. A pesar de algunas iglesias fuertes y mucha gente maravillosa, hay una capa de adulación que cubre la ciudad. Es una tierra de vicios y hedonismo, así que tengo un gran respeto por aquellos que sienten el llamado y tienen la fuerza para permanecer y ejercer su ministerio en la Ciudad del Pecado.

Supongamos que te dijera: «Dentro de tres años, Las Vegas dejará de existir. Toda la ciudad, tanto lo bueno como lo malo, será destruida y el recuerdo de ese oasis en el desierto se desvanecerá en la oscuridad». Tu respuesta podría ser: «¡Vamos, Amir, relájate! Quizá necesites otro capuchino». A lo que yo te respondería: «¡Buena idea! Siempre me viene bien otro capuchino, pero eso no cambia el hecho de que, dentro de tres años, no quedará nada de Las Vegas».

En ese momento, quizá me tildarías de chiflado. Sin embargo, eso probablemente cambiaría si dos años y once meses después se produjera algún evento catastrófico y, de repente, Las Vegas dejara de existir y toda la zona se volviera inhabitable. En lugar de chiflado, de repente me llamarías gran hombre y profeta. Ahora bien, antes de que los lectores de Las Vegas empiecen a poner carteles de «Se vende» en sus jardines, permítanme recordarles que esto es solo un ejemplo. Como director de una organización «no profética»,* tengo prohibido por ley predecir el futuro.

Ezequiel se encontraba en una situación diferente. Era un poderoso profeta que estaba a punto de hacer una predicción que, cuando se cumpliera, dejaría a todo el mundo atónito y convencido de que el Señor verdaderamente es Dios.

A simple vista, la ciudad de Tiro era invencible. Dividida en dos partes, la parte continental de la ciudad estaba situada a unas 12 millas aproximadamente, al norte de la frontera de Israel. La parte insular estaba situada a unos 600 metros [0,40 millas] de la costa, en el mar Mediterráneo. En conjunto, la vista de la ciudad era impresionante, lo que llevó a Ezequiel a escribir: «Tiro, tú has dicho: Yo soy de perfecta hermosura. En el corazón de los mares están tus confines; los que te edificaron completaron tu belleza» (27:3-4). Como una modelo desfilando por una pasarela, Tiro sabía que era hermosa, igual que lo sabían todos los que la miraban. Tiro no solo era bella, sino que también era rica. La ciudad tenía dos puertos a los que llegaban barcos de todo el Mediterráneo y desde más lejos para traer sus mercancías. Después de descargar su mercadería, se llenaban con las compras de otros barcos y llevaban sus tesoros de vuelta a casa, pero no solo era la importación y la exportación lo que hacía rica a Tiro. Desde la ciudad se transportaban troncos de cedro libanés. La ciudad también producía un tinte púrpura elaborado a partir de moluscos, que solo podían permitirse los más ricos entre los ricos. Un gramo de tinte tirio se valoraba en 20 gramos de oro.

Riqueza, fuerza, belleza… ¿Qué más podía desear una ciudad?

---

* «no profética». El autor hace un juego de palabras aquí. Ya que una organización *non-profit* [sin fines de lucro] suena muy parecido a *non-prophet* [no profética].

Humildad. Eso es lo que le faltaba a Tiro. Podrías tener a la mujer más bella del mundo sentada en una mesa frente a ti, pero en el momento en que ella dijera: «Mírame, soy la mujer más bella del mundo», la mayoría de los hombres que conozco pedirían la cuenta. Bueno, al menos los hombres que son capaces de superar que, de alguna manera, están sentados frente a la mujer más hermosa del mundo, lo que supongo que reduciría considerablemente el porcentaje. Los hombres son hombres y es probable que, por ello, a pesar de su desagradable arrogancia, Tiro seguía siendo el punto más atractivo de la costa mediterránea oriental.

Había otro pecado de Tiro que tenía más que ver con Israel, por lo que su juicio encaja en esta serie. Tiro era una ciudad rica gracias al mar, a los bienes transportados por barco. En aquella época, había otro tipo de riqueza: la tierra, los bienes transportados por caravanas. A causa del gran desierto del Sahara, si se quería transportar algo entre Asia y África, había que atravesar una estrecha franja de tierra que, al igual que Tiro, también se encontraba en la costa oriental del Mediterráneo. Era la tierra de Israel. Así, mientras Tiro controlaba el tráfico marítimo, Jerusalén controlaba el tráfico de caravanas.

Pero, una vez que Jerusalén cayó, la vigilancia de las carreteras que atravesaban el país se volvió irregular y aumentó el vandalismo. Los comerciantes comenzaron a preguntarse si era lo suficientemente seguro intentar un viaje por tierra. Quizás valía la pena pagar más por el pasaje en barco. Los armadores de Tiro estaban a la espera para decirles a los comerciantes: «¡Acérquense, amigos! ¡Tenemos el barco para ustedes!». Como leemos en la palabra que el Señor le dio a Ezequiel:

> Aconteció en el undécimo año, en el día primero del mes, que vino a mí palabra de Jehová, diciendo: Hijo de hombre, por cuanto dijo Tiro contra Jerusalén: Ea, bien; quebrantada está la que era puerta de las naciones; a mí se volvió; yo seré llena, y ella desierta (26:1-2).

La pérdida de Jerusalén fue la ganancia de Tiro. Es bueno ser el ganador.

Observa que Ezequiel dio otra fecha. Aunque los lectores de la época sabían exactamente de qué momento hablaba el profeta, que no incluyera el mes significa que solo podemos especular sobre la época exacta del año. Sin embargo, el undécimo año del exilio de Joacim es también cuando cayó Jerusalén, por lo que es probable que esta profecía esté relacionada con ese acontecimiento. Lo que ganamos con la afirmación de Ezequiel sobre el año de su profecía es que ahora nadie puede mirar atrás y decir que las palabras del Señor contra Tiro fueron pronunciadas en una fecha posterior. En cambio, es como si hubiera escrito la profecía, la hubiera clavado en la puerta de la ciudad para que todos la vieran y la hubiera dejado allí hasta el día en que se cumplió finalmente y a la perfección. Entonces el pueblo sabría que el Señor es Dios.

## El juicio contra Tiro (26)

Al ser Tiro una ciudad tan grande, con una enorme riqueza y conexiones económicas de gran alcance, no bastaba con dejar que Babilonia viniera y la destruyera. Dios quería que los arrogantes habitantes de la ciudad sintieran el desprecio y la degradación de todos aquellos países que una vez los llamaron amigos.

> Por tanto, así ha dicho Jehová el Señor: He aquí yo estoy contra ti, oh Tiro, y haré subir contra ti muchas naciones, como el mar hace subir sus olas. Y demolerán los muros de Tiro, y derribarán sus torres; y barreré de ella hasta su polvo, y la dejaré como una peña lisa. Tendedero de redes será en medio del mar, porque yo he hablado, dice Jehová el Señor; y será saqueada por las naciones. Y sus hijas que están en el campo serán muertas a espada; y sabrán que yo soy Jehová (vv. 3-6).

Esto nos coloca en una especie de dilema cronológico. Si esto fuera a suceder de inmediato, ¿qué diferenciaría a Tiro de cualquier otro insecto que el gigantesco ejército de Nabucodonosor aplastaría bajo sus pies? Especialmente porque sabemos que el gran rey y su fuerza guerrera babilónica obtuvieron una gran victoria contra Tiro. A través de Ezequiel, Dios dijo: «He aquí que del norte traigo yo contra Tiro a Nabucodonosor rey de Babilonia, rey de reyes, con caballos y carros, y jinetes, y tropas, y mucho pueblo» (v. 7). Cuando el rey llegó, lo hizo con *gran* éxito, pero no obtuvo un éxito *total*.

Tras la destrucción total de Jerusalén en el año 586 a. C., Nabucodonosor se dirigió hacia el norte. Después de tomarse un tiempo para reponerse, Babilonia arrasó Tiro al año siguiente, comenzando un asedio que duraría trece años. El pueblo atrapado en el continente sufrió mucho y esa parte de la ciudad fue finalmente demolida. Pero el agua es una defensa fuerte y, como Babilonia estaba situada cerca del centro del Irak moderno, no había dedicado mucho tiempo a construir una armada. Así, la parte insular de Tiro sobrevivió, recibiendo suministros desde el mar, fuera del alcance de las fuerzas babilónicas.

Algunos dicen que finalmente se produjo una capitulación y que Nabucodonosor puso en el trono a su propio rey títere, pero las pruebas son poco concluyentes. Lo que no vemos como resultado del asedio de Babilonia es la destrucción total de Tiro. Aquí es donde entran en juego las «muchas naciones» de Ezequiel 26:3. Tiro nunca volvió a ser la misma después del asedio. Seguía teniendo poder comercial, pero nada que ver con lo que había tenido antes. Antes poseía el poder económico para aprovecharse de las naciones, pero ahora eran ellas las que se aprovechaban de la ciudad en dificultades. Incluso cuando se reconstruyó la ciudad continental, no se parecía en nada a su antigua gloria.

Finalmente, en el año 332 a. C., Alejandro Magno llegó con su ejército imparable y exigió a Tiro que se sometiera. Los tirios dijeron:

«No». Alejandro respondió: «Esperaba que dijeran eso» y arrasó la parte continental de la ciudad. En la isla, los líderes de la ciudad probablemente decían con aire de suficiencia: «Sí, ya hemos visto esto antes. Nunca llegarán hasta nosotros». Entonces vieron al ejército de Alejandro lanzar piedras y escombros al agua, y dijeron: «Oh, oh». Pronto se construyó una carretera a través del agua que llegaba hasta la isla. El ejército de Magno entró y eso fue el fin de Tiro. La ciudad continental acabaría reconstruyéndose, pero sin su antigua riqueza ni distinción, ni su isla. Así sigue siendo hasta hoy. Tiro, en el Líbano, es simplemente una ciudad costera de tamaño medio en una nación que apenas funciona.

## Una canción para Tiro (26–27)

Ezequiel comienza ahora una serie de cuatro canciones de lamento. Dos son para la ciudad de Tiro, una para su príncipe y otra para su rey. El primer canto fúnebre se encuentra en el capítulo 26 y simplemente comunica lo que las naciones cantarán sobre la caída de Tiro. Es breve y expresa la conmoción que todos sentirán ante el colapso de la que fuera una gran ciudad.

Los tres siguientes son más extensos y su autor fue también el autor del destino de Tiro. Dios le dijo a Ezequiel que «levantara endechas por Tiro» (27:2), o entonara un canto de lamento. Cuando el profeta estuvo listo con la pluma en la mano, el Señor cantó este canto fúnebre.

> Tú dices, Tiro:
>     'Soy perfecta en hermosura'.
> Tu dominio está en alta mar,
>     tus constructores resaltaron tu hermosura.
> Con cipreses del monte Senir
>     hicieron todos tus entablados.
> Con cedros del Líbano

armaron tu mástil.
Con encinas de Basán
construyeron tus remos,
y con cipreses de las costas de Chipre
ensamblaron tu cubierta,
la cual fue decorada con incrustaciones de marfil.
Con tela de lino bordada de Egipto hicieron tus velas
y estas te sirvieron de bandera.
De las costas de Elisá trajeron
telas de azul y carmesí para tu toldo (vv. 3-7 NVI).

Verso tras verso, esta canción ensalzaba la belleza y la gloria del reino costero. Entonces llegó el «pero»:

Pero ahora el mar te ha hecho pedazos,
¡yaces en lo profundo de las aguas!
Tus mercancías y toda tu tripulación
se hundieron contigo.
Por ti están horrorizados
todos los habitantes de las costas;
sus reyes tiemblan de miedo,
y en su rostro se dibuja el terror.
Atónitos se han quedado
los comerciantes de otros países.
¡Tu fin ha llegado!
¡Nunca más volverás a existir! (vv. 34-36 NVI).

En las Escrituras, cuando ves «pero», normalmente significa que todo está a punto de cambiar. A veces es para bien. «Porque la paga del pecado es muerte, pero la dádiva de Dios es vida eterna en Cristo Jesús, nuestro Señor» (Romanos 6:23 RVC). Si pecas, has ganado una sentencia de muerte, pero en lugar de la muerte eterna, se te ofrece la vida eterna. Y lo mejor de todo es que es un regalo gratuito de Dios.

El lamento de Tiro contenía un «pero» diferente. Todo era perfecto, el pueblo estaba en la cima del mundo. Pero el poder, el prestigio y la riqueza son efímeros. En un momento era «perfecta en hermosura» y al siguiente, había llegado su fin y dejaría de existir.

## Dos canciones para los gobernantes de Tiro (28)

El primer lamento del gobernante está dirigido al *nagid* de Tiro. Esa palabra hebrea es interesante porque significa «gobernante». La mayoría de las versiones la traducen «príncipe», para distinguirlo del hombre al que se dirigirá más adelante en el versículo 11. El gobernante de Tiro en el momento de esta profecía era Itobaal III, quien aparentemente estaba muy impresionado consigo mismo. Este rey se deleitaba en su poder y su sabiduría. Sin embargo, Dios no estaba dispuesto a tolerarlo decir: «Yo soy un dios, en el trono de Dios estoy sentado en medio de los mares (siendo tú hombre y no Dios), y has puesto tu corazón como corazón de Dios», por lo cual le respondió con cierto sarcasmo: «He aquí, eres más sabio que Daniel; no hay secreto que te sea oculto» (28:2-3).

Me encanta que la reputación de la sabiduría de Daniel, un hebreo probablemente eunuco, exiliado en la corte de Nabucodonosor, fuera tan extendida que un rey pagano de Tiro, a unas 620 millas de distancia, supiera que estaba siendo castigado por Dios invocando el nombre del profeta. «Te crees muy listo, pero ¿eres tan listo como Daniel?».

Itobaal III podía proclamar toda la divinidad que quisiera, pero había una forma segura de descubrir si realmente era un dios. Igual que cuando Jesús dijo que «la sabiduría queda demostrada por sus hechos» (Mateo 11:19), la divinidad de un rey se demuestra cuando se ponen a prueba sus cualidades divinas. Según el Señor, las de Itobaal serían puestas a prueba y fracasarían.

> ¿Hablarás delante del que te mate, diciendo: Yo soy Dios? Tú, hombre eres, y no Dios, en la mano de tu matador (Ezequiel 28:9).

Como dijo Lord Acton, «El poder tiende a corromper y el poder absoluto corrompe absolutamente».[5] Itobaal fue un hombre más que dejó que sus aduladores le convencieran de que era un dios, hasta que sus enemigos demostraron que no era más que un mortal.

El segundo lamento del gobernante es más interesante. A diferencia de la canción anterior, que estaba dirigida al *nagid*, o «gobernante», esta canción se canta al *melek*, o «rey». *Melek* es un término que Ezequiel utiliza con moderación y, al escuchar este lamento queda claro que, a menos que este pasaje sea solo un montón de alegorías sin sentido, el Señor no le está cantando a hombre común alguno. O, más probablemente, ni siquiera a un hombre.

> Hijo de hombre, entona este canto fúnebre para el rey de Tiro. Dale este mensaje de parte del Señor Soberano:
> Tú eras el modelo de la perfección,
> lleno de sabiduría y de exquisita belleza.
> Estabas en el Edén,
> el jardín de Dios.
> Tenías la ropa adornada con toda clase de piedras preciosas
> —cornalina rojiza, peridoto verde pálido, adularia blanca,
> berilo azul y verde, ónice, jaspe verde,
> lapislázuli, turquesa y esmeralda—,
> todas talladas especialmente para ti
> e incrustadas en el oro más puro.
> Te las dieron
> el día en que fuiste creado.
> Yo te ordené y te ungí
> como poderoso ángel guardián.

> Tenías acceso al monte santo de Dios
> y caminabas entre las piedras de fuego.
> Eras intachable en todo lo que hacías,
> desde el día en que fuiste creado
> hasta el día en que se encontró maldad en ti (vv. 12-15 NVI).

A diferencia del sarcasmo despectivo dirigido al príncipe de Tiro, hay un aprecio genuino en las palabras que leemos aquí. El Creador está ensalzando la exquisita perfección de su creación. El destinatario de estas palabras se encuentra sobrenaturalmente fuera del tiempo, lo que le permite haber estado activo tanto en el jardín del Edén como en Tiro. Es un ser angelical, identificado como un querubín. Desempeñaba funciones celestiales en el monte de Dios. Era una alegría para el corazón del Señor.

Hasta que…

Del mismo modo que «pero» es una palabra bíblica que da un giro al sentido, también lo es «hasta». Todo era maravilloso hasta que apareció el pecado y ese pecado lo cambió todo. En lugar de un servicio leal, hubo animosidad. En lugar de comunión, hubo destierro. El Señor dijo: «Se enalteció tu corazón a causa de tu hermosura, corrompiste tu sabiduría a causa de tu esplendor; yo te arrojaré por tierra; delante de los reyes te pondré para que miren en ti» (v. 17).

¿Quién es este querubín perfectamente imperfecto? Algunos dicen que es el hombre ideal. Otros, que es un dios falso. Sin embargo, creo que tú y yo estamos en la misma onda que el Dr. Charles Dyer, quien escribió:

> La mejor explicación es que Ezequiel estaba describiendo a Satanás, quien era el verdadero «rey» de Tiro, el que motivaba al «gobernante» humano de Tiro. Satanás estaba en

> el jardín del Edén (Génesis 3:1-7) y su principal pecado era el orgullo (1 Timoteo 3:6). También tenía acceso a la presencia de Dios (comp. Job 1:6-12). Hablando del juicio de Dios al «gobernante» humano de Tiro por su orgullo (Ezequiel 28:1-10), el profeta lamentó al «rey» satánico de Tiro, que también fue juzgado por su orgullo (vv. 11-19). Tiro estaba motivada por el mismo pecado que Satanás y sufriría el mismo destino.[6]

¿Puedo ser dogmático acerca de mi creencia de que esto nos da una idea de la transición del querubín ungido Lucifer al ángel caído Satanás? No puedo, pero le daría un ocho sobre diez. «Pero, Amir, ¿qué hay de "tu abundante comercio" y los "santuarios profanados" y otras cosas que realmente no encajan con el diablo?». Tienes toda la razón, hay algunas cosas que no encajan. Por eso veo este pasaje como un «ambos/y». Había cualidades en el carácter del rey de Tiro y su situación vital que eran lo bastante luciferinas como para que el Señor lo utilizara como herramienta de enseñanza. Es como lo que encontramos con Antíoco IV y el anticristo en Daniel 11:21-35. No esperamos que las acciones de ambos sean exactamente iguales. En cambio, decimos: «Igual que Antíoco, el anticristo…». En Ezequiel 28, podemos preguntarnos: «¿Ves cómo el rey de Tiro tenía una visión extremadamente exagerada de su importancia? Era muy parecido a lo que sucedió antes de la gran caída de Satanás». Existen muchas otras similitudes.

Por cierto, hablando del anticristo, Ezequiel 28 no tiene nada que ver con ese futuro líder de la tribulación. Sin embargo, recibo regularmente preguntas sobre si este «querubín ungido» se refiere a él. Créanme, hay suficientes pasajes en las Escrituras que nos dan una idea del carácter del anticristo y sus actividades sin tener que meterle con calzador en este pasaje.

## Conclusión (28)

El capítulo termina con una proclamación contra Sidón y a favor de Israel. Sidón estaba a unas 20 millas al norte de Tiro, a lo largo de la costa mediterránea y, como se dice popularmente, «se llevaban como el agua y el aceite». Los pecados de Sidón eran similares a los de Tiro, así que, en lugar de repetirlos todos, recibieron la versión profética de «lo mismo». Dios dijo: «He aquí yo estoy contra ti, oh Sidón [...] Enviaré a ella pestilencia [...] Entonces sabrán que yo soy el Señor» (vv. 22-23).

Como hemos visto antes, Ezequiel termina esta trágica serie de profecías con una cara feliz para el futuro de Israel. El Señor no solo traerá de vuelta al pueblo de donde ha sido exiliado, sino que, una vez allí, vivirá en paz y seguridad. Esto se debe a que todos los que se burlaron de ellos y los odiaron habrán sido castigados. Dios será reconocido por quien es. Los sidonios lo comprenderán a través de su destrucción. E Israel será atraído a la comunión con Dios a través de su increíble bendición.

CAPÍTULO 8

# CON ENEMIGOS COMO ESTOS...

## EZEQUIEL 29-32

«Un acertijo envuelto en un misterio dentro de un enigma».[7] Así describió el gran primer ministro británico Winston Churchill a la Unión Soviética en octubre de 1939. Un año antes, el ejército alemán se había anexado a Austria en el Anschluss. Los políticos europeos y estadounidenses estaban divididos entre apaciguar al Tercer Reich y levantarse contra él.

Hitler era peligroso. Todos, a excepción del primer ministro británico Neville Chamberlain, lo veían claro. Ni siquiera el secretario general soviético Joseph Stalin era partidario de él. Alemania estaba ganando fuerza y ninguna nación tenía el poder suficiente para hacerle frente.

Se iniciaron conversaciones que podían forjar una fuerte alianza entre Europa occidental y Rusia. Solo juntos podrían detener a la aplanadora nazi.

Pero entonces, de la nada, Rusia y Alemania firmaron el Pacto Molotov-Ribbentrop, creando una alianza entre los dos imperios. Occidente se quedó preguntándose qué demonios acababa de pasar. Una semana más tarde, Alemania invadió Polonia por el oeste, mientras que Rusia cruzaba la frontera por el este. Exactamente un mes después, Churchill hizo su famosa declaración sobre la dificultad para comprender la mente rusa.

Para Churchill, que en ese momento era el primer lord del Almirantazgo Imperial, la medida de los soviéticos no tenía sentido a largo plazo. Ninguna de las dos partes podía confiar en la otra. Pero Stalin vio en Polonia un colchón frente a Occidente y pensó que Hitler no sería tan estúpido como para invadir Rusia y generar una guerra en dos frentes. Al final, resultó que *der Führer* sí era tan estúpido, y esa estupidez fue lo que finalmente provocó la caída del Tercer Reich.

¿Por qué esta lección de historia? Porque a menudo Rusia y Occidente se han encontrado en esa incómoda posición de ser enemigos íntimos. Hubo momentos en los que el Kremlin y las capitales de Europa occidental y Estados Unidos se odiaban abiertamente. Conozco a muchas personas mayores de Occidente que recuerdan los simulacros en los que tenían que esconderse debajo de sus pupitres en la escuela por si Rusia lanzaba un ataque nuclear. (Debo admitir, sin embargo, que no estoy seguro de cómo el refugio de un pupitre podría proteger a un niño de un holocausto nuclear).

En otras ocasiones, han florecido la cooperación e incluso la amistad. Mientras terminaba de escribir este libro, vi cómo los astronautas estadounidenses Nick Hague, Suni Williams y Butch Wilmore amerizaban en el océano Atlántico, frente a Tallahassee, Florida. Pero también el cosmonauta ruso Aleksandr Gorbunov regresaba de la Estación Espacial Internacional de la NASA, en la nave espacial SpaceX Dragon. Por lo que pude ver, todos se llevaban bien. El ruso no fue rechazado ni obligado a sentarse con el equipaje en la parte trasera de la nave espacial. Al contrario, hubo abrazos y sonrisas por todas partes. Todo esto ocurría mientras el presidente Donald Trump y el presidente Vladimir Putin mantenían tensas conversaciones sobre el futuro de la guerra entre Rusia y Ucrania. Eso es un enemigo íntimo.

Esa palabra también describe la relación a largo plazo de Israel con Egipto. Hubo momentos, desde el principio, en los que se llevaron bien. Algún tiempo después de que Abram llevara a su familia a lo que se convertiría en la tierra prometida, llegó la hambruna y «descendió Abram a Egipto para morar allá; porque era grande el hambre en la tierra» (Génesis 12:10). Una vez allí, fue recibido por el faraón y se le permitió vivir en seguridad. Todo fue bien hasta que el gobernante egipcio descubrió que la mujer a la que Abram había llamado su hermana era en realidad su esposa. El faraón no se enteró del engaño hasta después de que una serie de plagas premosaicas azotaran la casa del gobernante. Pronto se remedió la situación y el faraón expulsó a Abram lo más rápido posible. Esa es la imagen perfecta de un enemigo íntimo.

Esta relación entre Egipto e Israel, que no era precisamente de amistad, sino más bien de enemistad, continuó a lo largo de los años. Para las mentes afectadas por el síndrome de Estocolmo de muchos de los peregrinos del desierto de Moisés, merecía la pena recibir unos cuantos golpes de sus antiguos amigos egipcios si eso significaba conseguir «pepinos, melones, puerros, cebollas y ajos» (Números 11:4-5). Más tarde, en el período del reino de Israel, el rey Oseas —último monarca del reino del norte de Israel— se convirtió en vasallo de Salmanasar, rey de Asiria. Oseas se puso en contacto con el faraón para intentar reavivar esa relación de amistad-enemistad, con la esperanza de que Egipto se uniera a él y expulsara a Asiria. Su plan no funcionó del todo.

> Mas el rey de Asiria descubrió que Oseas conspiraba; porque había enviado embajadores a So, rey de Egipto, y no pagaba tributo al rey de Asiria, como lo hacía cada año; por lo que el rey de Asiria le detuvo, y le aprisionó en la casa de la cárcel (2 Reyes 17:4).

Casi 130 años después, el rey Sedequías tuvo la misma idea. «¿Nabucodonosor espera que yo le pague tributo? No, ya he terminado con eso. Voy a buscar a mi amigo en Egipto y juntos le diremos a Babilonia que no tiene nada que hacer en este lado del Creciente Fértil». Por muy estimada que fuera la opinión que Sedequías tenía del faraón Hofra, la opinión que el monarca egipcio tenía de sí mismo era aún mayor. Hofra incluso se atribuyó la creación del Nilo, diciendo: «Mío es el Nilo, pues yo lo hice» (Ezequiel 29:3). Al final, ninguna de las dos estimaciones estaba justificada. Finalmente, Nabucodonosor aplastó ambos reinos bajo sus pies.

Debido a la estrecha relación entre Israel y Egipto a lo largo de muchos siglos, Dios se tomó un tiempo adicional con Ezequiel para exponer el juicio venidero sobre el reino faraónico. En los siguientes capítulos, tenemos nada menos que siete mensajes que el profeta recibió para comunicar al otrora grande, pero ahora condenado, Imperio egipcio.

## Mensaje núm. 1: Estoy contra ti (29:1-17)

Ezequiel comenzó esta profecía con una fecha. De hecho, seis de las siete profecías contra Egipto comienzan de esta manera. La caída de una dinastía que era antigua incluso en el siglo VI a. C. fue un acontecimiento trascendental. El profeta escribía en una época en la que los imperios iban y venían. Los asirios habían existido durante muchos años, pero su fase de expansión militar duró unos 300. Babilonia también había existido durante más de un milenio, pero su gran imperio duró menos de 100 años. Sin embargo, las dinastías egipcias habían surgido antes del año 3000 a. C. Cuando la civilización aparentemente inmortal se derrumbó, Dios quiso que el mundo supiera que no había muerto de vejez o por mala gestión. Los restos de la que una vez fue una gran potencia serían la prueba de «que yo soy el Señor» (v. 6).

Ezequiel comenzó «en el décimo año, en el mes décimo, a los doce días del mes» (v. 1), es decir, el 7 de enero de 587 a. C. Aún faltaba un año para el comienzo del sitio de Jerusalén. El Señor llamó al faraón y a su arrogancia, comenzando con un pronunciamiento devastador. «He aquí yo estoy contra ti, Faraón rey de Egipto» (v. 3). ¿Puede haber una posición más desamparada que saber que el Dios todopoderoso de la creación está contra ti? ¿Cómo te defiendes? ¿Dónde puedes esconderte de su mano?

Los cocodrilos son animales aterradores. Esa criatura aparentemente perezosa y dócil puede alcanzar una velocidad de 18 km/h [11 millas] en tierra y casi 32 km/h [20 millas] en el agua. Y si te atrapan y te agarran con sus mandíbulas, prepárate para perder una extremidad o, más probablemente, la vida.

Dado el enorme poder de los cocodrilos, es fascinante ver a un domador saltar sobre el lomo de una de estas bestias, cerrarle la boca con las manos y mantenerla así con solo unas cuantas capas de cinta adhesiva. La disparidad de fuerza entre los músculos que cierran y los que abren la mandíbula del cocodrilo es tan grande que una boca que puede pulverizar huesos al cerrarse también puede ser sujetada con fuerza por la mano humana. Esta es la imagen que Dios le dio al faraón. Llamando a Hofra «el gran dragón que yace en medio de sus ríos» (v. 3), el Señor dijo:

> Yo, pues, pondré garfios en tus quijadas, y pegaré los peces de tus ríos a tus escamas, y te sacaré de en medio de tus ríos, y todos los peces de tus ríos saldrán pegados a tus escamas. Y te dejaré en el desierto a ti y a todos los peces de tus ríos; sobre la faz del campo caerás; no serás recogido, ni serás juntado; a las fieras de la tierra y a las aves del cielo te he dado por comida (vv. 4-5).

Poderoso, como los cocodrilos que dominaban las aguas del Nilo, Hofra creía que era un dios todopoderoso en su época. Pero los cocodrilos pueden ser cazados y asesinados, y eso era lo que el Señor tenía en mente para él. No solo sería arrastrado de las aguas, sino que los peces que alimentaban al pueblo quedarían pegados a él y también serían sacados. Luego, mientras el reptil semiacuático se cocía lentamente bajo el sol ardiente, rodeado de peces agonizantes, pájaros y otros carroñeros se acercarían y lo devorarían bocado a bocado.

No era una escena agradable. Esto no solo sería un mensaje para el pueblo de Egipto, que se enfrentaba a la realidad de que su dios-faraón no era más que un simple mortal, sino que también sería un testimonio para todas las demás naciones, incluidas Israel y Judá, de que no se podía confiar en Egipto. Los enviados asirios intentaron convencer al rey Ezequías de esa verdad un siglo antes cuando le dijeron: «He aquí que confías en este báculo de caña frágil, en Egipto, en el cual si alguien se apoyare, se le entrará por la mano, y la atravesará. Tal es Faraón rey de Egipto para con todos los que en él confían» (Isaías 36:6). Ahora el Señor decía básicamente lo mismo:

> Y sabrán todos los moradores de Egipto que yo soy Jehová, por cuanto fueron báculo de caña a la casa de Israel. Cuando te tomaron con la mano, te quebraste, y les rompiste todo el hombro; y cuando se apoyaron en ti, te quebraste, y les rompiste sus lomos enteramente (Ezequiel 29:6-7).

Debido a que el pueblo de Dios confió en este faraón fanfarrón, la nación sufriría. Durante cuarenta años después de que Nabucodonosor trajera el dolor a Egipto, los propios egipcios serían dispersados. La tierra quedaría desolada y las ciudades devastadas. Finalmente, cuando el Señor permitiera al pueblo volver a su tierra, nunca volvería a ser la misma. Los días del gran imperio habían terminado. Dijo el Señor: «...y volveré a traer los cautivos de Egipto, y los llevaré a la tierra de Patros, a la tierra de su origen; y allí serán un reino despreciable. En comparación con los otros reinos será humilde; nunca más se alzará sobre las naciones; porque yo los disminuiré, para que no vuelvan a tener dominio sobre las naciones» (vv. 14-15). Al mirar al Egipto actual, es difícil imaginar que fuera la superpotencia que fue en su día. Eso es significativo. El Señor quería asegurarse de que nadie volviera a depender de un Egipto arrogante para su protección, y logró su objetivo por completo.

## Mensaje núm. 2: La caída de Egipto (29:17-21)

Las profecías de Ezequiel tienden a ser cronológicas. Pero entre el primer y el segundo mensaje hay un salto de casi 17 años. «El año veintisiete en el mes primero, el día primero del mes» (v. 17) nos lleva hasta el 26 de abril del 571 a. C. Si recuerdas, cuando Nabucodonosor sitió Tiro, pasó allí trece largos años y salió con un «Incompleto» escrito en la parte superior de su examen. Frustrado y necesitado de una inyección financiera después de todo lo que había gastado, se dirigió al sur, hacia Egipto.

> Por tanto, así ha dicho Jehová el Señor: He aquí que yo doy a Nabucodonosor, rey de Babilonia, la tierra de Egipto; y él tomará sus riquezas, y recogerá sus despojos, y arrebatará botín, y habrá paga para su ejército. Por su trabajo con que sirvió contra ella le he dado la tierra de Egipto; porque trabajaron para mí, dice Jehová el Señor (vv. 19-20).

¡Qué declaración tan fascinante! Babilonia obtendría la victoria sobre Egipto. ¿Cómo? Dios se la daría. ¿Por qué haría eso? Porque Babilonia había sido parte de su plan general. Es un concepto algo extraño de contemplar con nuestra mentalidad moderna, más amable y gentil. En esencia, Dios planeaba recompensar a la nación que había aniquilado a su pueblo, los israelitas, y a su ciudad, Jerusalén, precisamente por haber hecho esto. Nabucodonosor comenzó por Israel, y luego arrasó también a muchos otros países. Estos otros merecían su destrucción porque habían vitoreado a los babilonios por hacer precisamente lo que Dios les recompensaba ahora: aniquilar al pueblo de Dios, Israel. ¡Esto es vertiginoso! Y se vuelve aún más loco cuando recordamos que el Señor castigó después a Babilonia por haber destruido Jerusalén.

¿Acaso Dios es inestable? ¿No puede decidirse? En respuesta a la primera pregunta, no, y a la segunda, sí, puede. El todopoderoso Nabucodonosor era un peón inconsciente en el gran juego de Dios. El Señor tenía planes para Israel, y un paso necesario para llevarlos a cabo era destruir Jerusalén y eliminar a la mayor parte de su pueblo. El rey y su horda babilónica eran un grupo de asesinos que buscaban países que invadir y gente a la que masacrar, e Israel estaba en su lista de objetivos. Dios simplemente les permitió hacer lo que estaban decididos a hacer. Después de Jerusalén, permitió que Nabucodonosor se dirigiera al norte, hacia Tiro, y el rey lo hizo. Aunque Babilonia no lo hacía por Dios, el Señor seguía obteniendo el beneficio. Así que dejó que Nabucodonosor y su imperio disfrutaran de su riqueza durante un tiempo, hasta que llegó el momento de que pagaran el precio de sus brutales pecados.

¿Podría Dios haber impedido que Babilonia destruyera Israel? ¡Por supuesto! Nada podría haber sido más fácil. Pero no siempre es el camino fácil el que permite llevar a cabo la tarea necesaria. Es como cuando Jesús oró en Getsemaní: «Padre, si quieres, pasa de mí esta copa; pero no se haga mi voluntad, sino la tuya» (Lucas 22:42). El Hijo comprendió que a veces hay que pagar un precio difícil para que se cumpla el plan general del Padre, y estaba dispuesto a pagarlo. En los días de Ezequiel, era necesaria una purificación de Israel. Fue doloroso para el Señor permitirlo y desgarrador para Él verlo, pero tenía que suceder para llevar a su pueblo a la siguiente etapa en su eventual reconciliación con Él.

Si Dios recompensó a paganos violentos como Nabucodonosor y su ejército por cumplir inconscientemente su voluntad, ¿cuánto más crees que apreciará recompensar a aquellos de nosotros que lo conocemos, le amamos y le servimos voluntariamente? Dios no es como el avaro Ebenezer Scrooge, que cuenta sus miles de colinas de ganado desde un escritorio en una oficina oscura y mal calefaccionada, mientras uno de sus ángeles se sienta cerca registrando cifras en el libro de contabilidad y soplando sobre sus diminutos dedos angelicales para intentar calentarse. No, nuestro Dios es el Scrooge de la mañana de Navidad, cuya mayor alegría es dar regalos a los demás y hacer sonreír a todos los que encuentra. Cada vez que le sirves, Él lo ve. Él lleva sus libros de contabilidad, y tienes la garantía de que serás recompensado.

## Mensaje núm. 3: Egipto y las naciones (30:1-19)

La siguiente profecía es la única de la serie que no está fechada. Sin embargo, por su tema, podemos deducir que fue pronunciada al mismo tiempo que los mensajes de 587-585 a. C. En esta declaración, Dios tenía una palabra para Egipto y todos sus vecinos. A través de Ezequiel, Dios dijo:

> Y vendrá espada a Egipto, y habrá miedo en Etiopía, cuando caigan heridos en Egipto; y tomarán sus riquezas, y serán destruidos sus fundamentos. Etiopía, Fut, Lud, toda Arabia, Libia, y los hijos de las tierras aliadas, caerán con ellos a filo de espada (30:4-5).

Principalmente, el Señor estaba diciendo que Nabucodonosor iba a arrasar el noreste de África. Egipto en la parte superior derecha del continente, Libia a su izquierda, Etiopía abajo, al menos en términos generales. Las fronteras eran diferentes entonces de lo que son ahora, pero sigue siendo la misma región. Como siempre, el propósito de Dios era el mismo que cuando destruyó a Egipto y a sus aliados. «Y sabrán que yo soy Jehová, cuando ponga fuego a Egipto, y sean quebrantados todos sus ayudadores» (v. 8). Dios estaba mostrando a Israel y a las naciones quién era Él.

## Mensaje núm. 4: Juego de espadas rotas (30:20-26)

Ahora la atención de Dios se centró específicamente en el arrogante y supuesto dios-hombre creador de ríos, el faraón. Era el 29 de abril del año 587 a. C., un año antes de la caída de Judá ante Nabucodonosor. El Señor sabía que el pueblo de Jerusalén clamaba a Egipto en busca de ayuda, y esto le resultaba bastante frustrante. ¿Por qué recurrían a un rey derrotado y no al Rey de reyes? Especialmente cuando era el Rey de reyes quien, en última instancia, era responsable de la derrota del rey egipcio.

> Hijo de hombre, he quebrado el brazo de Faraón rey de Egipto; y he aquí que no ha sido vendado poniéndole medicinas, ni poniéndole faja para ligarlo, a fin de fortalecerlo para que pueda sostener la espada (v. 21).

Muchos creen que esta ruptura del brazo por parte de Dios se refería a que el Señor había frustrado el intento del faraón de ayudar a Judá, inutilizando así a Egipto. Sin embargo, creo que es probable que esto se refiera a la batalla de Carquemis en el 605 a. C., cuando Egipto y Asiria fueron derrotados por el entonces príncipe Nabucodonosor. Mientras Asiria era diezmada, Egipto se retiró a su país para lamerse las heridas e intentar recuperarse. Sin embargo, nunca lo consiguió. A través de Babilonia, Dios le había roto el brazo al faraón, y nunca más volvería a recuperarse.

«Pero, Amir, el faraón de Carquemis era Necao II, pero cuando Ezequiel profetizó este pasaje, el faraón era Hofra». Tienes razón, y te felicito por tu conocimiento de la historia egipcia. Lo que Dios está diciendo no es solo contra un faraón, sino contra la larga línea de faraones que se remonta a la época en que su pueblo era esclavo en Egipto. Todos estos líderes creían que eran dioses, creadores del poderoso Nilo, los primeros entre todos los gobernantes terrenales. Dios estaba a punto de mostrarle al mundo que un faraón mortal no era diferente de cualquier otro hombre mortal.

> Por tanto, así ha dicho Jehová el Señor: Heme aquí contra Faraón rey de Egipto, y quebraré sus brazos, el fuerte y el fracturado, y haré que la espada se le caiga de la mano. Y esparciré a los egipcios entre las naciones, y los dispersaré por las tierras. Y fortaleceré los brazos del rey de Babilonia, y pondré mi espada en su mano; mas quebraré los brazos de Faraón, y delante de aquel gemirá con gemidos de herido de muerte (vv. 22-24).

¡Qué imagen! El faraón y Nabucodonosor salen al campo de batalla para enfrentarse *mano a mano* en un duelo a espada. El faraón se tambalea, arrastrando la punta de su espada por el suelo, mientras la mano de su único brazo sano se aferra con fuerza a la empuñadura. Mientras tanto, el rey de Babilonia se pavonea con confianza, con su armadura resonando contra su poderoso cuerpo a cada paso. La espada brilla al sol y los brazos le han sido fortalecidos de forma sobrenatural por el Señor. A medida que se acercan, el faraón grita y se le cae la espada al suelo. Su único brazo sano está ahora torcido de forma extraña, con el codo doblado por un lugar poco habitual. No hay piedad en los ojos de Nabucodonosor: solo ve una presa fácil. El faraón cae de rodillas y suplica lastimosamente por su vida hasta que la espada de Nabucodonosor demuestra la mortalidad del rey egipcio.

Con la muerte del faraón vendrá la derrota de los egipcios. Dios describió sus acciones y su razón, diciendo: «Y esparciré a los egipcios entre las naciones, y los dispersaré por las tierras; y sabrán que yo soy Jehová» (v. 26).

## Mensaje núm. 5: La hora del cuento para el faraón (31)

Otro mensaje, otra fecha. Este está fechado el 21 de junio del 587 a. C. El comienzo de esta profecía nos da la imagen del Señor diciéndole a Ezequiel que reúna al faraón y a su pueblo. Luego, con una sonrisa en el rostro, Ezequiel les diría:

> Hijo de hombre, di a Faraón rey de Egipto, y a su pueblo: ¿A quién te comparaste en tu grandeza? He aquí era el asirio cedro en el Líbano, de hermosas ramas, de frondoso ramaje y de grande altura, y su copa estaba entre densas ramas. Las aguas lo hicieron crecer, lo encumbró el abismo; sus ríos corrían alrededor de su pie, y a todos los árboles del campo enviaba sus corrientes (31:2-4).

Todos habrían estado disfrutando del ambiente de la hora del cuento. Hay cosas mucho peores con las que compararse que la belleza y la majestuosidad del Imperio asirio en su apogeo. El Señor siguió ensalzando el gran árbol: sus ramas eran largas y sus raíces profundas. De hecho, era tan hermoso que «todos los árboles de Edén, que estaban en el huerto de Dios, tuvieron de él envidia» (v. 9).

Luego, en el versículo 10, apareció otra de esas preposiciones como «pero» y «hasta». Esta es «por tanto», y cada vez que ves una de esas, tienes que preguntarte: «¿Para qué está ahí?». En este caso es una conjunción que significa «debido a». «Debido a lo que acabas de leer, por lo tanto, esto…». Dios dijo de Asiria que, debido a su belleza, «su corazón se elevó» (versículo 10). En otras palabras, Asiria era hermosa, sabía que era hermosa y se atribuía todo el mérito por su belleza.

Eso llevó a otro «por lo tanto». Debido al orgullo de Asiria por su majestad, «lo entregaré en manos del poderoso de las naciones, que de cierto le tratará según su maldad. Yo lo he desechado» (v. 11). A través de Ezequiel, Dios describió entonces con detalle la forma en que derribó a Asiria. Al final, recordó a sus oyentes: «Este es Faraón y todo su pueblo» (v. 18).

La historia tenía un aire a la de Natán y David. Después de que David tomó a Betsabé como suya y mandó matar a su marido, el profeta Natán se enfrentó al rey. Le contó la historia de un hombre rico que, con crueldad, le quitó a un pobre su único cordero, lo cocinó y se lo sirvió para cenar. David se enfureció y juró vengarse del hombre rico, a lo que Natán respondió: «¡Tú eres ese hombre!» (2 Samuel 12:7).

El orgullo de David se había inflado porque se imaginaba a sí mismo como el gran rey que corregiría el mal y haría pagar al hombre por su injusticia. Entonces, en un abrir y cerrar de ojos, se dio cuenta de que él era el hombre que merecía ser castigado. Del mismo modo, el orgullo de Egipto se hinchó al ser comparado con los poderosos asirios, hasta que Dios rápidamente le dio la vuelta y le dijo: «Lo que les hice a ellos, también te lo haré a ti».

En la vida habrá momentos de éxito, puede ser en la familia, en el trabajo, en la iglesia o en cualquier otra situación, y pueden llegar los elogios. Pero nunca podemos olvidar quién nos ha dado los dones, quién nos ha colocado en nuestra posición, quién nos ha traído amigos, familiares y compañeros de trabajo. Con cada logro y cada éxito, nuestra primera respuesta debe ser reconocer al Dios responsable de todo ello, alabándole y honrándole por todo lo que hacemos.

## Mensajes núm. 6 y núm. 7: El fin de Egipto (32)

Dos mensajes más; dos fechas más: 3 de marzo de 585 a. C. y 1 de abril de 585 a. C. Aquí encontramos los últimos clavos del ataúd de Egipto. En el primer mensaje, se le ordenó a Ezequiel que entonara un lamento por la muerte del que fuera un gran imperio. «Y cuando te haya extinguido, cubriré los cielos, y haré entenebrecer sus estrellas; el sol cubriré con nublado, y la luna no hará resplandecer su luz... Cuando asuele la tierra de Egipto, y la tierra quede despojada de todo cuanto en ella hay, cuando mate a todos los que en ella moran, sabrán que yo soy Jehová» (32:7, 15). Cuando Dios trae su juicio, no hay vueltas. Una vez más, una civilización que tenía el potencial de ser grande si lo hubiera seguido a Él se volvió grosera, repugnante y sin valor porque eligió seguir a otros dioses.

En el mensaje final, a Ezequiel no se le dijo que cantara una canción triste, sino que se «lamentara» por las multitudes de Egipto (v. 18). Se dirigían al lugar al que van todos los que no conocen al Señor. No importa lo que hayas sido en vida; en la muerte, todos los que están apartados del Señor son iguales. En las profundidades de la tierra estaban Asiria y Elam, ambos con sus multitudes y todos sus muertos. Mesec y Tubal estaban allí, junto con Edom y los sidonios. Todos ellos fueron «muertos a espada» y todos descendieron «al sepulcro» (v. 29).

El rey Salomón escribió: «Cuando cayere tu enemigo, no te regocijes, y cuando tropezare, no se alegre tu corazón» (Proverbios 24:17). Por eso se le dice a Ezequiel que llore y no se regocije. Vivo en una nación rodeada de amenazas, y celebro cuando una amenaza termina. Puedo sentirme satisfecho de que la persona se enfrente a la justicia temporal y eterna. Sin embargo, sé que nunca debemos regodearnos del enemigo caído. Ama a tus enemigos; ora por los que te persiguen. Esa es la llamada que se les hace a todos los creyentes en Yeshúa, incluso a los que viven con Hamás al otro lado de la frontera.

CAPÍTULO 9

# LA VUELTA DE PÁGINA

## EZEQUIEL 33-35

Hace años, recuerdo que estaba dando una conferencia y pasé por una tienda Sharper Image. En aquella época, Sharper Image era un lugar donde se podían encontrar productos geniales e inesperados, como bolas luminosas que creaban un cielo estrellado en el techo, pistolas para inflar rápidamente los neumáticos y cubitos de hielo reutilizables que brillaban y tenían formas festivas. Por supuesto, si había alguno de sus magníficos sillones de masaje disponible, no podías perderte un momento de relajación que te proporcionaban cinco o diez minutos de auténtico placer *shiatsu*.

Durante esa visita en particular, me encontré en una sección dedicada a la decoración, específicamente al tema de escritorios. Las estanterías estaban repletas de pequeños artilugios y rompecabezas diseñados para deleitar a los visitantes de la oficina o para entretener las manos durante las largas conferencias telefónicas. Un artículo en particular me llamó la atención: dentro de una medialuna luminosa flotaba un globo terráqueo. Sin cables, sin hilos, sin pequeños chorros de aire soplando por arriba y por abajo. El mundo simplemente pendía allí como por arte de magia. Suavemente lo giré en sentido contrario y siguió en el mismo sitio. Entonces le di un pequeño golpecito en la parte inferior y se disparó hacia la parte superior de la medialuna. Ahí lo entendí todo. ¡Imanes! El fabricante de este ingenioso artilugio había utilizado la levitación magnética para crear un sistema que aprovechaba el rechazo entre polos iguales. ¡Era brillante! No lo suficiente como para gastarme el dinero en comprarlo, pero brillante al fin y al cabo.

Es increíble lo que se puede hacer con un poco de información. Lo que podría haberse atribuido a la corriente eléctrica, al flujo de aire, a la magia o a la brujería, se reducía a un simple principio magnético. Una cantidad similar de información es lo único que necesitamos para comprender también la destrucción final de Jerusalén. Hay muchas explicaciones profundas a las que podemos recurrir sobre por qué cayó Israel: algunas históricas, otras geopolíticas, otras religiosas y otras étnicas. Sin embargo, la verdadera respuesta es mucho más simple, y cuando la entiendes, todo cobra sentido.

La destrucción de Jerusalén se reduce a los pactos, los acuerdos que Dios hizo con su pueblo. En estas promesas es donde la responsabilidad de la destrucción de Jerusalén se retira de los hombros al parecer vengativos de Dios y se coloca directamente sobre la rebelión deliberada del pueblo. También es allí donde se nos recuerda, por fortuna, que lo que está ocurriendo no es un punto y final en la relación entre Dios y su pueblo elegido, sino solo un bache importante en el camino.

En Ezequiel 33–35 entramos en un punto de transición en el libro del profeta y en la historia de Israel. La destrucción del pasado está llegando a su fin y la esperanza del futuro de la nación está a punto de revelarse. Pero antes de llegar allí, debemos volver a sentar las bases. Es necesario recordar los cuatro pactos —tres incondicionales y uno condicional— que constituyen el fundamento de la relación entre Dios e Israel.

## El pacto con abrahámico

Dios estableció una promesa incondicional con Abraham que dio inicio a la relación entre Él y su pueblo.

> Y haré de ti una nación grande, y te bendeciré, y engrandeceré tu nombre, y serás bendición. Bendeciré a los que te bendijeren, y a los que te maldijeren maldeciré; y serán benditas en ti todas las familias de la tierra (Génesis 12:2-3).

En esta y en otras repeticiones a lo largo de la vida de Abraham, el Señor prometió al patriarca un pueblo, una tierra y bendiciones. ¿Ha cumplido su promesa? Yo soy la prueba viviente de que el pueblo de Abraham todavía existe. El país en el que vivo es la confirmación de que la tierra todavía pertenece a los descendientes de Abraham. Y puedes preguntar a los asirios, los babilonios, los romanos y al Tercer Reich, entre muchos otros, si Dios bendice a los que bendicen a Israel y maldice a los que maldicen a Israel. Ahora que lo pienso, no puedes preguntárselo. Todos ellos han desaparecido, pero de alguna manera Israel sigue sobreviviendo.

La destrucción de Judá fue un tropiezo en la relación entre Dios e Israel. Es cierto que fue un tropiezo grave, pero no fue el motivo de ruptura que algunos afirman. El contrato en sí no puede romperse porque no había ninguna cláusula de obediencia incluida en la parte del pacto de Abraham. Dios dijo: «Yo lo haré», y nunca añadió una cláusula que comenzara con «Y espero que tú...». Israel era el pueblo elegido de Dios, es el pueblo elegido de Dios y siempre será el pueblo elegido de Dios.

## El pacto mosaico

El segundo pacto llegó con Moisés y, a diferencia de los demás, era condicional. Es extremadamente importante que tengamos siempre presente esta distinción. No hay nada en esta transacción realizada con Moisés que afecte o pueda afectar a la palabra de Dios a los patriarcas. Con los otros pactos, se trataba simplemente de promesas hechas y cumplidas. Esa es la naturaleza de nuestro Dios.

El pacto mosaico, sin embargo, se basaba en «Si haces esto, yo haré aquello». A este pacto, Dios añadió la promesa de maravillosas bendiciones. Pero para recibirlas, el pueblo de Israel tendría que cumplir un código de normas. Si la nación decidía no seguir esas reglas, se producirían una serie de consecuencias severas. Evitar la elección no era una opción. Era simplemente una disyuntiva.

«Pero, ¿cómo es eso justo, Amir? ¡Dios le impuso un pacto al pueblo y les dijo que más les valía obedecerle o, de lo contrario…!». Si así fuera como se llevó a cabo la transacción, entonces podría estar de acuerdo contigo, pero este pacto no fue impuesto a nadie. Fue ofrecido, y el pueblo lo aceptó voluntariamente.

> Y tomó [Moisés] el libro del pacto y lo leyó a oídos del pueblo, el cual dijo: Haremos todas las cosas que Jehová ha dicho, y obedeceremos. Entonces Moisés tomó la sangre y roció sobre el pueblo, y dijo: He aquí la sangre del pacto que Jehová ha hecho con vosotros sobre todas estas cosas (Éxodo 24:7-8).

Inmediatamente después de esta afirmación del pacto, se produjo un momento increíble de comunión entre Dios y el hombre, durante el cual Moisés, Aarón, dos de los hijos de Aarón y setenta ancianos de Israel «vieron al Dios de Israel» (vv. 9-10). Tanta esperanza, tanto potencial. Luego vino el becerro de oro, las quejas y la rebelión, el período de los jueces, todos los reyes malvados y las profundidades inmorales de la idolatría.

Lo que comenzó como un momento sin precedentes en el que 74 hebreos presenciaron el salón del trono de Dios, se deterioró hasta el punto de que Babilonia sitió Jerusalén. Todo fue porque una de las partes no se mantuvo fiel a esta promesa mutua. Israel abandonó el pacto, pero Dios no lo hizo. Por lo tanto, la responsabilidad de la destrucción de Jerusalén y la muerte de tantas personas recae tan solo en la infidelidad de la nación.

## El pacto davídico

Todavía hay dos pactos más. Ambos son incondicionales y espectaculares. El primero fue dado al rey David a través del profeta Natán:

> Y cuando tus días sean cumplidos, y duermas con tus padres, yo levantaré después de ti a uno de tu linaje, el cual procederá de tus entrañas, y afirmaré su reino. Él edificará casa a mi nombre, y yo afirmaré para siempre el trono de su reino. Yo le seré a él padre, y él me será a mí hijo. Y si él hiciere mal, yo le castigaré con vara de hombres, y con azotes de hijos de hombres; pero mi misericordia no se apartará de él como la aparté de Saúl, al cual quité de delante de ti. Y será afirmada tu casa y tu reino para siempre delante de tu rostro, y tu trono será estable eternamente (2 Samuel 7:12-16).

¿Hay algún indicio de un «si haces esto, yo haré aquello» en esta promesa? No, en absoluto. Es Dios quien dice «yo haré», sin pedir nada a cambio. ¿Por qué haría el Señor esta promesa eterna a un hombre cuyos defectos se hicieron tan públicos y tuvieron consecuencias tan trascendentales? Miles de personas murieron a causa de los pecados de David a lo largo de su reinado.

Dios sabía quién era David en su interior. Sabía que, aun con sus defectos, el rey era un hombre según su corazón (1 Samuel 13:14; Hechos 13:22). Fue por esa profunda dedicación por la que Dios bendijo a David con este pacto a pesar de sus debilidades.

Nunca debemos perder de vista lo perfectas que son la misericordia y el perdón de nuestro Dios. Quizás haya acciones en tu pasado que te hagan preguntarte si Dios podrá perdonarte y volver a usarte. O quizás estés en medio de un pecado continuo en este momento, demasiado atrapado como para detenerte y demasiado avergonzado como para pedir ayuda a Dios, a un amigo o a un pastor. No te rindas, porque Dios no se ha rendido contigo. Recuerda que, en Jerusalén, la gloria del Señor permaneció en el templo hasta el final. Lo único que el pueblo de Jerusalén tenía que hacer para salvarse a sí mismo y a su ciudad era volver atrás, confesar y adorar al Señor. Él estaba allí, esperándolos. El Espíritu Santo, la gloria de Dios en cada creyente, sigue contigo. Que hoy sea el día cuando regreses a Él y comiences de nuevo. Luego, acude a un pastor o a un amigo cercano y deja que te acompañen en tu camino de regreso al Señor.

## El nuevo pacto

Algunos de los que leen este libro pueden estar pensando: «¡Por fin llegamos a la Iglesia, los destinatarios del nuevo pacto!». Si ese es tu caso, me temo que tengo malas noticias. Cada uno de estos cuatro pactos es para Israel, el pueblo del pacto. Bien, sé que he alborotado el avispero al decir que el nuevo pacto es para Israel. Así que permíteme pedir rápidamente al Señor que venga en mi ayuda:

> He aquí que vienen días, dice Jehová, en los cuales haré nuevo pacto con la casa de Israel y con la casa de Judá. No como el pacto que hice con sus padres el día que tomé su mano para sacarlos de la tierra de Egipto; porque ellos invalidaron mi pacto, aunque fui yo un marido para ellos, dice Jehová (Jeremías 31:31-32).

¡Esas son las palabras de Dios, no las mías! El nuevo pacto es un pacto judío, hecho con la casa de Israel y la casa de Judá. Es cierto que Jesús es el mediador del nuevo pacto y que muchas de las bendiciones espirituales del pacto son recibidas por la Iglesia. Pero sus orígenes y fundamentos están en Israel. Sin duda, los israelitas fracasaron estrepitosamente, pero el fracaso del hombre no niega en modo alguno la fidelidad de Dios.

> Pero este es el pacto que haré con la casa de Israel después de aquellos días, dice Jehová: Daré mi ley en su mente, y la escribiré en su corazón; y yo seré a ellos por Dios, y ellos me serán por pueblo. Y no enseñará más ninguno a su prójimo, ni ninguno a su hermano, diciendo: Conoce a Jehová; porque todos me conocerán, desde el más pequeño de ellos hasta el más grande, dice Jehová; porque perdonaré la maldad de ellos, y no me acordaré más de su pecado (vv. 33-34).

Muchos han tratado de manipular este texto para convertirlo en una promesa dirigida a la Iglesia, pero el Señor no pudo haber sido más claro sobre a quién se dirigía. Es «con la casa de Israel». Si alguien todavía tiene dudas, solo tiene que seguir leyendo, ¡porque el contexto es lo que importa!

> Así ha dicho Jehová, que da el sol para luz del día, las leyes de la luna y de las estrellas para luz de la noche, que parte el mar, y braman sus ondas; Jehová de los ejércitos es su nombre: Si faltaren estas leyes delante de mí, dice Jehová, también la descendencia de Israel faltará para no ser nación delante de mí eternamente. Así ha dicho Jehová: Si los cielos arriba se pueden medir, y explorarse abajo los fundamentos de la tierra, también yo desecharé toda la descendencia de Israel por todo lo que hicieron, dice Jehová (vv. 35-37).

No hay alusión alguna en esas palabras a la Iglesia o a una nación futura, espiritual o de otro tipo. Dios dijo que haría un nuevo pacto con Israel, su pueblo. Cualquiera que piense que Él había terminado con ellos para siempre, debe reconsiderarlo. Cuando el sol deje de brillar, la luna y las estrellas desaparezcan, y las olas rompan en las costas e inunden la tierra, entonces podrás considerar que tal vez Dios ha terminado con Israel. O cuando tengas una medición precisa del universo hasta el milímetro y hayas cartografiado cada aspecto del interior de la Tierra, entonces Dios considerará desechar a su pueblo.

Esta fidelidad inquebrantable es válida para cualquiera con quien Dios se compromete, y eso debería levantarte el ánimo si eres creyente en el Mesías. Una vez que perteneces a Dios, siempre perteneces a Dios, porque Él cuida de cada uno de sus hijos con el mismo amor y la misma gracia que tiene para con la nación de Israel.

## El fin se acerca (33:1-20)

Antes de pasar a nuevos comienzos, debemos ocuparnos de los finales definitivos. El capítulo 33 fue la justificación final de Dios a Israel y al mundo de que lo que estaba a punto de suceder en Jerusalén era justo y adecuado, y no debería sorprender a nadie. El pueblo había sido advertido. Dios había enviado a Ezequiel como atalaya para decirle al pueblo que el juicio estaba cerca. «A ti, pues, hijo de hombre, te he puesto por atalaya a la casa de Israel, y oirás la palabra de mi boca, y los amonestarás de mi parte» (33:7). Desde el principio del libro de Ezequiel, Dios colocó al profeta en la muralla para advertir a los habitantes de Jerusalén, pero el pueblo decidió ignorarlo. Y no solo a él, sino a todos los demás centinelas que Dios había enviado.

> Así dijo Jehová: Paraos en los caminos, y mirad, y preguntad por las sendas antiguas, cuál sea el buen camino, y andad por él, y hallaréis descanso para vuestra alma. Mas

> dijeron: No andaremos. Puse también sobre vosotros atalayas, que dijesen: Escuchad al sonido de la trompeta. Y dijeron ellos: No escucharemos (Jeremías 6:16-17).

El Señor le suplicó dos veces al pueblo que cambiara de conducta. «¿Recuerdan los viejos tiempos en que éramos felices juntos? Vuelvan a ellos y todo volverá a ser maravilloso». Ellos respondieron: «No». «Les he puesto atalayas. ¿Al menos los escucharán a ellos?». El pueblo se tapó los oídos con las manos y se alejó, sellando su destino mientras se acercaba el ejército babilónico.

Una vez más, las palabras se parecen mucho a las que pronunció Jesús cuando lloró por Jerusalén, deseando poder reunir al pueblo como polluelos. Aquí, Dios se lamentaba por lo que estaba a punto de suceder, suplicando al pueblo que volviera a Él:

> Diles: Vivo yo, dice Jehová el Señor, que no quiero la muerte del impío, sino que se vuelva el impío de su camino, y que viva. Volveos, volveos de vuestros malos caminos; ¿por qué moriréis, oh casa de Israel? (Ezequiel 33:11).

La destrucción de Jerusalén no era un «querer» por parte de Dios, sino un «tener que». El pecado debía ser pagado. Una vez más, se oyeron gritos de «¡Es injusto, Dios! ¡Eres cruel! ¡Nos estás haciendo pagar por los pecados de otros!». Pero Él rápidamente los acalló. El pueblo de Jerusalén no estaba pagando por los pecados de sus antepasados ni siquiera de sus conciudadanos. Su castigo vino por su propio rechazo a Dios y su rebelión contra su ley. El Señor dijo al pueblo: «Y dijisteis: No es recto el camino del Señor. Yo os juzgaré, oh casa de Israel, a cada uno conforme a sus caminos» (v. 20). Todos han pecado. Todos están destituidos de la gloria de Dios. Ahora era el momento de que el pueblo de Jerusalén recibiera el pago por sus pecados.

## El fin ha llegado (33:21-22)

Era el 8 de enero del año 585 a. C. Ezequiel sospechaba que el tiempo de Jerusalén había llegado a su fin. Era probable que sus compatriotas hubieran sido masacrados, que la ciudad hubiera sido destruida y, lo peor de todo, que el templo hubiera sido demolido. En su casa, donde siempre estaba, se sentó en silencio esperando noticias de la ciudad situada bien al oeste.

La puerta se abrió de golpe y entró corriendo un hombre. El visitante estaba sucio y desaliñado. Sus ropas estaban harapientas y sus sandalias rotas apenas se le sujetaban a los pies. Antes de que Ezequiel pudiera dar la bienvenida al hombre o invitarlo a sentarse, el mensajero anunció: «¡La ciudad ha sido conquistada!» (v. 21).

Las lágrimas inundaron los ojos del profeta mientras suspiraba y asentía con tristeza. Esperaba oír algo así hoy. La noche anterior, el Señor lo había visitado. Le habían levantado las restricciones para hablar, lo que indicaba al profeta que su era como centinela había llegado a su fin. No había más oportunidades para la ciudad que una vez fue grande; la oportunidad para el arrepentimiento había pasado. Lo hecho, hecho estaba. Jerusalén ya no existía.

## No crean que se han salido con la suya (33:23-33)

En cierto sentido, el mensaje pudo haber sido un alivio para Ezequiel. Quizás había terminado con sus profecías. De repente, ser atalaya de la ciudad de Jerusalén era como ser gerente de una tienda de videos Blockbuster. Era estupendo tener un título tan elegante, pero un centinela sin ciudad no era más que un tipo parado sobre una muralla.

Sin embargo, para Ezequiel no había liberación del título de profeta. Muchas personas aún necesitaban escuchar las palabras del Señor. Quedaba el remanente en Jerusalén. Muchos de ellos consideraban su supervivencia como una especie de señal de que habían sido bendecidos por Dios. «Abraham era uno, y poseyó la tierra; pues nosotros somos muchos; a nosotros nos es dada la tierra en posesión» (v. 24), decían, afirmando que la prolongación de su existencia significaba que Dios los estaba bendiciendo con la tierra. Claro, Jerusalén necesitaría un poco de arreglo; tendrían que limpiar algunos escombros aquí y allá, pero como eran los sobrevivientes favorecidos de la invasión, Dios probablemente también les ayudaría con eso.

La respuesta del Señor a su pensamiento delirante les habría hecho temblar hasta los huesos. Dios les dijo que eran tan pecadores como los que habían muerto, y que probablemente llegaría un día en que desearían haber sido también ellos masacrados por los babilonios. «Y sabrán que yo soy Jehová, cuando convierta la tierra en soledad y desierto, por todas las abominaciones que han hecho» (v. 29).

Pero no solo el pueblo que quedaba en Jerusalén tenía una lección que aprender; también la tenían los compañeros exiliados de Ezequiel. Es interesante observar aquí cómo el profeta comunica sus profecías. Creo que cuando imaginamos a los grandes profetas pronunciando las palabras de Dios, tenemos en nuestra mente algo parecido al Moisés de Charlton Heston en *Los diez mandamientos*, de pie ante el pueblo con su voz atronadora y los brazos extendidos. Pero aquí vemos un estilo de comunicación muy diferente.

> Y vendrán a ti como viene el pueblo, y estarán delante de ti como pueblo mío, y oirán tus palabras, y no las pondrán por obra; antes hacen halagos con sus bocas, y el corazón de ellos anda en pos de su avaricia. Y he aquí que tú eres a ellos como cantor de amores, hermoso de voz y que canta bien; y oirán tus palabras, pero no las pondrán por obra (vv. 31-32).

Admito sin reparos mi parcialidad, pero creo que los cantos bíblicos entonados con pasión en hebreo con un acompañamiento muy sencillo son como la música de los ángeles. Entiendas o no las palabras, la emoción y la reverencia inherentes a la alabanza te llegan al corazón y te elevan a los reinos celestiales. Dios le dijo a Ezequiel que el pueblo acudía a él simplemente para satisfacer su necesidad de adoración celestial.

—Oye, he oído que Ezequiel está tocando en el anfiteatro junto al río Quebar.

—¡Genial! Espero que vuelva a tocar «La caída de Tiro». ¡Me encanta cantarla!

Esto me recuerda a los feligreses que pecan los sábados y oran los domingos. Habla con el pastor de cualquier congregación; ellos saben quiénes son. Estos hombres y mujeres quieren sentir la emoción de la adoración, pero no quieren la responsabilidad de la obediencia. Se sienten bien porque cantar sobre Dios les da una sensación de calidez interior, y el sermón del pastor suele ser lo suficientemente largo como para escribir la lista de la compra después del culto. El Señor le advirtió a Ezequiel que así era el pueblo. Nada había cambiado desde el exilio. Pero un día descubrirían que la emoción no es suficiente para una relación…

## Un nuevo pastor en la ciudad (34)

Hemos llegado a un capítulo crucial del libro de Ezequiel. Dios había concedido una increíble autonomía a los líderes de Israel para que lo siguieran o lo rechazaran. No solo decidieron rechazarlo, sino que además llevaron a todo el pueblo a rebelarse contra Dios. Igual que los pastores mercenarios indignos, la jerarquía religiosa y política solo se preocupaba por su propia comodidad y su riqueza.

> Hijo de hombre, profetiza contra los pastores de Israel; profetiza, y di a los pastores: Así ha dicho Jehová el Señor: ¡Ay de los pastores de Israel, que se apacientan a sí mismos! ¿No apacientan los pastores a los rebaños? Coméis la grosura, y os vestís de la lana; la engordada degolláis, mas

> no apacentáis a las ovejas. Y andan errantes por falta de pastor, y son presa de todas las fieras del campo, y se han dispersado (34:2-3, 5).

No es un gran currículum, especialmente para alguien responsable de cuidar el precioso rebaño de Dios. Los pastores del Señor deberían tener un currículum tan brillante que los dueños de rebaños de todo el mundo llamaran a sus puertas para contratarlos. Por el contrario, estos pastores no solo eran inútiles, sino también perjudiciales. Así que Dios los despidió. Dijo: «He aquí, yo estoy contra los pastores; y demandaré mis ovejas de su mano» (v. 10).

Pero ¿qué se podía hacer ahora con las ovejas sin líder? No solo no tenían ni idea de cómo cuidar de sí mismas, sino que todos los hábitos que habían aprendido de los pastores anteriores eran malos. Se necesitaría sabiduría, compromiso, sacrificio y tiempo para volver a encarrilar a este rebaño. ¿Quién estaba a la altura de este desafío? «Yo», dijo Dios.

> Porque así ha dicho Jehová el Señor: He aquí yo, yo mismo iré a buscar mis ovejas, y las reconoceré. Como reconoce su rebaño el pastor el día que está en medio de sus ovejas esparcidas, así reconoceré mis ovejas, y las libraré de todos los lugares en que fueron esparcidas el día del nublado y de la oscuridad. Y yo las sacaré de los pueblos, y las juntaré de las tierras; las traeré a su propia tierra, y las apacentaré en los montes de Israel, por las riberas, y en todos los lugares habitados del país. En buenos pastos las apacentaré, y en los altos montes de Israel estará su aprisco; allí dormirán en buen redil, y en pastos suculentos serán apacentadas sobre los montes de Israel. Yo apacentaré mis ovejas, y yo les daré aprisco, dice Jehová el Señor. Yo buscaré la perdida, y haré volver al redil la descarriada;

> vendaré la perniquebrada, y fortaleceré la débil; mas a la engordada y a la fuerte destruiré; las apacentaré con justicia (vv. 11-16).

¡Qué pasaje tan asombroso! Dios lo había dejado en manos de novatos y ellos lo habían estropeado todo. Ahora Él intervenía y tomaría el control. Había estado sin su pueblo durante demasiado tiempo, y era hora de empezar a traerlo de vuelta al redil. Lo que leemos en el resto del capítulo son cuatro actividades específicas que llevaría a cabo el Pastor. El plazo para estos grandes logros sería triple: el tiempo de Ezequiel, nuestro tiempo y el futuro.

### *Actividad núm. 1: Traer a las ovejas a casa*

Cuando los asirios conquistaron el reino norteño de Israel, el pueblo judío se dispersó por todo el imperio. Con la invasión babilónica, el pueblo del reino sureño de Judá fue exiliado al imperio de Nabucodonosor. La mayoría de los que se quedaron en Israel ignoraron el mandato de Dios de quedarse donde estaban y confiar en su provisión, y en su lugar optaron por huir a Egipto, donde encontraron la muerte. En la tierra quedaron unos pocos —el remanente— dispersos, empobrecidos y lamentables. Pero con la llegada del nuevo Pastor, todo eso estaba a punto de cambiar.

Como vimos en el pasaje anterior, Dios salió en busca de sus ovejas, las localizó y las llevó de vuelta a su redil en Israel. Primero con Zorobabel, luego con Esdras y Nehemías, y otros. Con el paso de los años, la tierra comenzó a repoblarse. El impulso inicial fue que Dios ablandó el corazón del rey Ciro, algo que solo el Gran Pastor podía hacer.

Sin embargo, esto no solo ocurrió en la época de Ezequiel. A finales del siglo XIX, Dios comenzó a llamar a su pueblo para que regresara a Israel. Se habían dispersado por toda la tierra tras la diáspora romana de los siglos I y II d. C. Pero Dios llamó a su pueblo por su nombre y, como ovejas que oyen la voz de su pastor, multitudes de judíos de todo el mundo acudieron en masa a su hogar.

### *Actividad núm. 2: Alimentar y cuidar a las ovejas*

Cuando el pueblo de Israel regresó a casa después del exilio, la mayoría no lo hizo con las manos vacías. Regresaron con lo que sus familias habían podido acumular durante 70 años de duro trabajo y estableciendo una nueva vida en Babilonia y sus alrededores. Eso no significa que todos fueran prósperos. Era una existencia difícil, pero Dios los ayudó a salir adelante. Tuvieron momentos de necedad en los que el Pastor tuvo que sacar su vara y disciplinar a las ovejas problemáticas, como los usureros y los que tomaban a sus compatriotas israelitas como esclavos. Pero con el tiempo, la tierra se sanó y el pueblo se curó, e Israel volvió a estar cómodo y en paz, en su mayor parte.

Lo mismo ocurre en el último retorno actual. Lo que se había convertido en una tierra asolada y estéril fue revivida y restaurada por los judíos que regresaron. Ahora, Israel es la primera potencia militar de Oriente Medio. Sus tierras agrícolas son fértiles y su pueblo está bien alimentado. La tecnología proveniente del «Silicon Wadi» rivaliza con la de cualquier otra parte del mundo. De hecho, el Informe Mundial sobre la Felicidad de 2024 situó a Israel en el octavo lugar de su lista.[8] Cuando el pastor adecuado está al mando, es increíble lo que se puede lograr.

### *Actividad núm. 3: Establecer líderes justos*

El grupo de líderes anteriores al exilio era un grupo sin valor. «Mas en cuanto a vosotras, ovejas mías, así ha dicho Jehová el Señor: He aquí yo juzgo entre oveja y oveja, entre carneros y machos cabríos. ¿Os es poco que comáis los buenos pastos, sino que también holláis con vuestros pies lo que de vuestros pastos queda; y que bebiendo las aguas claras, enturbiáis además con vuestros pies las que quedan?» (vv. 17-18). En aquellos días era imposible encontrar buena ayuda.

Para los exiliados que regresaban, el Señor tomó la iniciativa, filtrando a los malos líderes y sustituyéndolos por los buenos. Como era evidente, especialmente en Nehemías, no faltaban malos líderes. Pero en el futuro, Dios tiene algo especial planeado. Va a traer a un sustituto.

> Y levantaré sobre ellas a un pastor, y él las apacentará; a mi siervo David, él las apacentará, y él les será por pastor. Yo Jehová les seré por Dios, y mi siervo David príncipe en medio de ellos. Yo Jehová he hablado (vv. 23-24).

Sí, ¡ese David! Así como el Señor gobierna la tierra desde Jerusalén, un David resucitado gobernará la nación de Israel. Si te parece extraño, recuerda que si conoces a Jesús como tu Señor y Salvador, tú también estarás allí, resucitado, presenciando al hombre según el corazón de Dios sentado en el trono. ¡Es algo que estoy deseando ver! Profundizaremos en esto en el próximo capítulo.

### *Actividad núm. 4: Reinando durante el milenio*

Los versículos 25 al 30 ofrecen una hermosa imagen de cómo será el reinado de mil años de Cristo. Pero es solo una muestra. Al final de Ezequiel hay mucho más al respecto. Solo sabemos que esta era será diferente a todo lo que hemos experimentado. Un tiempo sin el diablo y con nuestro Señor reinando sobre nosotros en forma corporal.

El versículo final del capítulo expresa perfectamente el sentimiento de este momento único en la historia. «Y vosotras, ovejas mías, ovejas de mi pasto, hombres sois, y yo vuestro Dios, dice Jehová el Señor» (v. 31). Amor, lealtad, benevolencia, sumisión, paz, protección, provisión, alegría, satisfacción… La lista descriptiva es interminable. ¡Qué momento tan maravilloso será cuando podamos adorar a nuestro Mesías y Señor cara a cara!

## De Seir a la eternidad (35)

¡Uf! La fluidez literaria era perfecta. En el capítulo 33, tuvimos la condena final y la caída de Jerusalén. En el capítulo 34, Dios asumió el papel de Pastor. En los capítulos 36 y 37, tenemos la restauración de la tierra y del pueblo en preparación para que Dios lleve a los hijos de Israel al arrepentimiento. En los capítulos 38 y 39, tenemos la Guerra de Ezequiel, que posicionará a Israel y al mundo para la venida del anticristo y la tribulación. Luego, en el capítulo 40 y siguientes, somos testigos de un Israel arrepentido que disfruta del reinado de mil años del Mesías en la tierra.

Luego está el capítulo 35 y su juicio en el monte Seir, justo en medio del flujo. ¿Por qué? Parece que esta parte habría encajado mucho mejor en el capítulo 25, cuando había toda una lista de naciones que iban a ser juzgadas. Y, en cierto sentido, ya estaba incluido. El monte Seir es esencialmente Edom, ya que su área geográfica es la que ocupaba Edom.

Hasta su nombre encaja con el tema de Edom. Si recuerdan de antes, *Edom* significa «rojo». *Seir* significa «peludo». Un tipo peludo y rojo... eso se parece mucho a Esaú, que se estableció en la región. De hecho, cuando Jacob regresaba a casa después de su larga estancia en el norte, temía con razón la reacción de su hermano al verlo de vuelta en el vecindario. Como aviso, «envió Jacob mensajeros delante de sí a Esaú su hermano, a la tierra de Seir, campo de Edom» (Génesis 32:3). Así que, mientras Jacob cuidaba las ovejas de Labán y engendró a las doce tribus de Israel, Esaú se estaba estableciendo en Seir.

Les he prometido que siempre les avisaré cuando esté especulando. Lo que voy a contarles tiene sentido para mí desde el punto de vista bíblico y lógico, pero no puedo demostrarlo al 100 %. Así que tómenlo como quieran y, si están leyendo este libro como parte de un estudio bíblico, pueden reunirse y debatir en qué estoy equivocado.

Rebeca, la esposa de Isaac, quedó embarazada y dio a luz a gemelos. El mayor, como acabamos de mencionar, era Esaú, pelirrojo y peludo. El menor era Jacob, menos pelirrojo y menos peludo. A medida que los hermanos crecían, Esaú se convirtió en un hombre de campo, mientras que a Jacob le gustaba quedarse en el campamento. En un momento dado, Esaú se acercó a Jacob después de una larga cacería, hambriento y pidiendo algo de comida. «Véndeme en este día tu primogenitura», dijo Jacob (Génesis 25:31). Esaú aceptó.

Más tarde, mientras Isaac se preparaba para dar la bendición paterna a Esaú, su hijo mayor, Jacob, por insistencia de Rebeca, engañó a su padre y se quedó con la bendición. Papá estaba desconsolado, Esaú enfurecido, Jacob confundido y Rebeca sonreía y pensaba: «Las madres mandan en esta familia». Pero por mucho que Rebeca creyera que había urdido este gran golpe familiar, todo era según el plan de Dios. El Señor ya había elegido quién continuaría la descendencia de Abraham. Ese honor le correspondía al menor, Jacob, que más tarde llevaría el nombre de Israel. Como dijo Dios a través de Malaquías: «A Jacob he amado, pero a Esaú he aborrecido, y he convertido sus montañas en desolación y su heredad en desolación para los chacales del desierto» (Malaquías 1:2-3). Ezequiel 35 es una profecía sobre la destrucción de los montes de Esaú.

«Pero, Amir, ¡eso no es justo! ¿Por qué Dios le quitaría a Esaú su derecho como primogénito?». Buena pregunta, y no eres el primero en hacerla. De hecho, cuando Pablo citó esos versículos de Malaquías, otros se preguntaron lo mismo. El apóstol respondió con toda naturalidad:

> ¿Qué, pues, diremos? ¿Que hay injusticia en Dios? En ninguna manera. Pues a Moisés dice: Tendré misericordia del que yo tenga misericordia, y me compadeceré del que yo me compadezca. Así que no depende del que quiere, ni del que corre, sino de Dios que tiene misericordia. (Romanos 9:14-16).

Pablo le dijo al pueblo: «En algún momento, simplemente hay que confiar en Dios. Puede que esto no tenga sentido para ustedes, pero para Él sí lo tiene. Así que, o tienen fe en que Él siempre actuará de acuerdo con su carácter perfecto, o no la tienen».

Dios eligió a Jacob en lugar de Esaú, y a los descendientes de Jacob en lugar de los de Esaú. En los capítulos 35 y 36 de Ezequiel, vemos cómo se desarrolla esta elección en las profecías de las montañas. A los descendientes de Esaú, el Señor dijo a través del profeta:

> Hijo de hombre, pon tu rostro hacia el monte de Seir, y profetiza contra él, y dile: Así ha dicho Jehová el Señor: He aquí yo estoy contra ti, oh monte de Seir, y extenderé mi mano contra ti, y te convertiré en desierto y en soledad. A tus ciudades asolaré, y tú serás asolado; y sabrás que yo soy Jehová (Ezequiel 35:2-4).

Con sus espadas, el pueblo del monte Seir mató a los israelitas y con sus bocas se burló de su sufrimiento y agonía. «Como te alegraste sobre la heredad de la casa de Israel, porque fue asolada, así te haré a ti; asolado será el monte de Seir, y todo Edom, todo él; y sabrán que yo soy Jehová» (v. 15).

A continuación, se le dice a Ezequiel que profetice a los montes de Israel (36:1), pero este mensaje es diferente. En lugar de destrucción y aniquilación, se le promete a Israel vida y restauración.

> Mas vosotros, oh montes de Israel, daréis vuestras ramas, y llevaréis vuestro fruto para mi pueblo Israel; porque cerca están para venir. Porque he aquí, yo estoy por vosotros, y a vosotros me volveré, y seréis labrados y sembrados. Y haré multiplicar sobre vosotros hombres, a toda la casa de Israel, toda ella; y las ciudades serán habitadas, y edificadas las ruinas. Multiplicaré sobre vosotros hombres y

> ganado, y serán multiplicados y crecerán; y os haré morar como solíais antiguamente, y os haré mayor bien que en vuestros principios; y sabréis que yo soy Jehová (vv. 8-11).

¡Qué contraste! ¡Qué testimonio del cumplimiento de las promesas de Dios! Tanto Edom como Israel eran naciones idólatras, rebeldes contra el Dios verdadero y sumidas en el pecado. Pero siglos antes, Dios había tomado una decisión entre dos hermanos. A Jacob le había hecho una promesa, diciendo:

> Y he aquí, Jehová estaba en lo alto de ella, el cual dijo: Yo soy Jehová, el Dios de Abraham tu padre, y el Dios de Isaac; la tierra en que estás acostado te la daré a ti y a tu descendencia. Será tu descendencia como el polvo de la tierra, y te extenderás al occidente, al oriente, al norte y al sur; y todas las familias de la tierra serán benditas en ti y en tu simiente (Génesis 28:13-14).

Las promesas de Dios se han cumplido y se cumplirán tal como Él dijo. Seir sería derribada por sus pecados, mientras que el pueblo elegido de Dios continuaría su trayectoria hacia un Reino eterno. Una vez que todo se haya cumplido, entonces todos sabrán que Él es el Señor.

CAPÍTULO 10

# RENACIMIENTO

## EZEQUIEL 36-37

Aunque no lo creas, no soy un hombre perfecto. Lo sé, lo sé, algunos de ustedes están en shock en este momento. Sin embargo, los que realmente me conocen dicen: «Vaya, Amir, ¿por qué no nos das otra sorpresa, como que el cielo es azul o que el agua moja?».

Es cierto. Hay momentos en los que decepciono a mi familia, a mi equipo de Behold Israel, a mis amigos y, lo más importante, a mi Dios. El pecado es una parte triste de esta vida mortal que vivimos. Anhelo el día en que me despoje de este cuerpo corruptible y tenga uno nuevo, mejorado e incorruptible.

Para esos momentos en los que fallo, hay un pasaje escrito por Pablo que siempre me anima y me ayuda a seguir adelante. El apóstol escribió: «Hermanos, yo mismo no pretendo haberlo ya alcanzado; pero una cosa hago: olvidando ciertamente lo que queda atrás, y extendiéndome a lo que está delante, prosigo a la meta, al premio del supremo llamamiento de Dios en Cristo Jesús» (Filipenses 3:13-14). Dejar atrás el pasado y fijar la mirada en el futuro: esa es una filosofía esencial para cualquiera que quiera servir a Dios. Revolver en nuestros pecados nos lleva a la inercia. Cedemos a las mentiras del diablo: «No eres lo suficientemente bueno» y «¿Quién te escucharía ahora?». Ese tipo de culpa autoimpuesta nos hace inútiles en el reino de Dios.

La vergüenza espiritual es injustificada e innecesaria para el creyente en el Mesías. Cuando confesamos, Dios perdona. Y cuando Dios perdona, lo hace por completo. Si la culpa interrumpe nuestro servicio a Dios, no es el Espíritu Santo quien nos está frenando, es el enemigo tratando de derribarnos antes de que tengamos la oportunidad de hacer algo bueno para el Reino.

Con Jesús, «si confesamos nuestros pecados, Él es fiel y justo para perdonar nuestros pecados y limpiarnos de toda maldad» (1 Juan 1:9). Eso no significa que los pecados perdonados se archivan en un armario para un futuro ajuste de cuentas. Dios no guarda nuestras ofensas en una carpeta de la computadora, listas para descargarlas en nuestro cerebro en el momento en que comencemos a sentirnos seguros de nuestro andar cristiano. Cuando confesamos, los pecados son arrojados al incinerador, para no volver a ser vistos jamás.

Pero hay un matiz en la frase «olvidar nuestros pecados». El «olvidar» aquí tiene el sentido de «no dejar que tenga un impacto negativo». No significa que nuestros pecados nunca vuelvan a entrar en nuestra mente, porque tenemos que aprender de nuestros errores. Si peco una vez, soy un pecador. Si cometo el mismo pecado otra vez, además de pecador soy un idiota porque no aprendí la primera vez. Olvidamos nuestros pecados en la medida en que la culpa no nos oprime ni nos inutiliza. Recordamos nuestros pecados para no volver a caer en la misma trampa.

Al acercarnos a Ezequiel 36 y 37, nos encontramos en la etapa de preparación para que Israel deje el pasado atrás y siga adelante hacia la meta. Dios podría haber cambiado los corazones de las personas con un rápido soplo del Espíritu Santo. ¡Bam! De repente, todos los judíos del mundo alabarían a Yeshúa como el Mesías. Pero Dios aprecia el proceso, y su definición de amor exige el libre albedrío. Él sabe lo que se necesita para poner a su pueblo de rodillas, y está comprometido con una adoración que nace del reconocimiento de quién es Él, no de un mandato divino. En estos dos capítulos de Ezequiel, vemos a Dios sentando las bases para el tren redentor que llevará a Israel a una reconciliación final y permanente con Él.

## Cumplimiento profético

Proclamar profecías es un riesgo. Un profeta se arriesga al decir: «Esperen. Esto va a suceder». ¿Y si no sucede? ¿Qué diría eso del profeta y de su capacidad para predecir el futuro? Por eso no entiendo a esos pastores online que predicen el día del rapto utilizando lunas de sangre, festividades, acontecimientos políticos o algún código secreto que han encontrado oculto en antiguos manuscritos. Inevitablemente, llegará el fatídico día y ellos y sus seguidores se prepararán para huir. Desde la mañana hasta la noche, se sientan emocionados anticipando esa sensación de despegue. Pero no pasa nada, como siempre. El pastor desaparece por un tiempo, murmurando algo sobre haber perdido un dígito o haber leído mal alguna inscripción aramea. Pero tres meses después regresa con una nueva fecha, diciendo que descubrió el problema de la última vez. Y, por alguna razón, ¡la gente todavía le cree! ¡Ay, qué desastre!

Pero para Dios, la profecía no es un riesgo por dos razones. Primero, porque Él ha visto toda la historia desde el principio hasta el final.

> Acordaos de las cosas pasadas desde los tiempos antiguos; porque yo soy Dios, y no hay otro Dios, y nada hay semejante a mí, que anuncio lo por venir desde el principio, y desde la antigüedad lo que aún no era hecho; que digo: «Mi consejo permanecerá, y haré todo lo que quiero» (Isaías 46:9-10).

No hay nada que vaya a suceder en esta tierra que Dios no conozca íntimamente.

Pero es más que un mero testigo de ello. Él lo ha ordenado. Dios no está sentado contemplando la línea temporal del mundo, observando lo que los humanos decidimos hacer y tomando notas en un bloc amarillo para futuras referencias proféticas. Él es quien tiene el control. Por supuesto, nos da libertad, siempre y cuando esa libertad se mantenga dentro de su voluntad general. Pero Dios cumplirá sus propósitos, y utilizará a las naciones y a los pueblos para hacerlo. Así que, al examinar las profecías que llenan las páginas restantes del libro de Ezequiel, podemos hacerlo con la certeza de que no se trata de *si* estas cosas sucederán, sino de *cuándo*.

En las profecías, a menudo hay dos cumplimientos: uno cercano y otro lejano. Por ejemplo, a través de Ezequiel, Dios prometió el regreso del exilio:

> Di, por tanto: Así ha dicho Jehová el Señor: Yo os recogeré de los pueblos, y os congregaré de las tierras en las cuales estáis esparcidos, y os daré la tierra de Israel. Y volverán allá, y quitarán de ella todas sus idolatrías y todas sus abominaciones (11:17-18).

Eso sucedió, comenzando con el decreto de Ciro. Pero al seguir leyendo, nos damos cuenta de que esta profecía habla de algo más que un simple regreso del exilio. Dios dijo que «les daré un corazón, y un espíritu nuevo pondré dentro de ellos; y quitaré el corazón de piedra de en medio de su carne, y les daré un corazón de carne, para que anden en mis ordenanzas, y guarden mis decretos y los cumplan, y me sean por pueblo, y yo sea a ellos por Dios» (vv. 19-20). Eso no sucedió durante el primer regreso. Ese tipo de compromiso no se cumplirá hasta más adelante.

Siempre he hablado de cumplimientos cercanos y lejanos, y creo que esas clasificaciones funcionan cuando miramos al futuro a través de los ojos del profeta. Pero hoy vivimos en un momento único de la historia en el que se están cumpliendo cada vez más predicciones proféticas. Por eso quiero introducir las clasificaciones *entonces*, *ahora* y *pronto*. Para la mayoría de las profecías sobre Israel, hubo un cumplimiento cercano que tuvo lugar *entonces*. Muchas de ellas, en especial las que estamos viendo en Ezequiel 36–37, también tienen un cumplimiento actual, en «nuestra generación», un «*ahora*». Pero aún hay más que claramente permanecen en el futuro.

Para esos acontecimientos futuros, mi optimismo me lleva a rechazar el indistinto «todavía no», que podría significar cualquier cosa desde un año hasta miles de años. Al tomar nota de los cambios geopolíticos y las alianzas que se están formando, y al ver a Israel de vuelta en su tierra, prosperando y acercándose a un tiempo de paz sin precedentes, me siento seguro al cambiar el estatus de las profecías «todavía no» de Ezequiel a «pronto vendrá».

Los dos capítulos siguientes de Ezequiel son maravillosos de leer e incluyen profecías de las tres categorías. Durante muchos años, fueron obstáculos interpretativos, especialmente para aquellos que no veían ninguna posibilidad de que se reconstituyera la nación israelí. Pero para aquellos de nosotros que pertenecemos a la generación posterior a 1948, Ezequiel 36–37 son una celebración de un Dios que ha cumplido sus promesas, está cumpliendo sus promesas y muy pronto cumplirá el resto.

## Profecías cumplidas en nuestra generación

### *Profecía cumplida núm. 1: Preparar la tierra para el regreso de Israel*

La mayoría de la gente no sabe que el gran escritor estadounidense Mark Twain comenzó su carrera como escritor de viajes. De hecho, si estuviera vivo hoy en día, probablemente sería un conocido bloguero que recorrería el mundo y grabaría vídeos para sus numerosos seguidores en YouTube, Instagram y TikTok. Casi una década antes de empezar a publicar sus obras clásicas de ficción sobre

Tom Sawyer y Huckleberry Finn, Twain, de 32 años, emprendió una gran aventura por Europa occidental, los países bálticos, Palestina y Egipto. Dos años más tarde, en 1869, publicó un libro titulado *The Innocents Abroad, or The New Pilgrim's Progress* [Los inocentes en el extranjero o El nuevo progreso del peregrino]. Este diario de viaje narraba aquella gran expedición con todos los detalles ingeniosos, descriptivos y sarcásticos que cabría esperar de su brillante pluma. Es una ventana fascinante a la escena internacional de finales del siglo XIX. Cuando Twain pasó por Tierra Santa en 1867, no le impresionó en absoluto lo que vio. De hecho, parecía más que decepcionado. Los pocos habitantes árabes con los que se encontró habían dejado que el lugar se deteriorara. Las carreteras eran casi intransitables en muchas zonas, los yacimientos estaban en ruinas y todo el lugar parecía desolado.

> De todas las tierras que hay con paisajes lúgubres, creo que Palestina debe ser la reina. Las colinas son áridas, de colores apagados y formas poco pintorescas. Los valles son desiertos sin atractivo, bordeados por una vegetación raquítica que transmite una sensación de tristeza y desánimo… Cada silueta es dura, todos los rasgos son nítidos, no hay perspectiva; la distancia no tiene ningún encanto aquí. Es una tierra desesperanzada, lúgubre y desolada… Palestina está vestida de cilicio y ceniza.[9]

Durante varios capítulos, Twain describió su estadía en Tierra Santa, y rara vez sus comentarios fueron favorables. A finales del siglo XIX, la tierra prometida de Israel estaba en ruinas absolutas.

«Oye, Amir, me he dado cuenta de que has pasado por alto el hecho de que Mark Twain llamó a esa tierra Palestina. ¿Estás tratando de ocultar algo?». No, no estoy tratando de ocultar nada. Y sí, tenía pensado omitirlo, pero ya que lo has mencionado, volvamos al origen del nombre Palestina. El emperador romano Adriano acababa de sofocar la rebelión de Bar Kojba en Israel en el siglo II. Harto de los problemáticos judíos y deseoso de dar una última patada en los dientes al enemigo derrotado, rebautizó la tierra como *Syria Palestina*, de donde proviene el término «Palestina».

El nombre no es un título antiguo basado en un pueblo palestino mítico que, hasta hace poco, cuando los malvados judíos los expulsaron, había llenado la tierra con su gran agricultura, tecnología y comercio. Nunca hubo una nación palestina ni un pueblo palestino. Era solo una designación para las personas que vivían en la zona, incluidos los judíos. Así es, antes de que Israel se convirtiera en un Estado, los judíos que vivían en la tierra eran conocidos como palestinos.

Todo eso cambió en 1948 con el nacimiento de Israel. De repente, los árabes de la región adoptaron la identidad palestina como un grupo étnico distinto. Nunca antes este término había sido un identificador étnico específico.

Así que siéntanse en libertad de quitarse sus kufiyas o kefias, dejar sus pancartas y enviar un mensaje de texto en grupo para cancelar la marcha. Desde el río hasta el mar, los palestinos no son la realidad.

La tierra prometida estaba en ruinas al pasar del siglo XIX al XX, pero Dios había prometido una restauración. A través de Ezequiel, dijo: «Mas vosotros, oh montes de Israel, daréis vuestras ramas, y llevaréis vuestro fruto para mi pueblo Israel; porque cerca están para venir. Porque he aquí, yo estoy por vosotros, y a vosotros me volveré, y seréis labrados y sembrados» (Ezequiel 36:8-9). No es la primera vez que oímos esta promesa. Hace tan solo dos capítulos, Ezequiel escribió: «Y daré bendición a ellas y a los alrededores de mi collado, y haré descender la lluvia en su tiempo; lluvias de bendición serán. Y el árbol del campo dará su fruto, y la tierra dará su fruto, y estarán sobre su tierra con seguridad; y sabrán que yo soy Jehová, cuando rompa las coyundas de su yugo, y los libre de mano de los que se sirven de ellos» (34:26-27).

Esta era la tierra que Dios había elegido para su pueblo, y la había bendecido. Esa bendición es evidente hoy en día. Cuando se conduce por Galilea o por el valle del Jordán, se ven granjas de frutos secos y huertos frutales en abundancia, muchos de los cuales producen más de una cosecha al año. Jezreel, donde vivo, es el granero de Israel. Campos fértiles hasta donde alcanza la vista. Cada mañana, mientras me sirvo un *espresso*, miro por la ventana de mi cocina y me encuentro cara a cara con una profecía bíblica cumplida. ¡Las palabras de Ezequiel reveladas en mi propio patio trasero!

Dios prometió preparar la tierra para el regreso de su pueblo. Y una vez que comenzó esa preparación, sus ovejas empezaron a correr hacia los pastos de su hogar.

### *Profecía cumplida núm. 2: Reunir a Israel de entre las naciones*

El pueblo disperso de Israel ya no estará disperso. El Gran Pastor le prometió a su rebaño en Ezequiel 34 que los buscaría. Dijo que cuando los encontrara, «las sacaré de los pueblos, y las juntaré de las tierras; las traeré a su propia tierra, y las apacentaré en los montes de Israel, por las riberas, y en todos los lugares habitados del país» (v. 13).

Los judíos habían estado dispersos durante 2000 años. Estaban en Polonia, Rusia, Túnez, Francia, Estados Unidos, Etiopía... casi todos los países que se te ocurran tenían al menos algunas comunidades judías de mayor o menor tamaño. Aparte del ostracismo que muchos sufrieron en sus países de origen, estas personas no tenían nada que las uniera. No tenían un idioma que las uniera, ya que su lengua materna se había perdido en gran parte a lo largo de los siglos. Lo único que las conectaba era una historia compartida desde hacía milenios y unas tradiciones religiosas muy arraigadas.

Pero entonces, de repente, muchos judíos de todo el mundo comenzaron a sentir una agitación en sus corazones. Floreció el anhelo de regresar a la tierra que se le había dado a su pueblo hacía tanto tiempo. Por supuesto, con el correr de los años había habido judíos que habían regresado a la tierra de a pocos, pero nunca antes había sucedido algo así. De repente, miles, luego decenas de miles de personas regresaron a la tierra de sus antepasados. ¿Quién era el que agitaba esos corazones? Nosotros sabemos la respuesta. «Y yo os tomaré de las naciones, y os recogeré de todas las tierras, y os traeré a vuestro país» (36:24).

Una verdad que he intentado transmitirle a la gente mientras enseño por todo el mundo es que el pueblo judío en el exilio no se encuentra en su hábitat natural. Israel es el lugar que Dios destinó para que vivieran. Pensemos en Nehemías en su papel de copero en la corte real. Se trataba de un trabajo cómodo, salvo por la remota posibilidad de sufrir una muerte horrible tras ingerir el veneno destinado al rey. Pero Nehemías no estaba satisfecho con la opulencia del palacio. Anhelaba emigrar a los restos en ruinas de la capital de su pueblo, Jerusalén.

Cada vez que los hijos de Israel están listos para experimentar la bendición de Dios, Él los atrae de vuelta a la tierra. Eso sucedió después del exilio y está sucediendo de nuevo hoy. La creación del Estado en 1948 lo cambió todo. Ese año trajo el resurgimiento de la nación del Antiguo Testamento en la que Israel volvió a tener sus propios líderes y gobierno. Estamos listos para recibir a todo nuestro pueblo. Por eso me duele ver a judíos de todo el mundo representando a otros países, luchando por otros países, viviendo en otros países.

El gran estadista estadounidense Henry Kissinger estaba hablando con la primera ministra Golda Meir sobre el regreso de los judíos a Israel. Kissinger le dijo a la primera ministra:

—Me considero primero estadounidense, segundo secretario de Estado y tercero judío.

Meir respondió:

—En Israel, leemos de derecha a izquierda.

Cada año, más hijos de Israel se dan cuenta de que Meir tenía razón. El número de personas que hacen *aliyah*, o emigran a Israel, asciende a decenas de miles al año. Con cada persona que regresa a casa se nos da un ejemplo más de que Dios cumple las promesas que hizo no solo a través de Ezequiel, sino también a través de otros profetas. En Jeremías, Dios anunció: «Vive Jehová, que hizo subir a los hijos de Israel de la tierra del norte, y de todas las tierras adonde los había arrojado; y los volveré a su tierra, la cual di a sus padres» (16:15). A través de Amós, Dios prometió:

> Y traeré del cautiverio a mi pueblo Israel, y edificarán ellos las ciudades asoladas, y las habitarán; plantarán viñas, y beberán el vino de ellas, y harán huertos, y comerán el fruto de ellos. Pues los plantaré sobre su tierra, y nunca más serán arrancados de su tierra que yo les di, ha dicho Jehová Dios tuyo (Amós 9:14-15).

Este compromiso se cumplió parcialmente después del exilio, pero nunca de forma completa, porque el pueblo fue nuevamente arrancado de la tierra. Tú y yo estamos en la generación en que se cumple esta promesa. Por fin, el pueblo de Israel ha vuelto a la tierra de Israel, y no hay posibilidad de que nos vayamos. Incluso cuando nos enfrentemos a las mayores adversidades, como veremos en los capítulos 38–39 del libro de Ezequiel, Dios estará allí para proteger a Israel y preservar la nación hasta que el Mesías regrese para gobernar desde su trono en Jerusalén.

Para enfatizar la lección, el Señor llevó a Ezequiel a un valle. En algún momento, allí había habido una gran batalla, y los huesos de los muertos estaban esparcidos por el suelo. Cuando Ezequiel llegó, el sol y las aves ya habían hecho su trabajo de eliminar la carne y la sangre. Pero aun así debía de ser un lugar triste. ¡Se habían perdido tantas vidas!

«¿Vivirán estos huesos?», preguntó el Señor (Ezequiel 37:3).

Sabiamente, Ezequiel le devolvió la pregunta: «Señor Jehová, tú lo sabes».

Es muy posible que el profeta esperara que Dios le hablara de la batalla o que le diera una nueva palabra utilizando ese campo de muerte como imagen. En cambio, el Señor le ofreció a Ezequiel una ilustración inesperada y asombrosa.

> Me dijo entonces: Profetiza sobre estos huesos, y diles: Huesos secos, oíd palabra de Jehová. Así ha dicho Jehová el Señor a estos huesos: He aquí, yo hago entrar espíritu en vosotros, y viviréis. Y pondré tendones sobre vosotros, y haré subir sobre vosotros carne, y os cubriré de piel, y pondré en vosotros espíritu, y viviréis; y sabréis que yo soy Jehová (vv. 4-6).

Ezequiel obedeció, y no creo que ningún generador de imágenes con IA pudiera replicar lo que el profeta vio a continuación ni que el mejor mezclador de audio pudiera reproducir lo que oyó. El Señor comenzó a reunir los huesos, conectándolos con ligamentos, tendones y músculos. Los órganos se regeneraron, la sangre llenó las venas y una capa de carne cubrió cada figura para mantener todo en su interior. Finalmente, ¡*voilà*, ahí estaba! ¡Un valle lleno de cadáveres! Un truco genial, Dios, pero…

> Y me dijo: Profetiza al espíritu, profetiza, hijo de hombre, y di al espíritu: Así ha dicho Jehová el Señor: Espíritu, ven de los cuatro vientos, y sopla sobre estos muertos, y vivirán (v. 9).

Una vez más, Ezequiel obedeció. El aliento llenó sus pulmones. Los corazones comenzaron a latir. La sangre empezó a fluir. Los cerebros se reactivaron. Los ojos se abrieron y el ejército se puso en pie. Deja de leer e imagina esta escena. ¡Increíble!

Entonces Dios le dijo a Ezequiel lo que significaba todo esto:

> Me dijo luego: Hijo de hombre, todos estos huesos son la casa de Israel. He aquí, ellos dicen: Nuestros huesos se secaron, y pereció nuestra esperanza, y somos del todo destruidos. Por tanto, profetiza, y diles: Así ha dicho Jehová el Señor: He aquí yo abro vuestros sepulcros, pueblo mío, y os haré subir de vuestras sepulturas, y os traeré a la tierra de Israel. Y sabréis que yo soy Jehová, cuando abra vuestros sepulcros, y os saque de vuestras sepulturas, pueblo mío. Y pondré mi Espíritu en vosotros, y viviréis, y os haré reposar sobre vuestra tierra; y sabréis que yo Jehová hablé, y lo hice, dice Jehová (vv. 11-14).

El pueblo no estaba errado; el otrora poderoso Israel estaba tan muerto como aquel ejército masacrado. Sin hogar. Sin lengua. Sin nada que los uniera. Pero a menudo cuando estamos más desesperados es cuando Dios muestra su poder. «Abriré sus sepulcros... Pondré mi Espíritu en ustedes... Los llevaré a su tierra». ¿Qué hicieron esos huesos para recuperar la vida? Nada. ¿Qué podía hacer Dios? ¡Todo! Dios los reunió y les devolvió la vida. Fue su voluntad, su decisión y su poder. El pueblo de Israel fue simplemente el receptor bendecido y pasivo de la gracia de Dios, otorgada a una nación que había demostrado una y otra vez que no se le podían confiar cosas buenas.

Esto no solo me resuena como judío, sino como seguidor de Yeshúa. Este escenario de muerte a vida es exactamente lo que le sucede a cada creyente. Pablo escribió: «Pero Dios, que es rico en misericordia, por su gran amor con que nos amó, aun estando nosotros muertos en pecados, nos dio vida juntamente con Cristo (por gracia sois salvos)» (Efesios 2:4-5). Debido a nuestros pecados, nuestros huesos espirituales se estaban secando en el campo, pero entonces Dios vino y dijo: «Les daré vida. Pondré mi Espíritu en ustedes y los traeré a mi familia». ¡Alabado sea el Señor! ¡Él ha dado vida a los muertos!

### *Profecía cumplida núm. 3: el renacimiento de una nación*

En 1941, a instancias de Adolf Hitler, el mariscal del Reich Hermann Göring envió un comunicado a Reinhard Heydrich solicitándole «un plan general que mostrara las medidas preliminares de organización, sustantivas y financieras para la ejecución de la solución final prevista para la cuestión judía».[10] Segundo, en la Schutzstaffel (SS) solo por el Reichsführer-SS Heinrich Himmler, Heydrich tenía los niveles necesarios de astucia y maldad para llevar a cabo su tarea.

Se hicieron planes y se crearon calendarios. Se presentaron a Hitler, quien los aprobó, y luego Heydrich los difundió entre los líderes nazis de diversos niveles del gobierno en la Conferencia de Wannsee de 1942. La intención era deportar a 11 millones de judíos de Europa Central a campos de concentración en el este. Una vez allí, algunos serían ejecutados de inmediato, mientras que otros serían sometidos a trabajos forzados tan extremos que les asegurarían la muerte. El plan se llevó a cabo y miles, luego millones, de judíos fueron asesinados.[11]

Mi abuelo y mi abuela maternos sobrevivieron de alguna manera al campo de exterminio de Auschwitz, pero la experiencia nunca se borró de sus vidas. Ambos perdieron a muchos familiares y amigos. ¿Cómo puede un pueblo sobrevivir a semejante genocidio? Muchos hijos de Israel ya no podían concebir a un Dios que permitiera que sucediera algo así. Pero Dios estaba allí. No le había dado la espalda a su pueblo. Por mucho que le doliera ver lo que les estaba pasando a sus elegidos, tenía que mantener las manos quietas porque estaba llevando a cabo un plan mucho mayor. Vimos ese plan cuando Dios dijo a través de Ezequiel: «Así ha dicho Jehová el Señor: He aquí yo abro vuestros sepulcros, pueblo mío, y os haré subir de vuestras sepulturas, y os traeré a la tierra de Israel. Y sabréis que yo soy Jehová, cuando abra vuestros sepulcros, y os saque de vuestras sepulturas, pueblo mío» (vv. 12-13).

Fue necesaria la culpa causada por las fosas comunes de tantas víctimas para que la comunidad internacional se decidiera finalmente a votar a favor de la aceptación del Estado de Israel. De otro modo, eso nunca habría sucedido. Ningún pueblo del mundo es tan odiado como los judíos. Fue necesario algo tan extraordinario, tan atroz, para reunir tanto apoyo internacional. Piénsalo: después de los ataques del 7 de octubre de 2023, ¿cuánto tiempo tardó la comunidad internacional en dejar de derramar lágrimas de cocodrilo por la matanza y venir a por nosotros con sus marchas, sus resoluciones y su violencia? Si hubiéramos perdido «solo» unos cientos de miles de vidas inocentes en la trituradora de carne de Europa Central, ¿quién sabe si hoy existiría Israel?

Incluso con los millones de muertos durante el Holocausto, solo pasó poco tiempo antes de que las Naciones Unidas dieran un giro y comenzaran a condenar a Israel (y siguen haciéndolo hoy en día). En los nueve años transcurridos entre 2015 y 2023, la ONU votó 154 veces a favor de condenar a Israel. Eso supone aproximadamente una condena y media al mes. Durante el mismo periodo, ese augusto organismo internacional antisemita votó a favor de condenar a otros países 71 veces. Ese es el total. Israel: 154; el resto del mundo: 71.[12] Parece que deberíamos tener derecho a una tarjeta de clientes o a un Club de la Condena del Mes.

Por mucho que lo intenten, las Naciones Unidas no pueden derribar a Israel porque Dios también le proporcionó a mi país los Estados Unidos. Estados Unidos no duda en vetar las resoluciones del Consejo de Seguridad de la ONU contra Israel y en votar en contra de las resoluciones de la Asamblea General dirigidas contra el Estado judío. Creo firmemente que esa es la razón por la que Estados Unidos es hoy la primera superpotencia del mundo. No es una coincidencia, es Dios. Todo se remonta al pacto de Abraham, cuando Dios prometió que bendeciría a quienes bendijeran a los hijos de Abraham y maldeciría a quienes los maldicen. En eso estoy de acuerdo con mi amigo de ficción, Nir Tavor,[13] a quien le gusta decir que la coincidencia es solo una excusa para aquellos que no están dispuestos a dar un paso atrás y ver el panorama general.

A través de Isaías, Dios hizo la pregunta: «¿Quién oyó cosa semejante?, ¿Quién vio tal cosa? ¿Concebirá la tierra en un día? ¿Nacerá una nación de una vez? Pues en cuanto Sion estuvo de parto, dio a luz sus hijos» (Isaías 66:8). Dios hizo una pregunta y Él mismo la respondió. Luego, 2700 años después, demostró su respuesta. El 14 de mayo de 1948, el Estado de Israel comenzó a existir.

Israel no solo renació en un solo día, sino que renació como una única nación. Durante el período de los reyes, el país estaba dividido entre el norte y el sur. Incluso en la época de Jesús, aunque Samaria estaba situada en la provincia romana de Judea, se consideraba una región separada de la propia Judea. Dios tenía planes para remediarlo.

Era hora de más revelaciones para los exiliados:

> Hijo de hombre, toma ahora un palo, y escribe en él: Para Judá, y para los hijos de Israel sus compañeros. Toma después otro palo, y escribe en él: Para José, palo de Efraín, y para toda la casa de Israel sus compañeros. Júntalos luego el uno con el otro, para que sean uno solo, y serán uno solo en tu mano (Ezequiel 37:16-17).

La unificación de los dos palos tenía la intención de servir como una ayuda visual para el pueblo sobre lo que Dios iba a hacer por la nación de Israel.

> Tomaré a los israelitas de entre las naciones por donde han andado; los reuniré de todas partes y los haré regresar a su propia tierra. Y en esta tierra, en los montes de Israel, haré de ellos una sola nación. Todos estarán bajo un solo rey; nunca más serán dos naciones ni estarán divididos en dos reinos (vv. 21-22 NVI).

Los pactos de Dios eran con una única nación de Israel, y sus planes para el futuro pertenecían a una única nación de Israel. La división pecaminosa había terminado. Cuando tú visitas Israel hoy en día, es posible que escuches hablar del norte de Israel y del sur de Israel, pero solo será en términos de regiones geográficas. Somos un solo pueblo de una sola nación, proveniente de todo el mundo. En este momento, si hay divisiones dentro del país, son políticas y religiosas. Como estamos viendo en tantos países hoy en día, la división entre el conservadurismo y la izquierda liberal se está volviendo peligrosamente hostil. Con el tiempo, los problemas con un poder judicial descontrolado, llegarán a un punto crítico de forma desagradable. En cuanto a la división de creencias, la religión mayoritaria es el judaísmo. Sin embargo, en Israel viven libremente personas de todos los credos. Pero eso cambiará algún día, y para mejor.

El plan de Dios no era solo una reunión física, sino también una unificación espiritual. El camino que conduce a ese tiempo bendito en el que todos se arrodillarán ante el Mesías y el increíble tiempo de paz y alegría que seguirá se encuentra en las profecías sin cumplir que quedan en estos dos capítulos. Y Dios hará que todo suceda.

Es esencial no pasar por alto las palabras que Dios utiliza en el pasaje anterior. Tres veces aparecen los verbos en futuro, relacionados con el pronombre en primera persona del Señor. Él es quien los traerá de vuelta. Sinceramente, la mayoría de los judíos europeos de principios del siglo XX no estaban entusiasmados con la idea de ir a la tierra prometida. Al igual que Jonás, incluso intentaron huir del llamado de Dios.

En mayo de 1939, muchos judíos europeos vieron acercarse la sierra circular nazi. Un grupo de ellos se embarcó en el barco alemán St. Louis, en Hamburgo, para intentar huir. Pero en lugar de buscar refugio en la tierra de sus antepasados, los 937 refugiados zarparon hacia Cuba. Esto me recuerda un poco a los israelitas que huyeron a Egipto tras la destrucción de Jerusalén, pero —a diferencia de Egipto, que aceptó a los sobrevivientes judíos— Cuba rechazó el barco. Presas del pánico, los pasajeros lo intentaron en Estados Unidos y

Canadá. Las respuestas fueron negativas también. Sin más opciones, el St. Louis regresó a Europa occidental. De los 937 viajeros, 254 murieron en el Holocausto.

¿Por qué la gente busca ayuda en otras fuentes que no son Dios? Cuba, Estados Unidos y Canadá no fueron de ninguna ayuda. De hecho, empeoraron las cosas. Dios dijo: «Reuniré a mi pueblo y lo llevaré a su tierra». Él hizo la promesa y cumplió su plan. Cada vez que se debate si los judíos pertenecen a esa tierra, el problema no es con el pueblo, sino con Dios mismo.

## Profecías sin cumplimiento en nuestra generación

### *Profecía incumplida núm. 1: un pacto de paz*

Imagina un trozo de papel, perfectamente blanco, salvo por unos pocos puntos negros que manchan la superficie. Al examinar la hoja, parece que los pequeños círculos no siguen ningún patrón ni tienen sentido alguno. Pero al mirar más de cerca, descubres que junto a cada punto hay un número diminuto impreso. Al escanear los dígitos, finalmente encuentras el número 1. Tomas tu lápiz, lo colocas directamente sobre el punto 1 y buscas el que está marcado con el 2. Ahí está, arriba a la derecha. Arrastrando la mina del lápiz por el papel, trazas una línea que conecta los dos puntos. Cuando encuentras el 3, continúas la línea desde el 2 hasta el siguiente punto. Continúas así hasta llegar al último número. Al retroceder, te das cuenta de que lo que creías que eran puntos aleatorios no lo eran tanto, después de todo. Cuando se conectan en el orden correcto, crean una imagen.

«Eh, gracias, Amir, por dedicar todo un párrafo a describir un simple juego de unir puntos. ¿Puedo preguntarte por qué?». Sí, claro que puedes. Me he tomado mi tiempo porque quería que entendieras el proceso de conectar un punto con otro. Esta es una habilidad que todo buen intérprete bíblico debe poseer. Un pasaje de las Escrituras por sí solo puede ser algo poderoso, pero cuando se conecta con otros que refuerzan su verdad y su propósito, puede convertirse en un principio fundamental sobre el que podemos construir la doctrina.

El pacto de paz fue mencionado por primera vez por Ezequiel en el capítulo 34. Cuando el Señor habló de su rol como nuevo pastor de Israel, dijo: «Y estableceré con ellos pacto de paz, y quitaré de la tierra las fieras; y habitarán en el desierto con seguridad, y dormirán en los bosques» (v. 25). El contexto más amplio habla de un tiempo en el que habrá seguridad tanto de los hombres como de las fieras, y habrá cercanía entre Israel y el Señor.

En los capítulos que estamos viendo en esta sección, el Señor reafirmó esta promesa diciendo: «Y haré con ellos pacto de paz, pacto perpetuo será con ellos» (37:26a). Una vez más, un pacto de paz, y ahora nos enteramos de que es un pacto eterno. ¿Qué es esta promesa entre Dios y su pueblo? ¿Es un quinto pacto del que aún no hemos hablado?

Es aquí donde es preciso conectar los puntos de las Escrituras. Cuando lo hagamos, reconoceremos que ya sabemos todo sobre este pacto, solo que con un nombre diferente. A través de Jeremías, Dios dijo: «He aquí que vienen días, dice Jehová, en los cuales haré nuevo pacto con la casa de Israel y con la casa de Judá» (Jeremías 31:31). El pacto de paz y el nuevo pacto son lo mismo. También se hará realidad en un tiempo en el que habrá paz entre Israel y el Señor gracias a su perdón infinito, manifestado en sus palabras: «perdonaré la maldad de ellos, y no me acordaré más de su pecado» (v. 34). Imagínate: el pecado que fue tan grande como para causar la destrucción de Jerusalén y del templo santo será perdonado y borrado de la mente de Dios. Una vez más, ese es el mismo perdón que se nos promete a ti y a mí.

Pero este nuevo pacto no comenzó con Jeremías y Ezequiel. Hay otro punto que conectar, y ese se encuentra en Isaías.

Más de cien años antes de estos dos profetas, Isaías escribió sobre un Siervo Sufriente por cuyas «llagas fuimos curados» (Isaías 53:5). Inmediatamente después de ese relato de dolor, Isaías escribió sobre una maravillosa promesa hecha por Dios a Israel, una promesa que podría haber sido pronunciada con la misma pertinencia ante las audiencias de los profetas posteriores.

> Por un breve momento te abandoné, pero te recogeré con grandes misericordias. Con un poco de ira escondí mi rostro de ti por un momento; pero con misericordia eterna tendré compasión de ti, dijo Jehová tu Redentor. Porque esto me será como en los días de Noé, cuando juré que nunca más las aguas de Noé pasarían sobre la tierra; así he jurado que no me enojaré contra ti, ni te reñiré. Porque los montes se moverán, y los collados temblarán, pero no se apartará de ti mi misericordia, ni el pacto de mi paz se quebrantará, dijo Jehová, el que tiene misericordia de ti (54:7-10).

Dios impuso la disciplina necesaria, pero nunca retiró su amor. Las montañas podrán nivelarse y los montes aplanarse, pero el pacto de Dios con Israel permanecerá. ¿Qué pacto? El nuevo pacto, el pacto de paz. Cuando miramos a Israel hoy, es obvio que aún no ha llegado la paz definitiva entre Dios y los hijos de Abraham. Pero se acerca rápidamente la era en la que toda enemistad entre el Señor y su pueblo será borrada de una vez por todas.

### *Profecía incumplida núm. 2: un cuarto templo*

¡Estoy tan cansado de oír hablar del tercer templo! Todos los días recibo preguntas de gente que me pregunta si se está reconstruyendo el tercer templo y dónde se ubicará cuando esté terminado, cómo reaccionará el mundo y si todos los musulmanes deberán desaparecer para que se pueda llevar a cabo la reconstrucción, ¡y muchas cosas más! Claro, estas preguntas pueden resultar intrigantes, pero para los creyentes son totalmente irrelevantes. Yo no estaré aquí para ver el tercer templo, y espero que ustedes tampoco. Estaremos en el cielo con nuestros cuerpos resucitados disfrutando de la presencia física de Dios. Eso es mucho mejor que ir a ver un edificio nuevo y lujoso construido en el Monte del Templo, pero que carece por completo de la gloria del Señor.

Dios prometió a la nación de Israel un nuevo templo. Él dijo:

> … y los estableceré y los multiplicaré, y pondré mi santuario entre ellos para siempre. Estará en medio de ellos mi tabernáculo, y seré a ellos por Dios, y ellos me serán por pueblo. Y sabrán las naciones que yo Jehová santifico a Israel, estando mi santuario en medio de ellos para siempre (Ezequiel 37:26b-28).

El templo del que habla Dios en Ezequiel es una morada divina eterna. Es un superviviente; el tercer templo no lo es. Es uno que se establecerá una vez que se revele el anticristo, y es donde sorprenderá a todo el pueblo de Israel —que se había creído sus mentiras— entrando en la estructura y declarándose Dios.

> De ninguna manera se dejen engañar. Porque ese día no vendrá sin que antes venga la apostasía, y se manifieste el hombre de pecado, es decir, el hijo de perdición, el cual se opone y se enfrenta a todo lo que se llama Dios o es objeto de culto. Llega al grado de sentarse en el templo de Dios y de ocupar su lugar, haciéndose pasar por Dios (2 Tesalonicenses 2:3-4 RVC).

Ese «día» al que se refiere es la segunda venida de Cristo al final de la tribulación. Esta profanación del templo tendrá lugar tres años y medio antes. En ese momento, algunos de los judíos se darán cuenta de que han sido engañados y huirán al desierto (Apocalipsis 12:6).

El resto aceptará a este nuevo dios y, finalmente, lo pagarán con sus vidas.

Sin embargo, este tercer templo profanado tendrá una vida efímera. Cuando llegue el «día» del regreso de Cristo, la estructura profanada será destruida por el terremoto que emanará de los pies del Mesías al tocar el monte de los Olivos (Zacarías 14:4).

Cuando ese templo, junto con el monte mismo, sea destruido, dará paso al cuarto templo. Esta nueva y enorme casa de Dios se conoce a menudo como el templo de Ezequiel, porque él da muchos detalles sobre su tamaño y apariencia. Dado que el profeta espera hasta el final de su libro para profundizar en este cuarto templo, nosotros haremos lo mismo.

### *Profecía incumplida núm. 3: un Rey y un Reino*

Israel no tiene rey. Lo sé, vivo aquí. Tenemos un órgano legislativo conocido como la Knesset o «asamblea», un órgano ejecutivo encabezado por el primer ministro y tenemos un poder judicial dirigido por el Tribunal Supremo. Si bien es cierto que el actual Tribunal Supremo israelí se considera a sí mismo compuesto por reyes y reinas, en realidad no es así. Son solo izquierdistas ávidos de poder a los que les gusta fingir que son de la realeza.

No es de extrañar que no tengamos monarcas, ya que no somos una monarquía. Israel no es un reino, sino una república parlamentaria unitaria. Sin duda, no es tan glamuroso ni tan fácil de decir como «reino», pero cuando este sistema funciona correctamente, nos ha ido bastante bien. Aun así, se acerca el momento en que el gobierno de Israel cambiará por completo. No solo volveremos a los días de la monarquía, sino que traeremos de vuelta al mejor Rey de todos los reyes: el propio David.

> Mi siervo David será rey sobre ellos, y todos ellos tendrán un solo pastor; y andarán en mis preceptos, y mis

> estatutos guardarán, y los pondrán por obra. Habitarán en la tierra que di a mi siervo Jacob, en la cual habitaron vuestros padres; en ella habitarán ellos, sus hijos y los hijos de sus hijos para siempre; y mi siervo David será príncipe de ellos para siempre (Ezequiel 37:24-25).

«Eh, Amir, hay un pequeño problema en todo ese plan. No sé cómo decírtelo, pero David lleva muerto unos 3000 años». Te entiendo, y estoy de acuerdo en que normalmente eso podría considerarse un impedimento. Sin embargo, estamos hablando del Dios que da vida. Él es quien resucitó a su Hijo y lo puso en el trono para toda la eternidad. ¿De verdad crees que poner a un David resucitado en el trono de Jerusalén para gobernar durante el milenio es algo importante para Él?

Recuerda que todos los que hemos recibido a Yeshúa como nuestro Salvador y Señor también resucitaremos. Y, como David, serviremos a nuestro Rey de reyes durante su reinado de mil años. La única diferencia entre David y nosotros es que él sabe cuál va a ser su trabajo. Nosotros, por otro lado, experimentamos una emocionante expectativa mientras esperamos descubrir la tarea perfecta que el Señor nos ha asignado y que se ajustará con precisión a lo que Él ha designado que seamos. Contrariamente a la opinión popular, el milenio no será solo un servicio religioso de mil años (aunque estoy seguro de que habrá muchas oportunidades maravillosas para adorar durante todo ese tiempo). Más bien, será un tiempo para servir al Señor mientras, en nuestros cuerpos glorificados, lo representamos ante la población mortal que sobreviva en la Tierra, que aumentará cada vez más con el paso de los años.

Lamentablemente, esa ciudadanía encarnada también se alejará gradualmente del Señor con el paso del tiempo, hasta el punto de que habrá un ejército de rebeldes listo para esperar al diablo cuando sea liberado del abismo. El conflicto que se desatará será el último en esta Tierra. Cuando acabe, el diablo, sus secuaces y todos aquellos que a lo largo de los tiempos le dieron la espalda al Señor, serán juzgados y arrojados al lago de fuego. Entonces, el Señor creará un nuevo cielo y una nueva tierra en los que moraremos con Él por los siglos de los siglos. Entonces ellos, y nosotros, sabremos que Él es el Señor.

CAPÍTULO 11

# LA GRAN GUERRA DE EZEQUIEL

## EZEQUIEL 38-39

El sirviente se despertó temprano y se estiró. Estaba amaneciendo y había mucho que hacer antes de que su amo se levantara. El hombre al que servía era extraño y a veces difícil. Sin embargo, también era justo y no se podía cuestionar su carácter ni su virtud, lo que hacía que los momentos extraños fueran un poco más llevaderos. El sirviente se puso las sandalias, se las ató rápidamente, tomó una jarra de agua y salió de la pequeña casa.

Mientras caminaba, hizo una lista de las tareas que tenía que hacer por la mañana. Ir a buscar agua, dar de comer a las gallinas, revisar las plantas del pequeño jardín y preparar el desayuno para su amo. El pozo principal de la ciudad estaba cerca de las puertas, pero desde donde él vivía no tardaba mucho en llegar. Una de las razones por las que le gustaba levantarse tan temprano era porque así no tenía que hacer mucha fila. Treinta minutos más de sueño podían costarle 45 minutos más de espera.

Al doblar una esquina, se sorprendió al ver que no había nadie en el pozo. Era la primera vez que ocurría. Los recursos hídricos de

Dotán eran limitados y no recordaba haber visto nunca un pozo vacío durante el día. Entonces, un ruido le hizo levantar la vista. La muralla que rodeaba la ciudad estaba llena de gente. Hablaban frenéticamente y señalaban hacia fuera. El sirviente dejó caer la jarra, corrió hacia la muralla, subió apresuradamente las escaleras y miró hacia fuera. Rodeando la ciudad, hasta donde alcanzaba la vista en ambas direcciones, había un enorme ejército. Soldados, caballos, carros, todos preparados para la batalla.

—¿Quiénes son? —exclamó, tratando de distinguir la insignia de la bandera.

—Arameos —dijo una voz temblorosa a su lado.

El corazón del sirviente se congeló en su pecho. Conocidos por su brutalidad y crueldad, si los arameos lograban atravesar la puerta, no quedaría ni un solo dotanita con vida por la mañana. Y dado el tamaño de su ejército y el mal estado en que se encontraba la muralla, el joven sabía que no había posibilidad de mantenerlos fuera.

Corrió. Tenía que llegar a casa lo más rápido posible, volver con su amo, el profeta. Eliseo se estaba lavando la cara con el agua del día anterior, cuando el sirviente irrumpió en la habitación. El joven agarró la mano del profeta y tiró de ella.

—¡Date prisa, tienes que ver esto! ¡Nos están atacando!

El viejo profeta se soltó de la mano de su sirviente y respondió:

—¿Atacando, dices? Interesante.

Después de recostarse en la cama, acercó las sandalias y comenzó a ponérselas. La respiración del joven se aceleró mientras cambiaba de un pie a otro. Eliseo se paró, se ató el cinturón alrededor de la cintura y luego asintió con la cabeza hacia su manto. El sirviente dejó escapar un suspiro de exasperación antes de descolgarlo de un gancho y colocarlo sobre los hombros del profeta.

Al salir de la casa, era evidente que la noticia se había extendido por toda la ciudad. Todo el mundo andaba con prisa, gritando y corriendo de un lado a otro. Pero no el viejo profeta. Él avanzaba arrastrando los pies, deteniéndose una vez para examinar unas manzanas que un madrugador había colocado en un puesto y que, al parecer, había abandonado presa del pánico. Después de lo que pareció una eternidad, los dos llegaron a lo alto de la muralla.

Señalando al ejército que había comenzado a marchar hacia la ciudad, el siervo gritó: «¡Ah, señor mío! ¿qué haremos?» (2 Reyes 6:15). Pero en lugar de ver terror o resignación, el siervo apreció una paz especial en los ojos del profeta.

Sacudiendo la cabeza, el anciano suspiró y respondió: «No tengas miedo, porque más son los que están con nosotros que los que están con ellos» (v. 16).

El sirviente estaba confundido. Lo único que veía a su alrededor era un grupo de aldeanos desaliñados y un pequeño contingente de soldados curtidos. Entonces oyó al profeta orar, pidiendo al Señor que revelara lo que realmente los rodeaba. «Entonces Jehová abrió los ojos del criado, y miró; y he aquí que el monte estaba lleno de gente de a caballo, y de carros de fuego alrededor de Eliseo» (v. 17). Tras un momento de ceguera temporal para los arameos y una larga caminata, el ejército enemigo quedó rodeado por sus homólogos israelitas en Samaria.

Al comenzar estos capítulos sobre lo que muchos conocen como la Guerra de Ezequiel, debemos recordar que este reino en el que vivimos no es todo lo que existe. Puede parecer que Israel es solo un pequeño punto en nuestro globo terráqueo, pero ese pequeño punto es el elegido por Dios. Y aunque los ejércitos combinados de muchas naciones enemigas parecen presentar probabilidades imposibles para la supervivencia de la pequeña nación, Israel tiene un secreto: el todopoderoso Dios creador del universo está luchando de su lado. Con un amigo así, no hay que preocuparse por el enemigo.

Sé que muchos lectores de este libro han estado esperando este próximo acontecimiento. No los culpo; yo también lo estuve esperando. En este capítulo, vamos a analizar la Guerra de Ezequiel, examinando su momento, sus protagonistas, el ataque, la defensa divina y las consecuencias. Cuando este capítulo llegue a su fin, veremos que el propósito de Dios al llevar a cabo los acontecimientos se habrá cumplido por completo. «Y seré engrandecido y santificado, y seré conocido ante los ojos de muchas naciones; y sabrán que yo soy Jehová» (Ezequiel 38:23).

## El momento: ¿antes o después del rapto?

La pregunta más frecuente que recibo en relación con la venida de la Guerra de Ezequiel es si tendrá lugar antes o después del rapto. Por mucho que me gustara dar una respuesta definitiva, simplemente no puedo, porque las Escrituras no ofrecen una respuesta definitiva. Sin embargo, tengo una idea bastante clara basada en la lógica y el razonamiento.

Dadas las alianzas geopolíticas del mundo actual, sería muy difícil imaginar otra cosa que no sea una Guerra de Ezequiel posterior al rapto. Hay una razón principal para ello: Estados Unidos. El compromiso que Washington ha adquirido con Jerusalén hace inconcebible que ninguna alianza, por grande que sea, se levante contra Israel. Desde el punto de vista económico, sería un desastre debido a las inevitables sanciones comerciales. Estas serían impuestas no solo por Estados Unidos, sino también por muchos otros países de la OTAN que Estados Unidos atraería a su alianza. También es concebible, incluso probable, que un ataque contra Israel provocara una respuesta militar que podría muy bien convertirse en nuclear. Eso es algo que nadie quiere, excepto algunos radicales locos del régimen islamista de Irán.

Para que se produzca la Guerra de Ezequiel, primero hay que neutralizar a Estados Unidos. Esto podría lograrse mediante un ataque abrumador de terroristas o de un régimen extranjero como China. Sin embargo, los riesgos para la nación atacante son increíblemente altos. Si se descubrieran los planes o si la devastación no fuera lo suficientemente completa, el coste de la represalia sería exorbitante.

Una segunda forma de neutralizar el poder de Estados Unidos es simplemente dejar que la nación se deteriore poco a poco. Antes de las elecciones presidenciales de 2024, la autodestrucción de Estados Unidos estaba avanzando a un ritmo vertiginoso. Pero, de repente, se accionó el freno de emergencia, el coche dio un giro de 180° y se inyectó una fuerte dosis de sentido común y fuerza en el liderazgo y la cultura estadounidenses. La pregunta es si esto durará. ¿Conducirá esto a un cambio de dos años, de cuatro años o a una revitalización más duradera de los valores tradicionales? Si esta renovación de la cordura resulta ser un mero bache en la caída de Estados Unidos, entonces no pasará mucho tiempo antes de que Israel se quede solo.

La tercera posibilidad, y la que creo más probable, para que Estados Unidos pierda su puesto de liderazgo en la escena mundial es que se produzca el rapto. No hay otra nación en la Tierra que vaya a experimentar el mismo nivel de destrucción interna debido al asombroso número de personas que desaparecerán en un solo instante. Una rápida búsqueda en Internet te proporcionará una amplia gama de porcentajes relacionados con el número de cristianos evangélicos en Estados Unidos. Por «evangélicos» me refiero a los verdaderos creyentes renacidos y llenos del Espíritu de Jesucristo que serán arrebatados en el rapto. Las encuestas más optimistas hablan de entre un 30 % y un 35 %, lo que me parece muy alto. En el lado más pesimista, hay quienes dicen que menos del 10 %.

Solo por argumentar, tomemos una cifra especialmente baja: uno de cada veinte estadounidenses verdaderamente salvados. Con una población de poco menos de 350 millones,[14] eso significaría que 17,5 millones de creyentes desaparecerían repentinamente de la población. Estados Unidos se paralizaría por completo. Pensemos en lo que ocurrió cuando llegó la COVID y, según las definiciones más laxas, murieron 1,2 millones de personas en un periodo de cuatro años.[15] Las empresas, el suministro de alimentos, el entretenimiento y todo lo que se nos ocurra se paralizaron por completo. Bueno, todo excepto el gobierno, que se puso en marcha a toda velocidad.

Si en lugar de morir menos del 0,5 % en cuatro años, muere el 5 % o más de forma instantánea, Estados Unidos caerá inmediatamente de su posición como actor mundial, al menos durante un tiempo. Habrá demasiado que hacer para que la nación intente recuperarse. Eso abrirá la puerta a otras naciones para llevar a cabo los planes secretos que tienen cuidadosamente guardados en un archivador con la etiqueta «Para cuando Estados Unidos colapse». China se apoderará de inmediato de Taiwán y luego arrasará el Pacífico Oriental, Filipinas, Japón, Indonesia y posiblemente incluso Australia quedarán bajo la influencia de Pekín.

Mientras eso ocurre, Rusia hará un pacto con China, que registre, esencialmente: «Tú haz lo tuyo allí y nosotros haremos lo nuestro aquí». Luego reunirán a los aliados que ya tienen hoy —Turquía, Irán y algunos otros— y pondrán en marcha un plan para Israel que han estado esperando para un momento como este.

## El momento: confusión con Apocalipsis 20

Una segunda pregunta que también recibo tiene que ver con la confusión entre la Guerra de Ezequiel y la gran batalla final de Apocalipsis 20. Es un error comprensible, dado el nombre del antagonista principal.

> Vino a mí palabra de Jehová, diciendo: Hijo de hombre, pon tu rostro contra Gog en tierra de Magog, príncipe soberano de Mesec y Tubal, y profetiza contra él, y di: Así ha dicho Jehová el Señor: He aquí, yo estoy contra ti, oh Gog, príncipe soberano de Mesec y Tubal (Ezequiel 38:1-3).

La profecía estaba dirigida a Gog, de la tierra de Magog. Pero esa no es la única vez que oímos hablar de este Gog. Al final del milenio,

Satanás será liberado del abismo y «saldrá a engañar a las naciones que están en los cuatro ángulos de la tierra, a Gog y a Magog, a fin de reunirlos para la batalla; el número de los cuales es como la arena del mar» (Apocalipsis 20:8). Si Gog de Magog parece ser derrotado antes de la tribulación según Ezequiel 38, ¿por qué lo vemos 1007 años después, más o menos? ¿Es posible que la Guerra de Ezequiel se refiera realmente a esa batalla final antes del fin del mundo?

No, no lo es. En primer lugar, la batalla de Ezequiel proviene principalmente del norte y solo involucra a unas pocas naciones (Ezequiel 38:6, 15; 39:2). La batalla de Apocalipsis 20:7-9 atraerá a todas las naciones que vienen de todas las direcciones. Segundo, aunque Satanás está sin duda involucrado detrás de escena en la Guerra de Ezequiel, Apocalipsis 20:8 lo coloca al frente liderando la carga. Tercero, Ezequiel dijo que después de la guerra que lleva su nombre,

> En aquel tiempo yo daré a Gog lugar para sepultura allí en Israel, el valle de los que pasan al oriente del mar; y obstruirá el paso a los transeúntes, pues allí enterrarán a Gog y a toda su multitud; y lo llamarán Valle de Hamón-gog. Y la casa de Israel los estará enterrando por siete meses, para limpiar la tierra (39:11-12).

Esto tiene sentido si la Tierra debe ser purificada para su uso posterior. Pero inmediatamente después de la guerra del Apocalipsis 20 viene el juicio del Gran Trono Blanco, al que sigue la creación de unos nuevos cielos y una nueva tierra. Por lo tanto, limpiar sería como enderezar las reposeras del Titanic.

Según las Escrituras, está claro que Ezequiel 38-39 y Apocalipsis 20 hablan de dos acontecimientos diferentes. Entonces, ¿por qué los nombres son similares? En Apocalipsis 20, en lugar de ser el nombre de una persona específica, Gog se refiere a un espíritu y una actitud de rebelión contra Dios. Eso no quiere decir que «Gog, príncipe soberano de Mesec y Tubal» no pueda ser también una persona que representa ese espíritu rebelde. Sin embargo, dudo que encuentres ese nombre en su carné de conducir.

Las fuerzas que salen del extremo norte en Ezequiel 38 se levantan para destruir a los hijos de Israel, el pueblo de Dios. En Apocalipsis 20, Satanás está haciendo un último y vano esfuerzo por derribar al mismo Dios. En ambos casos, hay rebelión contra Dios. Y en ambos casos, Gog es derrotado.

## Quién es quién: los chicos malos

Una coalición de enemigos se dirige hacia Israel. Algunos son fáciles de identificar, pero otros requieren un poco más de esfuerzo. Para tener una idea de quiénes estamos hablando, tenemos que remontarnos al diluvio. Cuando Dios limpió el mundo, salvó a Noé y a su familia, que incluía a su esposa, tres nueras y tres hijos, Sem, Cam y Jafet. A estos se les dio el mandato: «Fructificad y multiplicaos, y llenad la tierra» (Génesis 9:1). Desgraciadamente, les gustaba el lugar donde estaban: una vegetación exuberante y un suelo fértil para construir torres. Así que el Señor confundió sus lenguas y el pueblo se dispersó. Los descendientes de Sem se dirigieron al sur, hacia Arabia y Asia. Los hijos de Cam también se dirigieron al sur, pero siguieron un poco más hasta llegar a África. Jafet, sin embargo, se dirigió al norte y al oeste. Cuando miramos los nombres de sus hijos y nietos, vemos algunos que encajan en nuestra historia.

> Los hijos de Jafet: Gomer, Magog, Madai, Javán, Tubal, Mesec y Tiras. Los hijos de Gomer: Askenaz, Rifat y Togarma (10:2-3).

Ya conocimos a Gog de Magog, el príncipe soberano de Mesec y Tubal. Este líder viajará para invadir la nación de Israel, y traerá consigo a sus amigos.

> Y te quebrantaré, y pondré garfios en tus quijadas, y te sacaré a ti y a todo tu ejército, caballos y jinetes, de todo en todo equipados, gran multitud con paveses y escudos, teniendo todos ellos espadas; Persia, Cus y Fut con ellos; todos ellos con escudo y yelmo; Gomer, y todas sus tropas; la casa de Togarma, de los confines del norte, y todas sus tropas; muchos pueblos contigo (Ezequiel 38:4-6).

A primera vista, parece bastante fácil determinar la ubicación de Magog. Rosh se parece mucho a Rusia. Se podría argumentar que Mesec es Moscú. Y en cuanto a Tubal, ¿podría ser Tobolsk, esa pequeña ciudad situada al este, por encima de Kazajistán? Quizás sí, pero quizás no. No niego que Gog se refiera a un líder ruso. Solo me gustaría tener pruebas más sólidas.

En Ezequiel 39, cuando Dios le dijo una vez más a Gog que iba a llevar al príncipe a Israel, añadió un detalle más. «He aquí yo estoy contra ti, oh Gog, príncipe soberano de Mesec y Tubal. Y te quebrantaré, y te conduciré y te haré subir de las partes del norte, y te traeré sobre los montes de Israel» (vv. 1-2). ¿Desde dónde es conducido Gog? Del extremo norte. ¿Qué país está al extremo norte de Israel? Rusia. Así que, geográficamente, esto tiene sentido. Hay otra fuente que da credibilidad a esta conexión entre Gog y Magog y Rusia. Josefo, historiador judío del siglo I, equiparó estas dos entidades con los escitas que vivían al norte del mar Caspio. Este pueblo belicoso causó tantos problemas entre los siglos VIII y III a. C. que, supuestamente, Alejandro Magno construyó un muro para impedir que invadieran su territorio. ¿El nombre de esta gran barrera? El muro de Magog.

«Eh, Amir, ¿acabo de ver un "supuestamente" en la última prueba?». Por desgracia, sí. La razón es que la confirmación histórica de la muralla no es tan sólida como para considerarla una certeza. Además, Josefo, aunque es una gran fuente para conocer el ambiente de una época histórica, no siempre es 100 % preciso en los detalles. Por eso lo incluyo en la categoría «es creíble», en lugar de en la lista «es evidencia». El Dr. John F. Walvoord, expresidente y rector del Seminario Teológico de Dallas, resume el argumento a favor de un Magog ruso:

> La única nación a la que se ajusta la descripción «extremo norte» sería Rusia, que, por supuesto, se encuentra al norte de Israel, con Moscú directamente al norte de Jerusalén. Aunque algunos intentan cuestionar esta identificación, debido a que Rusia se extiende más de seis mil millas al este y al oeste, cualquier referencia a una nación al extremo norte de Israel tendría que ser Rusia debido a los hechos geográficos involucrados.[16]

Por lo que sabemos de Rusia —su poderío militar, sus ideologías expansionistas y su abrumador deseo de energía—, encaja perfectamente con Magog, donde se encuentran Rosh, Mesec y Tubal. Luego está el resto de la alianza. Persia es Irán. Etiopía es una traducción de la palabra hebrea Cus y está centrada en Sudán. Fut es el siguiente país, que la NKJV [en inglés] traduce acertadamente como Libia. Gomer y la casa de Togarma, o Beth-Togarma, forman parte de Turquía. Es cierto que Togarma también se conoce como «el lejano norte», pero Turquía está a solo un mar Báltico o un pequeño país de Georgia de distancia de Rusia, dependiendo de dónde se mire. Todo ello se encuentra bien al norte de Israel.

Lo que deducimos de las palabras del Señor es que se formará un eje del mal compuesto por países al norte, este y oeste de Israel con la intención de destruir la nación judía. Es interesante señalar que, por primera vez en la historia de Israel, solo serán países de segundo orden los que ataquen. Ninguna nación fronteriza con Israel formará parte de este intento de invasión. El Líbano, Siria y posiblemente Jordania poseerán el territorio desde el que se lanzará el ataque. Sin embargo, las propias naciones no participarán.

La pregunta sigue siendo por qué estas potencias, en particular las tres principales, están tan decididas a invadir y destruir Israel. La respuesta no es complicada, especialmente si se entiende quiénes son estas naciones. Para Rusia, su objetivo es el poder, y eso en dos sentidos. En primer lugar, se trata de una economía energética. Israel está reduciendo sus ingresos con los enormes yacimientos de gas natural situados frente a la costa mediterránea. Rusia codicia esos yacimientos y necesita recuperar a los antiguos clientes a los que ahora les vende Israel. En segundo lugar, la Unión Soviética solía estar a la par de Estados Unidos en cuanto a fuerza y respeto. Eso ya no es así, especialmente con la situación actual de la guerra con Ucrania. Es posible que eso cambie cuando se publique este libro, pero en este preciso momento, ambas partes están sufriendo grandes pérdidas y ambas buscan una salida digna. Si Rusia se convierte en el actor principal en Oriente Medio al liderar esta derrota de Israel, podrá recuperar su lugar como una de las superpotencias mundiales.

En cuanto a Irán, el objetivo es la venganza. El régimen islamista de Teherán ha sufrido una humillación tras otra por parte de Israel. Desde bombardeos hasta asesinatos selectivos, pasando por el robo de sus secretos nucleares y el sabotaje de sus instalaciones nucleares, siempre son los ayatolás los que quedan en ridículo. Están hartos de todo esto y quieren vengarse a toda costa. Estoy convencido de que, cuando se publique este libro, el programa nuclear de Irán habrá sido neutralizado de una forma u otra.

Turquía ha sido considerada durante décadas el enfermo de Europa. El Imperio otomano ya no existe y Turquía es una sombra de lo que fue. El objetivo de la participación de Turquía en esta aventura militar es el respeto: no quieren que se rían de ellos a sus espaldas. Como uno de los líderes en la guerra contra Israel, intentarán recuperar el prestigio del que gozaban en el pasado, especialmente en el mundo musulmán. Un ataque exitoso tampoco sería malo para la economía turca, que en estos momentos está prácticamente destrozada.

## Quién es quién: los espectadores

En la última década se ha producido un acontecimiento inesperado. El aislado Israel ha entablado amistad con algunos de sus vecinos. Gracias a los esfuerzos que hay detrás de los Acuerdos de Abraham de Estados Unidos, han comenzado a derribarse los muros entre el Estado judío y algunos países musulmanes moderados cercanos. Marruecos, Baréin y los Emiratos Árabes Unidos han forjado relaciones razonables con Israel. Arabia Saudita camina por la delgada línea de las cejas fruncidas por delante y un brazo de pseudoamistad oculto detrás de la espalda. Esta camaradería es un paso necesario para que se produzca la Guerra de Ezequiel, porque cuando llegue la invasión, los musulmanes suníes moderados preguntarán al Eje del Mal: «¿Qué demonios están haciendo?».

> Sabá y Dedán, y los mercaderes de Tarsis y todos sus príncipes, te dirán: ¿Has venido a arrebatar despojos? ¿Has reunido tu multitud para tomar botín, para quitar plata y oro, para tomar ganados y posesiones, para tomar grandes despojos? Por tanto, profetiza, hijo de hombre, y di a Gog: Así ha dicho Jehová el Señor: En aquel tiempo, cuando mi pueblo Israel habite con seguridad, ¿no lo sabrás tú? (38:13-14).

Esto será algo nuevo. Una nación musulmana preguntándole a otra nación musulmana: «¿Por qué se meten con Israel?».

Lamentablemente, sus críticas no irán más allá de las palabras. La mayoría de la gente tiene amigos del trabajo y amigos de verdad. Los amigos del trabajo son aquellos con los que bromean en la máquina de café y con los que se unen para hacer una tarea. Pero si celebras una fiesta especial en tu casa, no son ellos los que recibirán una invitación. Esas están reservadas para tus amigos de veras, aquellos que realmente te caen bien y con los que pasas tiempo porque quieres, no porque ambos hayan sido contratados por el mismo Departamento de Recursos Humanos. Israel está haciendo amigos, pero son amigos del trabajo, y es probable que no los inviten a ninguna fiesta saudí del Fin del Ayuno en un futuro próximo. Las advertencias verbales contra el Eje pueden ser duras, pero se quedarán en eso, en palabras.

Todavía queda por identificar a los mercaderes de Tarsis y sus leoncillos. Los mercaderes probablemente pertenecen a Europa. Cuando se acerque la Guerra de Ezequiel, gritarán y pisotearán el suelo, pero la coalición rusa conoce el historial de votos de sus vecinos occidentales en las Naciones Unidas. Reconocerán que no tienen nada que temer de los europeos en lo que respecta a Israel. Se puede argumentar que los leones jóvenes de Europa son los Estados Unidos. Nacidos en Europa, sin duda existe una relación familiar. Por desgracia para Israel, como hemos visto anteriormente, Estados Unidos estará demasiado ocupado tratando de mantenerse a flote como para echar una mano.

## El ataque

El mundo estará convulsionado. Millones de personas habrán desaparecido, la primera potencia mundial se tambaleará tras un golpe casi mortal, muchos otros países habrán perdido ciudadanos en mayor o menor medida a causa de la gran desaparición, y la gente se preguntará si han sido visitados por extraterrestres o si una nueva pandemia está arrebatando la vida a otros. En otras palabras, la civilización se volverá loca. «Qué momento tan oportuno —pensará el presidente ruso— para lanzar una invasión».

Su secretario ejecutivo organizará una conferencia telefónica con el líder supremo de Irán, el presidente de Turquía y los líderes de Sudán y Libia. El presidente ruso les dirá:

> Subiré contra una tierra indefensa, iré contra gentes tranquilas que habitan confiadamente; todas ellas habitan

> sin muros, y no tienen cerrojos ni puertas; para arrebatar despojos y para tomar botín, para poner tus manos sobre las tierras desiertas ya pobladas, y sobre el pueblo recogido de entre las naciones, que se hace de ganado y posesiones, que mora en la parte central de la tierra (38:11-12).

Luego añadirá: «¿Quieres venir?».

Antes de que te des cuenta, un ejército enorme avanzará por Siria y el Líbano hacia la frontera norte de Israel. Mientras tanto, las fuerzas aéreas combinadas de las naciones aterrizarán en bases militares sirias y libanesas, y sus armadas inundarán el Mediterráneo frente a la costa de Israel. La guerra que se avecina no se resolverá con una ofensiva aérea o un ataque nuclear. Se trata de una invasión terrestre diseñada que hará palidecer el 7 de octubre.

No habrá nada sutil en los preparativos para la guerra. «Vendrás de tu lugar, de las regiones del norte, tú y muchos pueblos contigo, todos ellos a caballo, gran multitud y poderoso ejército, y subirás contra mi pueblo Israel como nublado para cubrir la tierra; será al cabo de los días; y te traeré sobre mi tierra, para que las naciones me conozcan, cuando sea santificado en ti, oh Gog, delante de sus ojos» (vv. 15-16). Israel estará indefenso. Su única opción sería recurrir a las armas nucleares, pero con la concentración de tropas en sus fronteras, hacerlo sería increíblemente peligroso para su propio pueblo y su territorio. Además, dada la proximidad del enorme arsenal nuclear de Rusia, la pequeña nación de Israel dejaría de existir en cuestión de minutos. A los israelíes no les quedará más remedio que temblar de miedo mientras esperan el ataque.

¿O podría haber algo más? Si hay algo que el pueblo judío conoce a fondo, es el Tanaj, también conocido como el Antiguo Testamento. No digo que todos los israelíes lo conozcan, pero sí lo suficiente como para garantizar que se establecerá una conexión con la Guerra de Ezequiel. La aceptación de este acontecimiento como el cumplimiento de la profecía puede empezar siendo minoritaria, pero a medida que las probabilidades en contra de Israel empeoren, el número de oraciones pidiendo la intervención de Dios aumentará cada vez más.

Pronto será evidente para todos, tanto dentro de Israel como para quienes lo observan desde fuera —Sabá, Dedán y el resto del mundo— que solo un milagro de Dios puede salvar a Israel. Dios profetizó a Gog: «Subirás contra mi pueblo Israel como nublado para cubrir la tierra; será al cabo de los días; y te traeré sobre mi tierra, para que las naciones me conozcan, cuando sea santificado en ti, oh Gog, delante de sus ojos» (v. 16). En otras palabras: «Cuando el mundo vea que te aplasto, sabrá que yo soy el Señor».

## La defensa

Las líneas de batalla están trazadas. Cualquier contramedida que Israel haya intentado no habrá surtido efecto. Ha llegado la hora cero. Los motores rugen al encenderse. Tanques, transportes militares, cazas a reacción, vehículos aéreos no tripulados, bombarderos, todos listos para partir. En el Mediterráneo se realiza una última revisión de los sistemas de misiles de cada buque de guerra, y los cazas y helicópteros de ataque despiertan con un grito. Se da la señal y el ejército, aparentemente imparable, cruzará la frontera con estruendo, sin percatarse de que está a punto de embestir de frente contra una fuerza inamovible.

Al principio, todo parecerá ir según lo planeado mientras los ejércitos combinados avanzan y arrasan una ciudad abandonada en el norte de Israel tras otra. Una vez que la confianza de Gog alcance su punto máximo, Dios intervendrá.

> En aquel tiempo, cuando venga Gog contra la tierra de Israel, dijo Jehová el Señor, subirá mi ira y mi enojo. Porque he hablado en mi celo, y en el fuego de mi ira: Que

> en aquel tiempo habrá gran temblor sobre la tierra de Israel; que los peces del mar, las aves del cielo, las bestias del campo y toda serpiente que se arrastra sobre la tierra, y todos los hombres que están sobre la faz de la tierra, temblarán ante mi presencia; y se desmoronarán los montes, y los vallados caerán, y todo muro caerá a tierra. Y en todos mis montes llamaré contra él la espada, dice Jehová el Señor; la espada de cada cual será contra su hermano. Y yo litigaré contra él con pestilencia y con sangre; y haré llover sobre él, sobre sus tropas y sobre los muchos pueblos que están con él, impetuosa lluvia, y piedras de granizo, fuego y azufre. Y seré engrandecido y santificado, y seré conocido ante los ojos de muchas naciones; y sabrán que yo soy Jehová (38:18-23).

Esto no es una alegoría. No es una imagen verbal. No se usan las palabras «como» ni «semejanza» en esta narración. Estás leyendo exactamente lo que sucederá: un terremoto, una confusión asesina entre hermanos que se matan entre sí, enfermedades mortales, inundaciones, granizo y el regreso de fuego y azufre como en Sodoma y Gomorra.

Muchos intérpretes actuales intentan encontrar equivalentes modernos a estos métodos de muerte. «La peste se refiere a armas químicas. Fuego y azufre se refiere a bombas de racimo y otros artefactos explosivos». Discrepo totalmente. Es cierto que necesitamos mejorar los medios de transporte. Si crees que describir un querubín desconcertó a Ezequiel, intenta que describa un MiG-35. Pero no hay razón para «interpretar» la destrucción. Si fuera el armamento de Israel el que destruyera el Eje del Mal, el resto del mundo diría: «¡Esos israelíes! ¡De alguna manera lo lograron otra vez!», ¿pero fuego y azufre cayendo del cielo?

«¡Entonces sabrán que yo soy el Señor!».

Un último punto: fíjate quién no está en el lado receptor de esta destrucción. «La espada de cada cual será contra su hermano». «Haré llover sobre él [Gog], sobre sus tropas y sobre los muchos pueblos que están con él». Sin duda, el pueblo de Israel sufrirá muchos impactos durante el terremoto, pero los únicos afectados por estas armas divinas destructoras serán Gog y sus aliados. Esa clara distinción consolidará en la mente de todos la verdad de que fue el Señor Dios quien trajo esta victoria.

## Consecuencias en Israel

Cuando el humo de azufre se disipe, será hora de agarrar las palas.

> En aquel tiempo yo daré a Gog lugar para sepultura allí en Israel, el valle de los que pasan al oriente del mar; y obstruirá el paso a los transeúntes, pues allí enterrarán a Gog y a toda su multitud; y lo llamarán Valle de Hamón-gog. Y la casa de Israel los estará enterrando por siete meses, para limpiar la tierra (39:11-12).

¡Qué trabajo! Siete meses enterrando a los muertos. Pero el pueblo de Israel será diligente y eficiente, y ganará renombre por sus esfuerzos (v. 13).

No solo serán los cuerpos los que tendrán que ser retirados, sino también las armas de guerra. El Señor habló de armas que se quemarán como combustible, lo cual podría ser o bien un anacronismo, o podría referirse a las armas fundidas para obtener algún tipo de combustible. Posiblemente, el acero podría usarse para fabricar turbinas eólicas o piezas para campos solares. Esa es una de esas preguntas que debemos dejar en el aire, sabiendo que algún día se aclarará su significado.

La destrucción del Eje del Mal es completa. Rusia está devastada. Irán y el islam radical están destruidos. Turquía está arrasada. Estados

Unidos sigue asolado por el rapto. Esto dejará a China como la superpotencia número uno del mundo. Imaginen a Europa dándose cuenta de que solo está a una larguísima y deshabitada autopista rusa de la llegada de la República Popular China y su establecimiento en Suiza o Austria. La única esperanza que tendrán los europeos para hacerles frente es unirse. Será necesario formar un vínculo fuerte como el hierro que unifique a las naciones en una sola unidad, tal como lo hicieron los estados en Estados Unidos.

De esa Europa unificada se afirmará un hombre. Después de tanta guerra, será un hombre de paz. Y tras el intento de destrucción de Israel, hay un regalo que puede dar a la nación que demostrará que realmente es el hombre que puede unir a todos los pueblos. Negociará un acuerdo para la construcción del tercer templo en el Monte del Templo. El mundo se maravillará de su inteligencia y el pueblo israelí se postrará a sus pies.

Esta credulidad de los israelíes se deberá a que sus aspiraciones mesiánicas estarán por las nubes. Habrán visto el poder de Dios protegiéndolos de forma sobrenatural. Esto aumentará sus expectativas de un Mesías venidero, posterior a la Guerra de Ezequiel, a tal nivel que estarán dispuestos a ceder el título a cualquier hombre con dos brazos, dos piernas y un título de propiedad para un tercer templo.

Una vez que el templo esté construido, Israel no querrá nada más que renovar el sistema de sacrificios para que la gente pueda volver a ofrecer sacrificios al Señor. Como lo expresó el Señor: «Y haré notorio mi santo nombre en medio de mi pueblo Israel, y nunca más dejaré profanar mi santo nombre; y sabrán las naciones que yo soy Jehová, el Santo en Israel» (v. 7). Pero a pesar de la promesa hecha por Dios más adelante en el capítulo 39, donde dijo: «Ni esconderé más de ellos mi rostro; porque habré derramado de mi Espíritu sobre la casa de Israel, dice Jehová el Señor» (v. 29), ese día aún no ha llegado. Israel puede haber dado un paso en la dirección de Dios, pero no es directamente hacia Él. En ese día, el pueblo se gloriará por un templo, pero no por el Mesías. Se regocijarán por un edificio, pero no por Aquel al que representa.

A medida que transcurran los próximos tres años y medio, la desgarradora experiencia del ataque comenzará a desvanecerse en la mente de muchos israelíes. Puedo imaginarme perfectamente que esto sucederá porque ya lo he visto en algunos de los acuerdos absurdos que miembros de nuestro gobierno y nuestros tribunales quieren hacer con Hamás hoy. Los sacrificios del templo continuarán, pero le importarán cada vez a menos gente. La novedad se desvanecerá. Además, pensarán: «Ahí está ese hombre increíble que mandó construir el templo. Es a él a quien debemos oír».

Entonces, un día, ese hombre entrará en el templo y revelará un nuevo objeto de adoración: una estatua de sí mismo. Dos tercios de los judíos del mundo se unirán a esta nueva adoración al anticristo o simplemente les dará igual. Un tercio, sin embargo, se dará cuenta de que ha cometido un terrible error. Presas del pánico, huirán al desierto, donde Dios los cuidará sobrenaturalmente durante tres años y medio, a pesar de que sigan rechazando a su Hijo.

Cuando se cumplan los siete años de la disciplina de Dios sobre Israel y su juicio sobre el mundo, Yeshúa el Mesías regresará al monte de los Olivos. Todos los judíos restantes del mundo se reunirán ante Él. En ese momento no solo comprenderán quién es el Mesías, sino también el plan de Dios. El Mesías tenía que venir y morir. Pero entonces, con Él ahí ante ellos, también comprenderán que la muerte no pudo retenerlo. Resucitó y ascendió al cielo, esperando ese preciso momento para revelárseles.

Una luz se encenderá en sus mentes y sus corazones. Comprenderán que habían estado equivocados durante tanto tiempo. Llorarán por Él, derramando su arrepentimiento. Confesarán sus pecados, lo recibirán como su Señor y Salvador, y así todo Israel será salvo.

Hasta el final, Dios nunca olvidará a sus hijos; nunca se retractará de un pacto. Incluso cuando su pueblo se encontraba en su punto más rebelde antes del exilio, Él los amó y cuidó de ellos. Cuando Gog y sus ejércitos ataquen a la nación incrédula de Israel, Dios protegerá a su pueblo. Cuando el anticristo muestre su verdadera cara y comience a masacrar a los judíos, Dios protegerá al remanente creyente e incrédulo de los judíos del mundo. Y cuando el período de disciplina termine por completo, Él les quitará el corazón de piedra, les dará un corazón de carne, aceptará sus confesiones, perdonará sus pecados y los traerá a su Reino.

CAPÍTULO 12

# EL REGRESO DEL REY

## EZEQUIEL 40-48

Hay cosas malas. Hay cosas realmente malas. Y luego, hay cosas realmente pero realmente malas. Una de las muchas cualidades que me encantan de Ezequiel es que, a pesar de tener que lidiar con lo malo y lo realmente malo, podemos evitar la mayoría de lo realmente malo.

Eso realmente malo es la tribulación que vendrá después del surgimiento del anticristo. Hemos hablado de ese siervo de Satanás y de los siete años de disciplina y castigo que seguirán a su ascenso a la prominencia y la admiración mundial. Hemos analizado brevemente la terrible destrucción y el sufrimiento que afligirán la Tierra y a su población a través de los juicios de los sellos, las trompetas y las copas. Toda esta información es muy útil para que los creyentes la comprendan, aunque no estemos presentes para experimentar ninguno de los terrores. Habremos sido arrebatados antes de la «semana» de ira profetizada por Daniel.

Pero para este estudio no necesitamos profundizar en los horrores de la tribulación. Este es el libro de Ezequiel, y el profeta ha considerado oportuno saltarse los años de angustia de Jacob. En cuanto termine la guerra, saltaremos directamente al milenio. Si quieres saber más sobre la tribulación, tengo otros libros que te darán toda la información que necesitas.

## Midiendo el templo (40–42)

«Uf, Amir, ¿hay alguna posibilidad de saltarnos los siguientes capítulos? Es solo Ezequiel y un hombre con un palo midiendo un nuevo templo. ¿No podríamos simplemente decir que el centro de adoración reconstruido es realmente grande y luego pasar al siguiente?». Créeme, te entiendo. A primera vista, estos próximos capítulos parecen un aburrimiento garantizado. Pero recuerda, Dios los puso aquí por una razón más noble que permitirnos leer la Biblia en tiempo récord. Además, puede que te interese mucho más de lo que esperas. Así que, pon una cápsula doble de cafeína en tu Nespresso y manos a la obra.

Ezequiel comenzó la descripción de su visión con una marca temporal parcial.

> En el año veinticinco de nuestro cautiverio, al principio del año, a los diez días del mes, a los catorce años después que la ciudad fue conquistada, en aquel mismo día vino sobre mí la mano de Jehová, y me llevó allá. En visiones de Dios me llevó a la tierra de Israel, y me puso sobre un monte muy alto, sobre el cual había un edificio parecido a una gran ciudad, hacia la parte sur. Me llevó allí, y he aquí un varón, cuyo aspecto era como aspecto de bronce; y tenía un cordel de lino en su mano, y una caña de medir; y él estaba a la puerta (Ezequiel 40:1-3).

Corría el año 573 a. C., catorce años después de la caída de Jerusalén. El profeta tenía unos cuarenta y tantos años y llevaba viudo más de una década y media. Su vida en ese intervalo es un misterio. ¿Cuál era su rutina diaria? ¿Seguía profetizando con regularidad? ¿Había asumido su función de sacerdote o seguía siendo un ermitaño solitario que ocasionalmente salía a pedirle a la gente que revisara sus actos?

Cualquiera que fuera el día a día de Ezequiel, Dios eligió un momento oportuno para interrumpirlo. De repente, fue alzado y llevado a una alta montaña con vistas a Jerusalén. Sin embargo, la ciudad que se extendía debajo de él no era la Jerusalén que recordaba de antes de haber sido raptado. Tampoco era la serie de ruinas que sabía que habitaban el lugar.

Frente a Ezequiel se extendía una ciudad bellamente reconstruida con un enorme complejo de templos. Alguien se aclaró la garganta junto a él, y al girarse vio a un hombre de aspecto bronceado dispuesto a medir el enorme lugar sagrado. Antes de que el hombre comenzara su tarea, le encargó a Ezequiel: «Hijo de hombre, mira con tus ojos, y oye con tus oídos, y pon tu corazón a todas las cosas que te muestro; porque para que yo te las mostrase has sido traído aquí. Cuenta todo lo que ves a la casa de Israel» (v. 4). Observa, escucha, aprende, compártelo. Después de más de 20 años profetizando, esa era una serie de tareas que dominaba a la perfección.

Comenzó la medición:

> Y he aquí un muro fuera de la casa; y la caña de medir que aquel varón tenía en la mano era de seis codos de a codo y palmo menor; y midió el espesor del muro, de una caña, y la altura, de otra caña (v. 5).

¡Oye, ya veo que se te están cerrando los ojos! Pero no te sientas mal; nadie más tiene idea de lo que es un codo. Incluso los teólogos del Antiguo Testamento se llenan la taza de café en este punto y piensan: «¡Ay, esto va a ser un rollo…!».

Las medidas en las Escrituras pueden ser difíciles. Ya nadie sabe qué era un hin, un efa o un talento. Cuando Ezequiel habla de una vara de seis codos de largo, puede que se refiera a algo enorme o algo increíblemente pequeño. ¡Solo un maestro certificado en «codología» lo sabría!

Les voy a mostrar el «Pequeño truco de Amir para codo-ificar». En tu teléfono o computadora, busca www.biblegateway.com. Una vez allí, en el menú de versiones a la derecha, selecciona Nueva Traducción Viviente (NTV). Luego, busca Ezequiel 40. ¡Listo! De repente, el cálculo está hecho. Ahora el pasaje dice:

> Pude ver un muro que rodeaba por completo la zona del templo. El hombre tomó una vara que medía tres metros con veinte centímetros de largo y midió el muro, y el muro tenía tres metros con veinte centímetros de espesor y tres metros con veinte centímetros de alto (v. 5 NTV).[17]

Si no te gustan las paráfrasis bíblicas, ¡no hay problema! Simplemente lee la versión que uses habitualmente y ten la NTV abierta como referencia. Es mucho más fácil imaginar un patio cuadrado con lados de 53 metros que de 30 codos. Por cierto, este truco de interpretación también funciona para la mayoría de las demás unidades de medida.

El estudio comenzó en la Puerta Oriental, lo cual fue significativo porque era la que se usaba cuando la gloria del Señor se apartaba del templo. Probablemente sea la puerta por la que Jesús entró el Domingo de Ramos mientras cabalgaba hacia el oeste desde el monte de los Olivos. La Puerta Oriental es también el lugar por donde entrará la gloria del Señor cuando regrese en Ezequiel 43.

Toda esta sección presenta un dilema. ¿Cuánto de fino debemos hilar respecto a las mediciones? Mi filosofía en este libro, igual que en *¿Ha empezado el Apocalipsis?* y *Descubriendo a Daniel*, es familiarizar al lector con una parte de la Biblia que a menudo es un agujero negro para el cristiano común. Por lo tanto, intencionalmente, no profundizo demasiado en los detalles. En otras palabras, lo hacemos, pero no nos detenemos en los comentarios. Por eso, dejaré que Ezequiel y su compañero tomen sus mediciones, y les ofreceré algunas oportunidades en el cuaderno de ejercicios de este libro para que exploren un poco más el tema si lo desean.

A Ezequiel se le dan dos razones para tomar estas medidas.

### *Razón núm. 1: La vergüenza de Israel*

Cuando esta profecía llegó a Ezequiel, no había templo en Jerusalén. Pero pronto lo habría. Lamentablemente, palidecería en comparación con la gloria del primer templo. Cuando los que regresaron colocaron los cimientos del templo postexílico, todos los jóvenes celebraron su progreso. Pero para los mayores que habían visto la estructura de Salomón, fue un momento de duelo.

> Y cantaban, alabando y dando gracias a Jehová, y diciendo: Porque él es bueno, porque para siempre es su misericordia sobre Israel. Y todo el pueblo aclamaba con gran júbilo, alabando a Jehová porque se echaban los cimientos de la casa de Jehová. Y muchos de los sacerdotes, de los levitas y de los jefes de casas paternas, ancianos que habían visto la casa primera, viendo echar los cimientos de esta casa, lloraban en alta voz, mientras muchos otros daban grandes gritos de alegría (Esdras 3:11-12).

Una vez que se escucharan las palabras de la profecía de Ezequiel, habría aún más vergüenza. No solo su segundo templo sería eclipsado por el primero, sino que sería absolutamente vergonzoso comparado con el templo del milenio.

> Tú, hijo de hombre, muestra a la casa de Israel esta casa, y avergüéncense de sus pecados; y midan el diseño de ella. Y si se avergonzaren de todo lo que han hecho, hazles entender el diseño de la casa, su disposición, sus salidas y sus entradas, y todas sus formas, y todas sus descripciones, y todas sus configuraciones, y todas sus leyes; y descríbelo delante de sus ojos, para que guarden toda su forma y todas sus reglas, y las pongan por obra (Ezequiel 43:10-11).

Ezequiel debía darle primero al pueblo el boceto básico del templo que estaba por venir. El resultado probablemente sería vergüenza y arrepentimiento al comparar su futura grandeza con lo que tenían por delante, pero Dios no quería dejarlos desanimados. Estos hombres estaban tratando de reconciliarse con Dios. Sí, estaban pagando un alto precio, y el diminuto templo nuevo era prueba de ello. Pero llegaría el día en que se construiría un nuevo santuario enorme y majestuoso con toda la belleza y la complejidad que implicaba un lugar de culto como ese. Una ciudad con un templo como ese tenía que ser, sin duda, una gran ciudad. El pueblo podía sentirse alentado por el hecho de que se acercaba el día en que Jerusalén volvería a ser completamente reconstruida y respetada entre las naciones.

### *Razón núm. 2: La santidad de Dios*

El futuro templo y sus terrenos se diseñaron de tal manera que comunicaran la santidad del Señor. El santuario en sí era extremadamente grande: 264 metros x 264 metros. Alrededor de los terrenos del edificio habría un área abierta, bellamente cuidada, de 26 metros que se extendería por todos lados. Y aún hay más.

Se crearía un área sagrada dentro de la cual se asentaría el templo. Como una ciudad dentro de otra, «este terreno tendrá 13 kilómetros de largo y 10 kilómetros de ancho. Toda el área será santa» (45:1 NTV). Este terreno también se dividirá por la mitad a lo ancho.

> Dentro del terreno sagrado más extenso, midan una parcela de tierra de trece kilómetros con trescientos metros de largo y cinco kilómetros con trescientos metros de ancho. Allí se ubicará el santuario del Lugar Santísimo. Esta área será santa, apartada para los sacerdotes que ofician ante el Señor en el santuario. Allí estarán sus casas y allí también se pondrá mi templo. La franja de tierra sagrada junto a esta área—también de trece kilómetros con trescientos metros de largo por cinco kilómetros con trescientos metros de ancho—se destinará a las viviendas de los levitas que trabajen en el templo. El lugar les pertenecerá a ellos y será un lugar para sus aldeas (vv. 3-5 NTV).

En una mitad del área sagrada se ubicará el templo, rodeado por las viviendas de sus sacerdotes. La otra mitad estará llena de levitas, quienes también trabajan en el templo, realizando todas las tareas sagradas que no implican adoración propiamente dicha.

La palabra «santo» significa «apartado». Este enorme complejo del templo será una muestra de que Dios no es tan solo un hombre más que vive en un rancho de una sola planta al final de un callejón sin salida. Él es el Creador de todas las cosas, Todopoderoso del universo, y su casa lo demostrará. No solo la grandeza del edificio comunicará su gloria, sino que los propios terrenos garantizarán que todos en el mundo entiendan su otredad.

## El regreso de la gloria del Señor (43–48)

Cuando los exiliados regresaron a Jerusalén, estaban decididos a construir el nuevo templo. Colocaron los cimientos en el año 538 a. C., pero luego se encontraron con problemas. La presión política los obligó a detenerse, y los terrenos del templo quedaron inactivos durante más de 18 años. Ojos que no ven, corazón que no siente. La gente ya tenía suficientes problemas para limitarse a reiniciar sus vidas.

Sin embargo, pronto Dios se cansó de ser ignorado y envió a los profetas Zacarías y Hageo para encender el fuego en los que habían regresado. Mientras que las profecías de Zacarías tendían a lo fantástico y ligeramente extraño, Hageo transmitió sus mensajes con la típica franqueza judía. Dios le dio un mensaje para Zorobabel, el gobernador, y Josué, el sumo sacerdote, y para todos los demás, en relación con su intento persistente de construir un nuevo templo. «¿Quién ha quedado entre vosotros que haya visto esta casa en su gloria primera, y cómo la veis ahora? ¿No es ella como nada delante de vuestros ojos?» (Hageo 2:3).

«¡Vaya, Hageo!, un poco duro, ¿no crees?». Quizás, pero era cierto.

Dios no se limitó a restregarles la cara y dejarlos abatidos. Les prometió que les esperaba un futuro muy especial al segundo templo de los que regresaban.

> Porque así dice Jehová de los ejércitos: De aquí a poco yo haré temblar los cielos y la tierra, el mar y la tierra seca; y haré temblar a todas las naciones, y vendrá el Deseado de todas las naciones; y llenaré de gloria esta casa, ha dicho Jehová de los ejércitos. Mía es la plata, y mío es el oro, dice Jehová de los ejércitos. La gloria postrera de esta casa será mayor que la primera, ha dicho Jehová de los ejércitos; y daré paz en este lugar, dice Jehová de los ejércitos (vv. 6-9).

Aquí llegamos a otra profecía con un cumplimiento cercano y lejano. El casi cumplimiento tendría lugar más de 500 años después del pronunciamiento de Hageo. Para entonces, el segundo templo habría recibido una importante expansión y renovación por parte de Herodes el Grande. La gloria del Señor regresaría y llenaría el templo, y esa gloria eclipsaría la que había llenado el primer templo.

¿Cómo es posible? El Señor mismo entraría físicamente en este Templo 2.0 y enseñaría, tocaría y mostraría amor a todos los que lo miraran. Incluso prolongaría su amor afligido y sufrido hacia quienes le dieron la espalda y finalmente lo clavaron en una cruz. Jesús caminó sobre las piedras del segundo templo, y así hizo que su gloria fuera aún mayor que la del primero.

Pero ese no fue el final. Por asombroso que fuera ese cumplimiento, uno aún mayor estaba por venir. Mientras Ezequiel observaba el desarrollo de su visión, vio una vez más la gloria del Señor que regresaba por donde se había ido. Se acercaba desde el este, «y la tierra resplandecía a causa de su gloria» (Ezequiel 43:2). A su llegada, el Espíritu llevó al profeta al templo, donde observó cómo la gloria del Señor lo llenaba de nuevo. Entonces Dios le habló a Ezequiel:

> Hijo de hombre, este es el lugar de mi trono, el lugar donde posaré las plantas de mis pies, en el cual habitaré entre los hijos de Israel para siempre; y nunca más profanará la casa de Israel mi santo nombre, ni ellos ni sus reyes, con sus fornicaciones, ni con los cuerpos muertos de sus reyes en sus lugares altos. Porque poniendo ellos su umbral junto a mi umbral, y su contrafuerte junto a mi contrafuerte, mediando solo una pared entre mí y ellos, han contaminado mi santo nombre con sus abominaciones que hicieron; por tanto, los consumí en mi furor. Ahora arrojarán lejos de mí sus fornicaciones, y los cuerpos muertos de sus reyes, y habitaré en medio de ellos para siempre (vv. 7-9).

Algunos debatirán si esto se refiere al primer, segundo, tercer o cuarto templo. La palabra «para siempre» responde a la pregunta. Dos veces en este pasaje, el Señor usa esa referencia temporal para indicar que nunca más abandonará a su pueblo. Ya no habrá «gloria que abandone el templo». Anteriormente en Ezequiel, vimos cómo la nube se elevaba y se retiraba por la Puerta Oriental. En el segundo templo, la gloria llegó por un breve tiempo en la persona de Jesucristo, pero luego se retiró de nuevo. La gloria no estuvo cerca del tercer templo durante la tribulación. Ese templo será un engaño usado por el anticristo para obtener poder y elogios. Esto nos deja con el cuarto templo: el templo milenial. Durante el resto de la existencia de este mundo, la gloria de Dios siempre permanecerá en este templo final.

Es cierto que llegará un momento en que este cielo y esta tierra terminarán, solo para ser hechos de nuevo. En esa nueva creación, no habrá necesidad de un templo. Juan, el que tuvo la revelación, explicó su ausencia al decir que «el Señor Dios Todopoderoso es el templo de ella, y el Cordero» (Apocalipsis 21:22). ¿Por qué necesitarías un edificio que represente la presencia de la Deidad cuando el Padre y el Hijo estarán contigo?

Hay mucho más en estos últimos capítulos. Podríamos quedarnos fácilmente atrapados en los detalles y terminar cientos de páginas más adelante, así que voy a reducir un poco el enfoque y concluir este libro con cuatro temas finales.

### *Tema final núm. 1: ¿Qué pasa con el sistema de sacrificios?*

La preocupación comienza tras el regreso de la gloria del Señor. Dios proclama un proceso de sacrificios, que incluye ofrendas por el pecado para los sacerdotes y ofrendas de purificación y dedicación para el altar. «Por siete días harán expiación por el altar, y lo limpiarán, y así lo consagrarán. Y acabados estos días, del octavo día en adelante, los sacerdotes sacrificarán sobre el altar vuestros holocaustos y vuestras ofrendas de paz; y me seréis aceptos, dice Jehová el Señor» (Ezequiel 43:26-27).

Sé exactamente lo que estás pensando, así que se lo diré. «Eh, Amir, si Jesús murió una vez por todos los pecados para siempre, ¿por qué Dios recibe ofrendas por el pecado en el milenio?». Gran pregunta, si me permites decirlo. Este dilema ha tenido en vilo a los teólogos y los ha traído de cabeza durante siglos. También ha hecho que los amilenialistas señalen con el dedo, diciendo: «¡Ves! Esto no puede referirse a un período real de mil años. De lo contrario, estás diciendo que Israel está restaurando el sistema mosaico de sacrificios, ¡lo cual sería blasfemo!». Mi respuesta es: «Tranquilo. Entiendo tu preocupación. Ahora, tomémonos una taza de té y veamos por qué esto tiene realmente mucho sentido».

Primero, debemos recordar que Israel y la Iglesia no son lo mismo. Sé que algunos defensores de la teología del reemplazo se están quedando atónitos ante esta afirmación, pero es cierta. No tengo tiempo para profundizar en el tema aquí, pero pueden consultar mis libros *El decreto de Israel* e *Israel and the Church* [Israel y la Iglesia] para obtener explicaciones detalladas de por qué esta afirmación es bíblicamente exacta.

A pesar de que Israel y la Iglesia son dos entidades separadas, algunos creen que en la segunda venida, cuando Pablo dijo que «todo Israel será salvo» (Romanos 11:26), Israel se convertirá en parte de la Iglesia. Después de todo, ¿no es la verdadera Iglesia sinónimo de ser cristiano? Recibes a Jesús, recibes la vida eterna y, en un plazo de cinco a siete días hábiles, recibes una tarjeta de membresía para ingresar a tu denominación local.

Sin embargo, ese tiempo no funciona así. En el rapto, la era de la Iglesia termina. El Espíritu Santo, como quien frena la maldad, se retira, y su responsabilidad de morar en cada creyente llega a su fin al mismo tiempo. ¿Qué pasa con aquellos que fueron salvos durante los siete años de la ira de Dios? Esos santos de la tribulación están destinados a una eternidad con Dios como parte de su gran familia, pero no son parte de la novia de Cristo (Apocalipsis 7:13-17). Esto no es en absoluto una crítica hacia ellos, sino que es solo cuestión de tiempo y categorización.

Lo mismo ocurre con los judíos al final de la tribulación. Israel no se convierte en la Iglesia, y la Iglesia no se convierte en Israel. Eso tendrá que esperar hasta un tiempo posterior con los nuevos cielos y la nueva tierra, cuando ya no haya sol, luna ni estrellas. Dado que Israel y la Iglesia no se fusionan, no debemos esperar que todas las modalidades de adoración se fusionen tampoco. Parte del ADN espiritual del pueblo judío es el sistema de sacrificios, y lo ha sido durante miles de años. Para el pueblo de Israel, ofrecer sacrificios en el templo, cuando se hace con un corazón humilde y la mirada puesta en el Señor, es un acto de glorificación a Dios.

«Pero, Amir, ¡estás eludiendo el tema! El Señor dice claramente que es necesario hacer sacrificios por el pecado». Paciencia, ya voy. Primero, sabemos que «sin derramamiento de sangre no hay perdón de pecados» (Hebreos 9:22). Pero ¿qué sangre trae ese perdón? ¿Puede la sangre de una vaca o de una oveja traer el verdadero perdón? No, ni ahora ni nunca.

Cuando se hacía un sacrificio por el pecado bajo la ley mosaica, la ofensa no era perdonada: era expiada. *Expiación* significa «cubrir» en lugar de «eliminar». Solo la sangre de Jesús puede eliminar el pecado y traer el verdadero perdón. «Porque también Cristo padeció una sola vez por los pecados, el justo por los injustos, para llevarnos a Dios, siendo a la verdad muerto en la carne, pero vivificado en espíritu» (1 Pedro 3:18). Este es el quid de la cuestión. Cuando una persona bajo la ley mosaica ofrecía su sacrificio, este quedaba cubierto hasta el momento en que la sangre de Jesús lo perdonaba. El sacrificio de animales era una acción presente que anticipaba un resultado futuro.

Para los judíos creyentes del milenio, la línea de tiempo es inversa a la de la ley mosaica. En esa era venidera, los sacrificios mirarán hacia atrás con la comprensión de que el precio ya se ha pagado. En otras palabras, servirán como una acción tangible que nos recuerda la suficiencia de la obra que Cristo ya realizó.

¿Todavía sigues un poco confundido? Piénsalo así: en la Iglesia, celebramos la comunión. Es un recordatorio eclesial, instituido por el Hijo de Dios, del sacrificio de Jesús en la cruz y el consiguiente perdón de los pecados. Israel no es parte de la Iglesia. El pueblo judío tiene sus propias tradiciones. El sacrificio del templo se remonta a la época de la Pascua, cuando se sacrificaba un cordero por la vida de otros. Ese sacrificio de la Pascua, instituido por el Padre, apunta directamente a la obra de Cristo en la cruz. En el milenio, el pueblo salvo de Israel reconocerá el verdadero significado de la Pascua, lo que aportará una nueva dimensión al sacrificio anual.

Por lo tanto, durante el milenio, el sistema de sacrificios no se instituirá para obtener el perdón de los pecados. Servirá como un recordatorio devocional de la obra única y definitiva que Yeshúa realizó en la cruz, la cual nos proporcionó perdón y salvación como un don gratuito.

### *Tema final núm. 2: ¿Qué pasa con el príncipe?*

En medio de todos los sacrificios, la construcción del templo y la expiación, nos enfrentamos a una nueva curiosidad.

> Me hizo volver hacia la puerta exterior del santuario, la cual mira hacia el oriente; y estaba cerrada. Y me dijo Jehová: Esta puerta estará cerrada; no se abrirá, ni entrará por ella hombre, porque Jehová Dios de Israel entró por ella; estará, por tanto, cerrada. En cuanto al príncipe, por ser el príncipe, él se sentará allí para comer pan delante de Jehová; por el vestíbulo de la puerta entrará, y por ese mismo camino saldrá (Ezequiel 44:1-3).

Tenemos al Señor, tenemos a Ezequiel, tenemos al pueblo y tenemos a los sacerdotes. Todos son muy fáciles de identificar. Pero ¿quién es este misterioso príncipe? Quizás antes de poder identificarlo, necesitemos saber más sobre él. Tenemos varias pistas en Ezequiel. Las dos primeras se encuentran en el pasaje anterior. Este príncipe es el único que puede sentarse dentro de la Puerta Oriental y comer en presencia del Señor. Además, vemos que solo él puede entrar por el vestíbulo de la puerta y salir por el mismo camino. El resto del pueblo no tiene esa opción.

> Mas cuando el pueblo de la tierra entrare delante de Jehová en las fiestas, el que entrare por la puerta del norte saldrá por la puerta del sur, y el que entrare por la puerta del sur saldrá por la puerta del norte; no volverá por la puerta por donde entró, sino que saldrá por la de enfrente de ella (46:9).

En cuanto a sus deberes, el príncipe tiene la tarea de preparar las ofrendas para las fiestas, las lunas nuevas y los sábados con el fin de hacer expiación por el pueblo (45:17). Pero no solo proporciona ofrendas regulares, sino que en «aquel día el príncipe sacrificará por sí mismo y por todo el pueblo de la tierra, un becerro por el pecado» (v. 22). ¿Entonces el príncipe necesita una ofrenda por el pecado? Esto le da un giro a la ecuación.

Finalmente, vemos que cuando este príncipe quiere dejar una herencia a sus hijos, debe hacerlo con su propio patrimonio; no puede confiscar tierras ajenas y después dárselas a uno de sus hijos. ¿Qué tierras posee el príncipe? Se extienden desde el Mediterráneo hasta el Jordán, entre las fronteras tribales recién repartidas de Judá y Benjamín. Parte de las tierras del príncipe está dedicada a la gran área sagrada reservada para el templo del que hablamos antes. Todo esto puede parecer información inocua hasta que te das cuenta. «Espera, ¿este príncipe tiene familia?».

La mayoría de los comentaristas evangélicos dicen que este príncipe probablemente sea una de dos personas. Hay quienes sostienen que es Jesús, y hay otros que dicen que es David. Mientras hablaba con mi coautor, el Dr. Rick Yohn, admitió que siempre había creído que el príncipe era David hasta que comenzó a estudiar a fondo para este libro. Ahora se da cuenta de que ambas opciones son imposibles.

No puede ser Jesús. Él es perfecto y, por lo tanto, nunca necesitaría ofrecer un sacrificio por sus pecados. De hecho, Él fue el sacrificio inmaculado por el pecado de todos los demás. Además, nunca hubo ningún Yeshúa Jr. por ahí.

Pero ¿qué hay de David? Ciertamente tuvo su cuota de pecado en su vida, a pesar de ser un hombre conforme al corazón de Dios. Pero eso fue en ese momento y esto es ahora. En el milenio, David vivirá en un estado resucitado. Fue enterrado en un cuerpo natural, pero resucitado al regreso del Mesías en un cuerpo espiritual. El pecado será cosa del pasado. Esto también se aplica a tener hijos. Por mucho que tuviera una mirada errante en su antiguo reino, esos días carnales de procreación quedarán atrás.

Entonces, ¿quién es este príncipe? Una vez más, no lo sabemos con certeza. Dios determinó que era importante para nosotros saber que habría un príncipe. Sin embargo, su identidad no era necesaria. Mi opinión personal es que este príncipe es un judío de la tribu de Judá, del linaje de David, que sobrevive a la tribulación. Debido a su linaje, se le dará un lugar de autoridad y honor dentro del reino. Él será el representante de carne corruptible de la regencia que estará encabezada por el incorruptible rey David, quien se sentará en el trono de Jerusalén. Ese es mi *pensamiento*, que, como he dejado claro a lo largo de este libro, es muy diferente de mi *saber*.

### *Tema final núm. 3: Agua fresca y limpia*

Como guía turístico durante muchos años, una experiencia destacada que ofrecía con frecuencia a peregrinos de todo el mundo era la oportunidad de flotar en el mar Muerto. Ubicado en el punto más bajo de la Tierra (430 metros [1410 pies] bajo el nivel del mar), este cuerpo de agua está compuesto por más de un 30 % de sal. Debido a su altísima salinidad, ninguna planta ni pez puede sobrevivir en sus aguas. De ahí el nombre mar Muerto. La densidad del agua tiene una ventaja: que todos pueden flotar. Y flotar en esa agua salada es una experiencia que todos deberían tener al menos una vez en la vida. (Solo asegúrate de llevar jabón).

Después de mostrarle a Ezequiel la cocina del templo, el guía del profeta lo llevó de vuelta a la parte delantera del edificio. Allí encontraron agua que fluía hacia el este desde el lado derecho de la estructura. No era profunda, pero su flujo era constante. Antes de que el profeta tuviera tiempo de preguntar de dónde venía el agua, el hombre lo condujo hacia adelante. (Nota rápida de «codología»: 1000 codos equivalen aproximadamente a un tercio de milla o poco más de medio kilómetro).

> Y salió el varón hacia el oriente, llevando un cordel en su mano; y midió mil codos, y me hizo pasar por las aguas hasta los tobillos. Midió otros mil, y me hizo pasar por las aguas hasta las rodillas. Midió luego otros mil, y me hizo pasar por las aguas hasta los lomos. Midió otros mil, y era ya un río que yo no podía pasar, porque las aguas habían crecido de manera que el río no se podía pasar sino a nado. Y me dijo: ¿Has visto, hijo de hombre? (47:3-6).

Este pasaje siempre me ha hecho sonreír. Me imagino un caluroso día de verano en Jerusalén con Ezequiel sudando mientras seguía a su guía. Con cada intervalo, el agua se hacía más profunda y él se sentía más fresco. Finalmente, llegó a un lugar donde pudo atravesar el agua y sumergir la cabeza bajo la corriente fresca y cristalina que fluía desde debajo del templo de Dios. Puedo imaginar al profeta riendo mientras se sacudía el agua de la cabeza, tal vez recibiendo una mirada fulminante de su compañero, que estaba limpiando las gotas de su cordel de medir.

El libro de Ezequiel no es el único lugar donde leemos sobre un río que fluye desde el templo. No muchas décadas después de su visión, Zacarías vería algo similar. Hablando del día en que Yeshúa regresara al monte de los Olivos, el profeta dijo: «Y se afirmarán sus pies en aquel día sobre el monte de los Olivos, que está en frente de Jerusalén al oriente; y el monte de los Olivos se partirá por en medio, hacia el oriente y hacia el occidente, haciendo un valle muy grande; y la mitad del monte se apartará hacia el norte, y la otra mitad hacia el sur» (Zacarías 14:4). Ya hemos hablado antes de este gran terremoto. Lo que no vimos entonces fue que, de la brecha formada por el terremoto, saldrán «aguas vivas, la mitad de ellas hacia el mar oriental, y la otra mitad hacia el mar occidental, en verano y en invierno» (v. 8). Así que la mitad descenderá por las colinas de Jerusalén, al oeste, hacia el Mediterráneo. Pero ¿dónde está la otra mitad que Ezequiel está mirando?

Este río caudaloso del este seguirá un curso que lo llevará hasta el mar Muerto. Una vez allí, en lugar de que el agua contaminada estropee este flujo de agua buena, esta agua fresca y nueva traerá vida a un mar que durante milenios ha estado completamente muerto. El guía de Ezequiel le dijo:

> Y me dijo: Estas aguas salen a la región del oriente, y descenderán al Arabá, y entrarán en el mar; y entradas en el mar, recibirán sanidad las aguas. Y toda alma viviente que nadare por dondequiera que entraren estos dos ríos, vivirá; y habrá muchísimos peces por haber entrado allá estas aguas, y recibirán sanidad; y vivirá todo lo que entrare en este río. Y junto a él estarán los pescadores, y desde En-gadi hasta En-eglaim será su tendedero de redes; y por sus especies serán los peces tan numerosos como los peces del Mar Grande (Ezequiel 47:8-10).

¡Pescadores en el mar Muerto! Si vieran eso hoy, pensarían que la gente con las redes está loca. Pero se acerca el día en que las orillas estarán repletas de gente buscando su cena en las dulces aguas del lago. No solo habrá peces, sino que las zonas circundantes, que ahora son salinas estériles, estarán llenas de árboles frutales y herbáceos, con su producción a toda marcha.

> Y junto al río, en la ribera, a uno y otro lado, crecerá toda clase de árboles frutales; sus hojas nunca caerán, ni faltará su fruto. A su tiempo madurará, porque sus aguas salen del santuario; y su fruto será para comer, y su hoja para medicina (v. 12).

A veces, cuando estoy junto al mar Muerto intento imaginar cómo será esto, pero es bastante difícil. Aunque hay zonas donde agricultores ingeniosos han logrado crear huertos de producción mediante la tecnología, dista mucho de ser una zona exuberante. Pero algún día, todo eso cambiará. Me parece curioso que la zona que actualmente alberga la mayoría de los complejos turísticos forme parte de un tercio del mar que seguirá siendo pantano y salinas.

Esta historia de muerte a vida ilustra la revitalización del mundo que tendrá lugar durante el reinado milenial de Cristo. También es una imagen de lo que ocurre en nuestros corazones cuando entregamos nuestra vida a Yeshúa el Mesías.

#### *Tema final núm. 4: El pacto abrahámico*

Así es, volvemos a los pactos. Y esta vez, ¡agárrense bien porque la cosa se pone increíble!

Ezequiel aborda cada uno de los cuatro pactos. El pacto mosaico condicional prometía bendición por la obediencia y disciplina por la desobediencia. Gran parte del libro de Ezequiel trata sobre la corrección divina a Israel. En el pacto davídico, Dios prometió al rey que siempre habría alguien de su linaje en el trono. Al acercarnos al final de los escritos de Ezequiel, descubrimos que sería el propio David.

«Y levantaré sobre ellas a un pastor, y él las apacentará; a mi siervo David, él las apacentará, y él les será por pastor» (34:23).

El nuevo pacto se ve en la promesa de una nueva relación con toda la nación de Israel, como lo prometió Jeremías.

> Pero este es el pacto que haré con la casa de Israel después de aquellos días, dice Jehová: Daré mi ley en su mente, y la escribiré en su corazón; y yo seré a ellos por Dios, y ellos me serán por pueblo (Jeremías 31:33).

En Ezequiel, este pacto de paz se cumple:

> Y haré con ellos pacto de paz, pacto perpetuo será con ellos; y los estableceré y los multiplicaré, y pondré mi santuario entre ellos para siempre. Estará en medio de ellos mi tabernáculo, y seré a ellos por Dios, y ellos me serán por pueblo (Ezequiel 37:26-27).

El mosaico, el davídico y el nuevo. Pero hay un pacto más: el abrahámico fundacional. Y de eso trata el capítulo final de Ezequiel. Admito que, a primera vista, todas las tribus, codos y puertas pueden parecer un final un poco aburridos para un libro tan fascinante, pero no te rindas ahora que has llegado tan lejos. Recuerda, el contexto es clave. Y el contexto aquí nos impulsa a dar un paso atrás y observar toda la historia de Israel.

En el pacto abrahámico, Dios prometió pueblo, bendición y tierra. ¿Qué tierra?

> En aquel día hizo Jehová un pacto con Abram, diciendo: A tu descendencia daré esta tierra, desde el río de Egipto hasta el río grande, el río Éufrates; la tierra de los ceneos, los cenezeos, los cadmoneos, los heteos, los ferezeos, los

> refaítas, los amorreos, los cananeos, los gergeseos y los jebuseos (Génesis 15:18-21).

Esa es una amplia extensión de tierras; Israel nunca ha controlado tanta área. En el apogeo de Salomón, las fronteras de Israel alcanzaron su cenit, pero aún no alcanzaron la extensión total de la promesa de Dios. De eso se trata Ezequiel 48.

Los primeros 29 versículos de este capítulo final tratan sobre la redistribución de la tierra entre las doce tribus de Israel. Al norte está la porción de Dan, que se extiende hasta el Líbano, pasando por Tiro y Sidón, y hasta Siria, más allá de Damasco. Luego, las tribus descienden gradualmente hasta llegar a Gad, en la parte sur de un Neguev revitalizado. Un Israel unificado, como predijo la rama reunificada de Ezequiel, compartiendo la totalidad de la tierra prometida de Dios.

Hacia el centro de la nación se encuentra Jerusalén. Es el hogar del templo, cuyos terrenos sagrados, junto con la porción designada para el príncipe, se extienden desde el Mediterráneo hasta el Jordán. A través de esa franja de este a oeste fluirá el nuevo río que nacerá en el templo y llegará hasta el mar Muerto y el Mediterráneo.

Abraham se ha convertido en una gran nación, tanto física como espiritualmente. El mundo entero ha sido bendecido a través de él y de su descendencia. Y, finalmente, después de todos estos años, Israel está plenamente establecido en toda la tierra prometida.

El objetivo de Dios a lo largo de Ezequiel fue que tanto su pueblo como las naciones vecinas supieran quién es Él. «Entonces sabrán que yo soy el Señor». Lo declaró una y otra vez. Sin duda, cumplió su objetivo. Encontramos un Dios todopoderoso que puede controlar imperios con sus manos. Pero también encontramos un Padre bondadoso que ama apasionadamente a sus hijos, y cuyo corazón se rompe cuando aquellos a quienes ha bendecido tanto se escapan a cometer adulterio con otros dioses. Sin embargo, nunca los abandonó, como nunca abandona a ninguno de los suyos.

El Señor instituyó un plan para atraer a Israel de vuelta a sí mismo, y tú y yo estamos en la generación en la que tenemos la bendición de verlo desarrollarse. Con el tiempo, todo Israel reconocerá a Yeshúa como el verdadero Mesías y encontrará la salvación en él. Si, en el milenio, los hijos de Israel comienzan a perder de vista a Dios de nuevo, no será difícil encontrarlo. Junto con la renovación de Jerusalén, la ciudad recibirá un nuevo nombre.

> Y desde aquel día el nombre de la ciudad será:
> «EL SEÑOR ESTÁ ALLÍ» (Ezequiel 48:35).

# NOTAS

1. Tony Evans, *The Tony Evans Bible Commentary* [Comentario Bíblico de Tony Evans], (Nashville, TN: Holman Bible Publishers, 2019), p. 728.

2. Charles H. Dyer, "Ezekiel" ["Ezequiel"] en *The Bible Knowledge Commentary: An Exposition of the Scriptures* [Comentario Conocimiento de la Biblia: Una exposición de las Escrituras], Vol. 1, eds. J.F. Walvoord y Roy B. Zuck (Colorado Springs, CO: Victor Books, 1985), p. 1236.

3. "Imminent" Merriam-Webster.com [en inglés], https://www.merriam-webster.com/dictionary/imminent#:~:text=%3A%20ready%20to%20take%20place%20%3A%20happening%20soon.

4. Dyer, "Ezekiel", p. 1277.

5. "Lord Acton Quote Archive" ["Archivo de citas Lord Acton], *Acton Institute*, https://www.acton.org/research/lord-acton-quote-archive.

6. "Ezekiel", p. 1283.

7. Citado por Winston Churchill en una alocución radial durante la invasion a Polonia; ver "Citas", *International Churchill Society*, https://winstonchurchill.org/resources/quotes/.

8. World Happiness Report [Reporte de Felicidad mundial], https://data.worldhappiness.report/table?_gl=1*1v2l5u1*_gcl_au*O TA0NzE0MjMxLjE3NDI4NDAyMDE.

9. Mark Twain, *The Innocents Abroad* [Los inocentes en el extranjero], edición para Kindle, Capítulo LVI, Locación 7077.

10. "The 'Final Solution': Göring Commission to Heydrich" ['La Solución Final': El encargo de Göring a Heydrich], *Jewish Virtual Library*, https://www. jewishvirtuallibrary.org/gring-commission-to-heydrich.

11. "Wannsee Conference and the 'Final Solution'" [La Conferencia Wannsee y 'La Solución Final'], *Holocaust Encyclopedia*, https://encyclopediaushmm.org/content/en/article/wannsee-conference-and-the-final-solution.

12. "2024 UNGA Resolutions on Israel vs. Rest of the World" ["Resoluciones de la Asamblea General de las Naciones Unidas en 2024 sobre Israel vs. El resto del mundo"], *UNWatch*, 3 de noviembre de 2024, https://unwatch.org/2024-unga-resolutions-on-israel-vs-rest-of-the-world/.

13. Si no estás familiarizado con Nir Tavor, puedes obtener más información consultando la serie Nir Tavor Mossad Thriller que escribo con mi buen amigo Steve Yohn.

14. "United States Population" ["Población de los Estados Unidos"], *Worldometer*, https://www.worldometers.info/world-population/us-population/.

15. "United States Coronavirus Cases" ["Casos de coronavirus en los Estados Unidos"], *Worldometer*, https://www.worldometers.info/coronavirus/country/us/.

16. John F. Walvoord, *Every Prophecy of the Bible: Clear Explanations for Uncertain Times* [Cada profecía de la Biblia: Explicaciones claras para tiempos inciertos], (Colorado Springs, CO: David C. Cook, 2024), 176.

17. "Ezequiel 40:5", BibleGateway, https://www.biblegateway.com/passage/?search=Ezekiel%2040%3A5&version=NLT.

# BEHOLD ISRAEL

Behold Israel es una organización sin fines de lucro fundada y dirigida por Amir Tsarfati, un israelita nativo. Su misión es brindar noticias confiables y actualizadas sobre el desarrollo de Israel y la región aledaña.

A través del sitio web de Behold Israel, la app, las redes sociales y enseñanzas en múltiples idiomas, el ministerio llega a las comunidades de todo el mundo.

Las enseñanzas de Amir, que se encuentra *in situ*, explican el rol central de Israel en la Biblia y presentan la verdad sobre los eventos de actualidad en medio de la parcialización de los medios en contra de Israel.

# AGRADECIMIENTOS


Gracias, Señor, por tu asombrosa fidelidad, como se evidencia en las palabras de este libro. A los fieles te muestras fiel, y a quienes buscan tu verdad, te revelas de maneras hermosas y prácticas.

Gracias una vez más, Dr. Rick Yohn, por su invaluable colaboración en la creación de este libro. Si bien la mayoría ha disminuido su ritmo de vida por su edad, usted no. Su ejemplo de compromiso con la Palabra y pasión por las personas es refrescante y estimulante.

Gracias también, Steve Yohn, por tu ayuda en la escritura de este libro.

Mi amor y agradecimiento van para mi esposa, Miriam, mis cuatro hijos y mi nuera por su amor y aliento durante las largas jornadas de trabajo y las ausencias prolongadas.

Gracias, equipo de Behold Israel, por su amor, apoyo y dedicación: Mike, H. T. y Tara, Gale y Florene, Donalee, Joanne, Nick y Tina, Jason, Abigail, Kayo, Rick y Steve. Gracias al equipo de CONNECT por todo su arduo trabajo. También, gracias a todos sus cónyuges e hijos, quienes a menudo sacrifican su tiempo de familia para hacer posible la mayor difusión de la Palabra de Dios. Gracias a Bob Hawkins, Steve Miller y al maravilloso equipo de Harvest House por su arduo trabajo para hacer realidad este libro. Finalmente, muchísimas gracias a los cientos de miles de seguidores, compañeros de oración y quienes apoyan el ministerio de Behold Israel. Este ministerio no existiría sin ustedes.

# SOBRE LOS AUTORES

Amir Tsarfati es un israelí nativo y ex mayor de las Fuerzas de Defensa de Israel. Es el fundador y presidente de Behold Israel, un ministerio sin fines de lucro que ofrece enseñanza bíblica a través de tours, conferencias y redes sociales. También proporciona acceso único a noticias e información sobre Israel desde una perspectiva bíblica y profética. Amir es un autor bestseller del *New York Times* con más de 1 millón de libros vendidos en todo el mundo. Está casado y tiene cuatro hijos, y reside en el norte de Israel.

El Dr. Rick Yohn ha estudiado y enseñado profecía durante más de 60 años. Es el exdecano de Estudios Bíblicos y Teológicos en el Departamento de Adultos y Graduados de la Universidad Cristiana de Colorado.